珍藏本
纪念版

汉译世界学术名著丛书

李嘉图著作和通信集

第三卷

论货币问题

〔英〕彼罗·斯拉法 主编

寿勉成 译

2017年·北京

edited by

Piero Sraffa

with the collaboration of

M. H. Dobb

THE WORKS AND CORRESPONDENCE

OF

DAVID RICARDO

Volume III

Cambridge University Press

1951

根据英国剑桥大学出版社 1951 年版译出

汉译世界学术名著丛书
（120年纪念版·珍藏本）
出 版 说 明

2017年2月11日，商务印书馆迎来120岁的生日。120年前，商务印书馆前贤怀揣文化救国的理想，抱持“昌明教育，开启民智”的使命，立足本土，放眼寰宇，以出版为津梁，沟通中西，为中国、为世界提供最富智慧的思想文化成果。无论世事白云苍狗，潮流左右激荡，甚至战火硝烟弥漫，始终践行学术报国之志，无改初心。

迻译世界各国学术名著，即其一端。早在20世纪初年便出版《原富》《天演论》等影响至今的代表性著作，1950年代后更致力于外国哲学和社会科学经典的译介，及至1980年代，辑为“汉译世界学术名著丛书”，汇涓为流，蔚为大观。从书自1981年开始出版，历时三十余年，迄今已推出七百种，是我国现代出版史上规模最大、最为重要的学术翻译工程。

丛书所选之书，立场观点不囿于一派，学科领域不限于一门，皆为文明开启以来，各时代、各国家、各民族的思想与文化精粹，代表着人类已经到达过的精神境界。丛书系统译介世界学术经典，引领时代思想，为本土原创学术的发展提供丰富的文化滋养，为推动中国现代学术和现代化进程做出了突出的贡献。

为纪念商务印书馆成立120周年，我们整体推出“汉译世界学术名著丛书”120年纪念版的珍藏本，寄望既利于文化积累，又便于研读查考，同时向长期支持丛书出版的译者、编者和读者致以敬意。

两甲子后的今天，商务印书馆又站在了一个新的历史时间节点上。我们不仅要铭记先辈的身影和足迹，更须让我们的步伐充满新的时代精神。这是商务人代代相传的事业，更是与国家和民族的命运始终紧密相连的事业。我们责无旁贷，必须做好我们这代人的传承与创造，让我们的努力和成果不仅凝聚成民族文化的记忆，还能成为后来人可以接续的事业。唯此，才能不负前贤，无愧来者。

商务印书馆编辑部

2017年10月

中译本前言

大卫·李嘉图(1772—1823 年)是英国资产阶级古典政治经济学的完成者。他的主要著作是 1817 年出版的、以分配论为中心的《政治经济学及赋税原理》。

李嘉图从事经济研究活动,是从论述货币问题开始的。在英国所谓“金价论战”时期(1808—1811 年),他写了不少有关货币问题的文章、小册子和札记,这些论著由皮罗·斯拉法汇编成《李嘉图著作和通信集》第三卷,即本书。

十八世纪末、十九世纪初,由于对拿破仑的战争,英国财政处于困境。为了应付预算的需要,英国统治集团大量增发银行券,从而造成了兑现的困难。1797 年英国政府通过《银行限制法》,停止了银行券的兑现。从 1799 年起,英国发生了金价的持续上涨和随之而来的物价上涨及英币汇价下跌的现象。李嘉图认为,产生这些现象的原因在于银行券贬值,而银行券贬值则是过去银行券的大量发行所造成的,《银行限制法》的推行加剧了这一矛盾,促使银行券进一步贬值。他主张恢复银行券的无限兑现。李嘉图的论点引起了一场所谓“金价论战”的剧烈争论。

所谓“金价论战”,反映了当时英国新兴的工业资产阶级和执政的土地贵族、商业金融资产阶级之间的斗争。代表土地所有者和货币所有者(即职业的放债人)利益的统治集团企图以任意增发银行券的办法来补充预算,以便取得财政上的某种独立性,并以之抵抗工业资产阶级所要求的议会改革。李嘉图则代表新兴的工业资产阶级的利益,主张取消政府的这一财政来源,迫使政府听命于议会,进而要求进行议会改革。

"金价论战"使英国资产阶级经济学家在货币流通和信用问题上分为两个学派:通货学派和银行学派。通货学派主张银行券的发行要以全部金属准备为保证而以无限兑现为条件。银行学派则主张银行券的发行只要以部分金属准备为保证而以限制银行放款业务为补充。李嘉图是通货学派的首领。在论战中,通货学派战胜了银行学派。1844 年英国政府通过了《皮尔法案》,以立法的形式巩固了这一胜利。此后一个较长时期内,通货学派的观点成为资本主义国家在货币流通和信用问题上的正统思想。但在实践过程中,英国政府不止一次被迫暂停《皮尔法案》的执行。这说明,通货学派和银行学派只在货币发行的技术方面争论,是不可能从根本上解决通货膨胀这类问题的。产生这种现象的根本原因必须从社会经济制度中去寻找。

为了了解今天资产阶级经济学有关货币流通的五花八门的"理论",需要追溯资产阶级货币理论的历史发展。李嘉图的论著为我们提供了探讨这一历史发展过程的初期成果。古典政治经济学是马克思主义的来源之一,了解和研究李嘉图的著作,有助于我们进一步理解马克思主义的政治经济学。为此,我们将本书翻译出版,供研究参考。

本卷体例说明

为了方便读者阅读，我们对照英文版《李嘉图著作和通信集》第三卷，将英文版页码以方括号加数字的形式作为边码标出。

本书中《关于边沁〈价格论〉的评注》这一部分，是以上下两栏的形式排印，上栏为边沁的《价格论》，下栏为李嘉图的评注。因为在上栏边码的位置已经标有编号，为了避免混淆，在这一部分中，我们只将英文版页码标注在下栏，即李嘉图评注的部分。

本书中《关于金价报告和证词的评注》的（C）部分《关于证词记录的评注》，也是以上下两栏的形式排印，情况同上。请读者留意。

商务印书馆编辑部

2012 年 6 月

目　　录

李嘉图手稿中的评注 1810—1811 年

附 录

论文集导言

这两卷论文集在“小册和散文”的总标题之下包括李嘉图的各 [vii] 短篇著作。两卷的划分是以年代为标准的。第三卷有较大的一致性，因为它完全包括金价论战时期关于货币问题的著作，而第四卷则包括李嘉图晚年的零杂著作。每卷都分成两个部分：第一部分包括准备出版的比较正式的著作，第二部分包括李嘉图手稿中的评注和文章。所有新的材料主要就在每一卷的第二部分；第四卷的第二部分几乎都是从来没有发表过的著作。

像在以前各卷一样，编者的附注是用号数区别，并一般都排成双行。有编者的二个附注，因为要放在它们所属的适当地方均过于冗长，所以分别放在每卷最后的附录。凡是从他原有的手稿付印的，如同在“全集”第二卷导言第四节所分别指明的那样，一般都遵照李嘉图自己的拼法、标点和略语。

每卷都附有页数对照表，以便利查对本编页码与前人所编各卷的相应的页码。（本卷译本中从略——译者注）

这两卷都是在世界大战以前准备好了的（如“全集”第一卷总导言所说明），所以它们能从凯恩斯的建议获得若干利益，因为他曾阅读过编辑的初稿，并提出了不少的改进意见。F. 李嘉图和 C. K. 穆勒能慷慨以他们所保存的稿本提供应用；日内瓦大学的公共

图书馆又能以关于边沁的笔记见借；F. A. 海贤克教授能找到加有
[viii] 评注的布莱克的一本评论，而牛津大学散麦维尔学院的图书管理员又能以之见借；约翰斯·霍布金斯出版社能允许利用该社所最先出版过的材料，这些都是编者所应该表示感谢的。还特别要提到 K. 鲍特博士和 B. 劳威夫人在若干论文的准备付印之中对编辑工作的帮助。

P. 斯拉法

三一学院，剑桥，

1951 年 2 月。

1809—1811 年出版的小册和散文

关于金价问题各篇的说明

李嘉图的最初出现于刊物，标志着后来所谓金价论战的开始，[3]是用匿名的形式，以“论黄金价格”为题发表于1809年8月29日的《晨报》上的。他的兄弟和传记作者摩西·李嘉图，曾有关于这次文稿发表经过的记载。他说，“他在营业上与英格兰银行发生的很多业务往来，配合他当时所进行的一系列研究，使李嘉图先生潜心思考通货的问题，力图说明硬币和银行纸币在价值上所存在的差别，并确定纸币所以贬值的原因。这吸引了他当时很大部分的注意力，并成为他与熟人中要想加入这种讨论的人谈话时所常常谈到的论题。他感到有必要要把他的想法写下来，但当时一点也没有想发表的意思。《晨报》的业主、已故的佩里先生，是李嘉图先生曾以其手稿相示的少数朋友之一。佩里先生劝他让文章在《晨报》上发表，对于这一点，李嘉图先生终于不无勉强地答应了”。①

在1797年实行限制银行兑现以后，黄金的价格在两年之间继续保持在3镑17先令10½便士的法定平价；它到1799年才开始上涨，1801年1月达到4镑6先令；到1804年又差不多回到它正

① 《1824年传记和传略年鉴》，第371—372页。这一节传记又继续写道，“而且这是以‘R’署名的信札形式刊出的，其中第一封信发表在1810年9月6日。”这是很不正确的，因为事实上他是以文章的形式登载的，并没有署名，日期是1809年8月29日；另外两次对1809年《晨报》的投稿，是因为这篇文章发表后所受到的批评而引起的，所以不可能成为原来给佩里看过的那本手稿的一部分。传记作者是把1809年投稿的三篇文章与1810年写给《晨报》的三封信混为一谈了。

[4] 常的水平，一直继续稳定到1808年。但在1809年它又急剧上升，在7月4日曾达到4镑12先令10½便士。前次黄金涨价时期曾经引起很多争论文章，其中包括博伊德的《写给皮特的信》(1801年)、桑顿的《纸币信用》(1802年)和金勋爵的《关于限制兑现的体会》(1803年)，同样地，这次从1808年开始的黄金涨价也引起了金价问题的论战。

李嘉图那篇文章的发表，促使《晨报》上刊登了大量的来信。他的再度投稿，是由一封替英格兰银行辩护而反对他的批评的信所激起的。这封信发表在1809年9月14日，署名为“银行纸币之友，但非银行董事”，这个人李嘉图“很快就查明是他自己的一个有才学的朋友”[①]哈奇斯·特罗尔。李嘉图答复他的信是在9月20日发表的，署名为“R”。“银行纸币之友”的第二封信虽然签署的日期是9月23日，却迟到10月30日才登出；李嘉图11月4日仍署名“R”的第二次答复也迟到11月23日才刊登出来。[②] 这就结束了他们公开的争论。但既然他们已经确实知道对方是谁以后，这两个通信的人似乎就相互交换意见而不等《晨报》经过长期拖延才发表他们的来信了。这样，在他们发表信件的最后阶段的同时，就开始了私人之间的争论，而在他们公开论战结束以后，这种私人之间的争论仍旧继续着。

---

① 《1824年传记和传略年鉴》，第372页。

② 在“金价报告”发表后，1810年8月27日的《晨报》在社论上承认了信件的作者是谁，因为它说，“我们很宝贵的通信作家李嘉图先生在促使公众了解纸币贬值的真正原因方面作了十分重要的贡献”。李嘉图的文章以及他在1809年写给《晨报》的两封信，曾以李嘉图“关于黄金价格的三封信”为标题，由霍兰特辑成小册，于1903年在巴尔的摩尔的约翰斯·霍布金斯出版社重印出版。

这种私人争论中现今还存在的材料，刊印在本卷李嘉图发表过的信件之后。但可以想见，他们之间一定还有更多的通信，其可能的先后次序大致如下。对于 10 月 30 日《晨报》上所发表的特罗 [5]
尔 9 月 23 日的信，李嘉图一定曾经以两篇文章作了答复：

（甲）一篇是无意发表而直接送给特罗尔的，现已不再存在。

（乙）11 月 4 日的信，载 11 月 23 日《晨报》。

特罗尔对（甲）的答复是在特罗尔的文稿中找到的，现在印在后面；他对（乙）的答复，即李嘉图所提到的评论（见后面李嘉图的再答复），也许是有意要发表的，但没有在《晨报》刊登，现在也没有找到。

李嘉图对特罗尔的两次答复的答复，是在特罗尔的文稿中找到的，现在印在后面；其中第一部分涉及特罗尔对于（甲）的答复，而第二部分则涉及特罗尔对（乙）的答复。①

在这期间李嘉图决定要以小册子的形式进一步公开他的见解。《黄金的高价就是银行纸币贬值的明证》这一小册子，是他的

① 李嘉图答复的第一部分最初是由博纳博士以“李嘉图论通货”的标题在《经济学杂志》1896 年 3 月号第 64—69 页上发表的。特罗尔和李嘉图私人论战中至今还保存的两篇文章全文载入牛津大学博纳和霍兰特在 1899 年合编的《1811—1823 年李嘉图与特罗尔等人通信集》，作为附录 A 的（1）和（2）。这里所印特罗尔的文章是从博纳收藏的文稿中得来的。李嘉图的文章是根据《给特罗尔的几封信》重印的；原稿现由霍兰特教授保存（见 1937 年在巴尔的摩尔私人出版的《霍兰特博士的经济学藏书》一书，第 314 页）。

最后一信在《晨报》刊载以后大约过了一个月由约翰·默里出版的。[①]

[6] 这本小册子和投稿《晨报》各篇的关系，已经成为有些混乱不清的问题。李嘉图自己在小册子最初三版的导言里说“他认为应该用更能使它获得适当讨论的形式再把他关于这一问题的意见发表出来”。但麦卡洛克的说法肯定是一种误解，由于他没有看过《晨报》上刊登的几次投稿[②]，所以他说，“李嘉图后来把他的几封信搜集起来印成小册子，使它在形式上更有系统”。这好像暗示说小册子无非就是那几封信的翻印罢了。[③] 正如霍兰特教授所说[④]，麦卡洛克在编辑上的疏忽所产生的重要后果，就是使一般人都默认了一种见解，以为《晨报》上的几封信是预先计划好以连载的形式发表的[⑤]，以为论“黄金的高价”这本小册子不仅是随意转述信中所论各节，而且基本上就是把它们重印了一下。把这本小册子

① 关于正确的出版日期还有一些疑问。默里于1809年12月26日星期二在《晨报》上登出的广告说，“论黄金的高价一书，即将在下星期四出版……”还有博赞克特也说(见《实际观感》，第2页)它“在1809年年底出版。”但在《泰晤士报》所常用的标题“今天出版新书”栏下登出的第一次广告则在12月30日星期六；但即使这一广告也可能只是一个未成熟的报道，因为它没有标明定价，而惯例是在实际出版时一定要标明的。所能发现的标明定价的最早广告(2先令)是在1810年1月3日的《泰晤士报》。所以，可能是延迟了几天，直到1810年的新年才出版。这样就同小册子封面上1810年的出版期相符合了。

② 这表明于这样的事实，即在他所写《李嘉图生平及其著作》一书(1824年及以后各版)中，他把第一次给《晨报》投稿的日期写成“1809年9月6日”，这是为了要使《传略年鉴》所写的日期(见本书第5页注释)能与李嘉图导言中的年份相符合。

③ 见《政治经济学文献》，1845年，第172页。在麦卡洛克的《李嘉图生平及其著作》的以后各版讲到小册的来源时是没有这种提法的。

④ 见《李嘉图关于黄金价格的三封信》的导言，第4页。

⑤ 麦卡洛克的这种误解是根据《传记和传略年鉴》的(见本书第5页注释)。

同《晨报》上所载各信加以比较，就可以看出，虽然小册子所讨论的各个要点在信上都有概括的陈述，它却绝不是单纯的重印，而是几乎全部重写过了。

西尔伯林教授以为《黄金的高价》写在投稿《晨报》之前，确实还是几年之前，这也是没有任何根据的。[①] 他的主要论据是这本 [7]
小册子“没有提到1805年以后的任何政治或经济事件”；但李嘉图的处理方法基本上是抽象的，凡属限制银行兑现政策以外的事件，不论1805年以前或以后，都以有关价格变动者为限；其中大部分的变动，尤其是黄金价格的上涨，银价与金价比较起来的下跌，以及汇率的低落，都是指1809年的。诚然，李嘉图所引述的著作都是1804年以前出版的，但绝不能由此得出结论，认为他对这些著作的评论就写在它们出版的时候。1809年秋，李嘉图在他原来那篇文章发表以后，似曾一再阅读很多作者关于通货问题的著作，包括洛克、詹姆斯·斯图尔特爵士、亚当·斯密、利弗普尔勋爵和桑顿，同时作了一些评注，这些评注我们已经在李嘉图的著作中找到。[②] 他原来那篇关于金价的文章没有提到这些著作中的任何一种，但在他以后写给《晨报》的各信（1809年9月和11月）和小册

① 这本小册子大概最初是在几年以前凑起来，基本上批评桑顿的吞吞吐吐的结论的（根据霍纳和金勋爵的观点）：“它含有受到惠特利影响的某些迹象，并且同惠特利的文章一样，没有讲到1805年以后的政治和经济事件，所以这本小册子很可能是在投稿《晨报》的各篇之前准备好的。”（“英国在拿破仑战争时期的金融和货币政策，Ⅱ李嘉图与金价报告”，载1924年5月《经济学季刊》，第423页，附注。）西尔伯林教授认为金价小册子的出版是证券交易所促使跌价的巧妙策略的一部分，这种奇特的理论将在说到李嘉图的商业活动时再加讨论。

② 这些评注有确实的证据（印有日期的邮戳）足以判断是在1809年写的，其中有一部分是在1809年10月下半月写的。

子中却曾提到。事实上,这些信中直接答复特罗尔各论点的若干节争论,是逐字逐句重印在小册子里的①,这就表明这本小册子是在1809年9月至11月之间(写小册子导言的日期是12月1日),也就是在《晨报》上发生争论的最后阶段或在其后不久写成的。

[8] 1810年2月1日,即在小册子出版后一个月,弗朗西斯·霍纳在下院的一篇演讲促成了金价委员会委员的任命,并使这种论战进入另一阶段。李嘉图在2月5日②以一封私人的信答复霍纳的演讲,他在这封信上反驳了霍纳认为黄金涨价除了流通的纸币过多以外还有其他因素的说法。《黄金高价》这本小册子在1810年3月初③出版"增订"第三版,印有这封信的若干节内容,并且除了排列方面有某些变动以外(见本书第70页注①和第76页注①),这几节几乎构成这一版的全部变动。在一年以后出版的第四版,又有新的增补(见本书第14页)。

金价委员会的委员实际上是在1810年2月19日由下院任命,"来调查黄金涨价的原因"的。他们的报告于6月8日正式送达下院,但到8月间才印出,这份报告的摘要在1810年8月13日星期一刊载各报。④

---

① 见本书第24页、第83页,以及第26页、第88—89页。

② 见英文版《李嘉图著作和通信集》第六卷第1页。

③ 出版的广告载1810年3月《出版广告月刊》。"修订"第二版是第一版的重印,只在个别文字上有些改动,其初次广告见2月28日《泰晤士报》,但大概在李嘉图于2月5日写信给霍纳以前就已准备付印的。

④ 根据8月13日的《晨报》所说,这个报告"是昨晚深夜送去的"。图克有一个常常为人所援引的说法,认为"该委员会的报告是在1810年6月20日即议会闭会的前一天付印并送达下院"的(见《价格史》第4卷,第98页),这种说法也为后面所引霍纳的信件所否定。

金价报告的发表引起了大量论战的小册子。① 李嘉图在这一阶段的投稿，就是他在 1810 年 9 月间写给《晨报》的三封信。② 第一封是对报告本身的评论，在 9 月 6 日发表。③ 第二封是关于辛 [9]
克莱反对这个报告的一本小册子的，于 9 月 18 日发表。第三封是关于兰德尔·杰克森 9 月 20 日在银行董事会替英格兰银行攻击金价报告的一篇演讲，载 9 月 24 日报上。④

1810 年夏初以后，关于究竟应该由谁在《爱丁堡评论》上写评论金价报告的文章的问题已在考虑之中。7 月 16 日霍纳曾函该杂志编辑杰弗里说："我大约离开了 10 天之后刚回到伦敦来。我很诧异地发现，印刷所到现在还没有把金价报告印出来；在我离开伦敦之前，我就把校样校过了。如果你能让我知道你至多可以给我多少时间，我宁愿自己替你尽一点力量；我的意思是说，不愿把

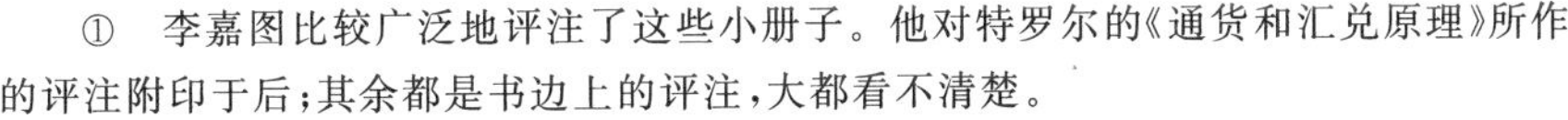

① 李嘉图比较广泛地评注了这些小册子。他对特罗尔的《通货和汇兑原理》所作的评注附印于后；其余都是书边上的评注，大都看不清楚。

② 虽然其中第一封信的日期曾见于《1824 年传记和传略年鉴》中"回忆李嘉图"部分(见本书第 5 页注释)，但那个日期已被认为就是 1809 年原来那篇文章日期的误印，所以后来 1810 年若干信件的存在，一般都不加注意，直到 1932 年在巴尔的摩尔重印《李嘉图关于通货问题的次要论文》时，才在李嘉图的稿件里面发见他从报上剪下来的各信。

③ 这封信曾重印于 1810 年 10 月 1 日的《商人和商业杂志》第 344—350 页，没有注明从《晨报》转载。它用的标题是"对于金价委员会报告的评论"，署名"R"，有一称作续篇的文章，以同样标题发表于 1810 年 11 月 1 日的《商人和商业杂志》而没有署名；但这篇文章并不是李嘉图写的，而是以匿名信发表于 1810 年 9 月 8 日《晨报》上的。

④ 几天以后，在 10 月 1 日，惠萧从伦敦写信给霍纳说："我认为你的金价报告是很成功的。它引起了很多讨论，而且产生了较我的预料更为深刻的印象；在这里面杰克森的演讲(他为了这一演讲已经或就会从英格兰银行得到一份厚礼)及已经出版的许多书刊，就是最确实的证明。这种讨论在《晨报》上始终保持不衰，其中李嘉图提出了许多很好的意见。"(未经发表的手稿，现由兰曼夫人保存。)

那个问题交托给你的任何雇佣军，因为其中有一个人在叙述某一位斯密写的一本书时曾犯了严重的错误，发表了一些十分令人遗
[10] 憾的谬论。① 我这次愿意替你写一篇短文，对李嘉图先生和穆歇特先生作出公正的评论，因为他们在去年年底使公众注意到这个非常重要的问题。”②

根据后来的另一封信来看，由霍纳本人写这篇评论的计划似乎已被放弃了，他曾要求李嘉图执笔，但遭到拒绝，③最后由马尔萨斯承担了这个任务：“李嘉图听到要他在《爱丁堡评论》上写文章，感到很吃惊，所以我没有达到目的；他宁愿另外出版一本小册子。马尔萨斯使我抱有希望，他能在本星期内匆匆写出一篇文章来；我极想让他掌握这个问题，并且要他来参加讨论，既因为他在这学说的基本原则上与我一致，又因为我们在这学说的某些部分有若干分歧意见，或毋宁说，我们想以不同的方式来解决争议。我唯一要向你请求的是，不要让米尔恩来妨碍我们，虽然我没有权利向你要求任何东西。”④

李嘉图已经准备写的但不愿作为评论发表的文章，无疑就是他那篇《答复博赞克特先生对金价委员会报告的实际观感》，这在《爱丁堡评论》登载马尔萨斯文章的那一期出版的一个月以前就单

---

① 1808 年 10 月《爱丁堡杂志》所载对托马斯·斯密的《货币和汇兑理论的研究》一书的书评是詹姆斯·穆勒写的（见贝因：《詹姆斯·穆勒》，第 91 页）。

② 《议员弗朗西斯·霍纳的回忆录和信札》，伦纳德·霍纳编（第二版增订本），波士顿出版，1853 年，第 2 卷，第 24 页。

③ 李嘉图差不多在这时期所写关于金价报告的评论（见本书第 329 页及以下），可能与这建议有关。

④ 1810 年 12 月 3 日霍纳给杰弗莱的信，未经发表，现由兰曼夫人保存。

独以小册子出版。博赞克特的那本被霍纳称之为“机巧的但有些不公道的小册子”①的书，是当时公认为对“金价报告”所发表的批评中最有力量的一种。他的批评是特别针对“李嘉图先生的著作而发的，因为他不仅把这著作看做后来在下院主持下所进行的金价调查的直接起因，而且看做委员会所送报告的纲要”。查尔斯·博赞克特的《对金价委员会报告的实际观感》在1810年11月下半 [11]
月由J. M.理查森出版。② 同年12月出版了“第二版修订本，另加补编”③，这补编又另以单行本出版。李嘉图的《答复》的正文以第一版为根据，在他看到博赞克特的第二版以前就付印了；④他后来加上一个附录专门评论博赞克特的补编。⑤ 从穆勒的一封信上可以看出⑥，李嘉图的《答复》是在1810年12月底付印，1811年1月初出版的。⑦

马尔萨斯在1811年2月的《爱丁堡评论》上发表的文章，名义上是评论穆歇特、李嘉图、布莱克、赫斯基森和博赞克特等关于金价的小册子以及李嘉图的《答复博赞克特》的。

---

① 1810年11月29日给默里的信，见《弗朗西斯·霍纳的回忆录和信札》，波士顿出版，1853年，第2卷，第41页。

② 第1版附言所注明的日期是1810年11月14日。

③ 第2版序言所注明的日期是1810年12月3日。

④ 见本书第195页、第236页。

⑤ 在盖特库姆的图书馆有李嘉图所保存的第1版的《实际观感》及单独出版的“补编”。前者有李嘉图亲笔的很多评注，但几乎完全看不清楚。

⑥ 1810年12月25日，见英文版《李嘉图著作和通信集》第六卷，第14页。这封信附在杜蒙所解释的边沁论价格问题著作的手稿的第一部分后面。李嘉图曾看过那本著作并加批评。见本书第251页及以下。

⑦ 见1811年1月10日《出版广告月刊》广告。这本《答复》没有出第2版。只印过一张勘误的小条，更正了五处错误，有的书内附有此条。所更正各点见以后脚注。

4月初[①]，李嘉图《黄金高价》的第四版出版。[②] 这小册子的正文没有什么变动，但将导言删去，并加上一个附录，其中包含他对《爱丁堡评论》那篇文章的评论以及他对黄金支付的计划大纲，他后来又把这个计划在《经济和安全的通货》中加以发挥。[③]

[12] 4月7日马尔萨斯写信给霍纳，提到了李嘉图的附录："我此刻一直在阅读李嘉图先生对于我的评论的批评意见，但我还是很难信服——事实上，我所能更肯定地感到错误的，莫过于把汇价的变动完全归之于通货过多或缺乏这一点了。我很遗憾，在这篇文章里，不知是出于杰弗莱的意思还是出于印刷上的错误，加上了一个小小的单缀音字，这就大大地改变了原意，这在某种程度上也许使李嘉图有理由感到恼火。我原来写的是，'我们认为这些事实单单根据李嘉图先生的原理不能完全(all)满意地加以解释[']，但文章里却印成完全不能(at all)，这是不大相同的。顺便问一下，你有没有听到关于这篇文章的其他批评。杰弗莱认为还不够通俗，也许他是对的。"

4月8日霍纳复信说："李嘉图对你反对意见的答复，就明确方面来说，正如他平时的笔调一样，不是写得很好的。我怀疑那场争论中的真理就在你们两人之间，也许可以对实际发生的现象，找

① 不久以前，在1811年3月21日，李嘉图曾参加英格兰银行提起"金价报告"问题的全体董事会，作了关于黄金价格的简单讲话；见英文版《李嘉图著作和通信集》第五卷，第461—462页。

② 见4月10日《出版广告月刊》广告，在《晨报》上到4月27日才见到最早的广告。

③ 这附录也曾另外作为单行本出版。见本书第99页注①。

出一种为你们二人都能同意的表达和陈述方式。”①

到这时为止，李嘉图和马尔萨斯还没见过面，他们之间的争论只在出版物上进行。1811年6月马尔萨斯亲自去访问李嘉图。1811年8月《爱丁堡评论》上刊登的马尔萨斯第二篇关于金价的文章没有批评到李嘉图②，以后他们之间的争论就只限于私人的讨论和通信了。③

在本书内，对《晨报》投稿各篇是照《晨报》所刊载的内容重印的，《黄金的高价》一篇是根据1811年小册子的第四版重印的（与以前各版不同处见脚注），而《答复博赞克特》则根据1811年原来的版本。

① 这两件没有发表过的手稿现均由兰曼夫人保存。

② 参看英文版《李嘉图著作和通信集》第六卷，第47—48页。

③ 金价的论战到1811年4、5月当下院在霍纳的决议和范西塔特的反决议之间进行辩论时就进入了最后的阶段。李嘉图对于后者的评注（见本书第391页及以下），好像就是他在这一阶段对这问题所写的唯一材料。

关于黄金价格

（在 1809 年对《晨报》的三次投稿）

黄金的价格[①]

现在黄金超过法定平价的高昂市场价格，似乎已经吸引了公 [15]
众一大部分的注意力；但他们看来还没有充分认识到这问题的重要性以及纸币再贬值下去可能引起的严重后果。我竭力希望我们能及时回头，恢复我国通货原来久已存在的健康状态，因为离开这种状态就会产生现有的危害和未来的破坏。

黄金的法定平价是3镑17先令10½便士。市场价格曾逐渐提高，而在最近的两三星期已高达每盎司4镑13先令，几乎上涨了20%。

值得指出的是，在1777至1797年间，黄金的平均价格不超过3镑17先令7便士。在那时期，我们的通货是一种公认为纯正的通货。只有在1797年之后，也就是在英格兰银行以硬币兑付纸币受了限制以后，金价才涨到每盎司4镑、4镑10先令，后来又到4镑13先令。在银行以硬币兑付纸币的时期，黄金的法定平价和市场价格之间绝不会有很大的差别。大家都知道，尽管有最严厉甚或不合理的法律，但由于不易发觉，当黄金市价高涨，使个人大有利益可图时，硬币就会被熔化，然后按照最能投合从事这种买卖的

---

① 1809年8月29日《晨报》。

人的心意的办法，作为黄金出卖或出口。而且，如果在银行维持兑
[16] 现的时期黄金涨到每盎司 4 镑或 4 镑以上，那些商人就会到银行兑换纸币，以 3 镑 17 先令 10½便士的纸币换得一盎司的黄金。他们把这种黄金熔化并出卖或出口，每盎司的黄金又可以换得 4 镑或更多的纸币；因为这种活动可以每天甚至每小时重复进行，它就会继续下去，直到银行把纸币的多余数量从流通中收回，从而使黄金的市价和法定平价达到同一水平为止。这是对于银行纸币发行过多所能存在的唯一抑制办法，并且如众周知，银行是从来不贸然采用这个办法的。

银行的任何努力也不能使纸币的流通多于一定的数量，如果超过了那个数量，其对金价的影响就总会把超过的部分送回银行兑换纸币。在这样的调节之下，黄金的市场价格绝不会超过法定平价很多，因为当他能以 3 镑 17 先令 10½便士在银行换得一盎司的黄金时，谁也不会付出 4 镑或更多的纸币去换得同一数量的黄金。那将等于以一盎司黄金再加上 2 先令 1½便士去换取一盎司的黄金。当我们谈到黄金的高价时，如果用黄金或立刻可以换成黄金的纸币作为估计的标准，就不会有什么意义。黄金的价格要用白银或各种货物加以估计，才可能见其昂贵，而且只有当黄金与货物相比价格较高时，换句话说，也就是只有货物比较便宜时，才会有任何诱力促使它的进口。当有人说我们把一个几尼[①]送到汉堡去，可以换到 1 镑 5 先令时，除了我们能从这个几尼得到对伦敦发出的一张汇票，可以在伦敦兑付 1 镑 5 先令的银行纸币外，还

---

① 英国旧币名，合 21 先令。——译者

有什么别的意义呢？如果银行以硬币兑付，还会有这种情况吗？有谁会这样看不见他自己的利益，以致给我一个几尼的硬币再加上四个先令以换取一个儿尼，如果当时他在汉堡只要付出运费等就可按法定平价换得同样的数额呢？正因为他在银行不能用纸币 [17]
换得硬币，他才同意按他纸币所能得到的最好价格以纸币买进一个几尼，换句话说，他才出卖 1 镑 5 先令的纸币以买进一个几尼的硬币。

到了实行限制银行兑换硬币的条例时，对纸币发行过多的抑制就完全消失，只留下银行自愿加在它身上的一种抑制，即知道他们如果不按节制的方针办事，随之而发生的影响就会这样众口一辞地归罪于他们的垄断，以致立法机关会不得不撤销这种限制的条例。

当银行愿意贷款时，总会有借款人存在，因此除了我刚才所讲的以外，他们纸币发行过多就不会受到任何限制，而金价也就会涨到每盎司 8 镑或 10 镑以至更大的数额。在粮食的价格方面和对所有其他商品也会发生同样的影响，而对于纸币的贬值，除了由银行坚持要商人在票据到期时必须偿付并拒绝放款的转期，以便把发行过多的纸币从流通中收回，直到流通媒介的缺乏能把它的价值提高，使它与黄金的价格相等以外，就没有其他的补救办法。它可能涨到稍稍高于那个价格之上，因为从那时起黄金的进口就会开始，并且如果银行要逐渐从流通中收回他们所有的纸币，这些纸币的原有地位就会由进口的黄金所填充，而高价——我指的是货物的高价——是必然会把黄金吸引到这个国家来的。

如果我在这个问题上的见解是正确的，我们就能确定银行纸币在任何时候的贬值程度，并且当黄金的价格每盎司为 4 镑 13 先令时，它们似乎已经达到 20%的巨大折扣。可能有人会问我，如果银行纸币有这样大的折扣，何以商店的店主还是不会以 20 个几
[18] 尼的硬币比以 21 个金镑的纸币卖出更多的货物呢？对于这一点我只能用这样的假设来加以说明，即用贴水收购几尼这种交易，或换句话说，打折扣出卖纸币这种生意，会使公开做这种生意的人遭到痛骂和怀疑，以致尽管有利可图，谁也不敢大胆冒这样的风险，尤其因为硬币的熔化和出口是为非常严厉的法律所禁止的。但由于这种生意的利润很大，无疑地还会有人秘密地做这种生意，并且就目前这个朝代差不多已经铸造了六千万个几尼而论，流通中的几尼已减少到很小的数量。

只要我证明这种生意可以有利地进行，对我的论证来说也就够了。如果商人能公开而又容易地出卖几尼，每一几尼卖 23 先令或更多的纸币，那么，他们所出卖的货物以几尼支付的价格就可以低于以纸币支付的价格。以 23 先令的价格买进几尼是 9%—10%的贴水，而再按 4 镑 13 先令的价格出卖黄金则是近乎 20%的贴水，那就可以很明显地看出，这种生意要比伦敦市内的许多营业更为有利得多。

如果银行纸币贬值是由于发行过多这一点，还缺少更多的证明，我们可以从国外汇兑的现有汇率上去寻找。为了说明这个问题，也许需要我们考虑一下汇率的意义及其所须遵守的规则和限制。

如果我从荷兰的一个居民采购该国的货物，这种买卖是要用那边所通行的货币成交的。我因此就约定付给他具有一定纯度的

一定数量盎司的白银。由于白银和黄金的比较价值在全世界差不多都是相等的，我的债务就可或者以白银估计或者以它所能交换到的黄金盎司数估计。如果荷兰的一个商人从伦敦的居民采购以 [19]
英币定价的货物，他也会约定以一定数量盎司的具有规定纯度的黄金支付。

为了节省出口和进口某一数量黄金以清偿这些债务所必需的运费和保险费，对双方都便利的方法就是按照双方货币的重量、纯度等标准，商定一国的若干货币相等于另一国的若干货币，即所谓汇兑平价，然后采用汇票的方式予以移转，把我欠荷兰方面通信商人的钱由我付给英国商人，再由这英国商人通知其在荷兰的通信商人，要他付给我在荷兰的通信商人以同一数额的按协定汇率折合成的荷兰货币。双方所得的利益，就在节省运费和保险费。现在假如有两个或两个以上的方面欠了荷兰商人的钱，他们之间为了购买这张汇票就会发生竞争，而卖出的人也就不会再满足于节省其输入黄金所花的运费和保险费，而会输出黄金并从其汇票上获得贴水，如果这种贴水不超过金属的运输费用，其他的两个方面都会感到给他一点贴水是于他们有利的。这种贴水必然会保持在那个限度以内，因为任何一方面都会这样说："我在荷兰欠有若干盎司的黄金，现已准备偿付此项债务。我愿意把这些盎司的黄金交给你替我偿付，另外加上运送黄金的各项费用；但没有什么事情能使我付出比这更多的钱，因为如果你不接受我的条件，我并不会因运送黄金而蒙受更多的不利！"——所以这是汇价跌落的自然限度，它的低于平价绝不会超过这些费用的数额，它的高于平价也不 [20]
会超过这同样的数额。

但自从限制银行兑付硬币以后，汇价的低落适与黄金的涨价同一步伐，并且现在已经远低于我刚才所指出的限度，此中原因可按下列方式加以说明：——

现在一个商人不再能说，他有充分数量盎司的黄金可运出国外偿付债务；他固然可以说，他有充分数额的银行纸币，如果能照平价出卖或在银行照它自己所定的数额实行兑现，即以 3 镑 17 先令 10½便士兑换一盎司黄金，他就可以有充分的黄金来偿付债务；但现在的事实是这样，他或者必须出卖其银行纸币以换得一盎司的黄金，即以 4 镑 13 先令的纸币换取 3 镑 17 先令 10½便士，或者就同意按这个比率津贴他所与之商购汇票的人。这样，汇价似乎不仅会跌到我在前面已经讲过的那个限度，而且会与黄金的涨价或毋宁说与纸币的折扣成相反的比例。但即使现在它还是不能越出这些限度。它在一方面高于平价时不能超过输入黄金的运费和其他费用，在另一方面低于平价时也不能超过输出黄金的运费和其他费用，但要再加上银行纸币的折扣。

如果汇票是以黄金而不是以纸币兑付，限制银行兑付硬币的办法就绝不会超过我在上面所讲的限度而影响汇价。

现在既已显然可以看出，银行不兑付硬币的办法就是现时汇价低落的原因，那么，议会里往往极力主张的那种论点，即认为在
[21] 汇价继续对我们不利的时期，银行兑付硬币就不会安全那种论点，究竟怎么样呢？

如果议会能命令英格兰银行逐渐从流通中收回总数达两三百万的纸币而暂不责成其兑付硬币，我们很快就会看到黄金的市场价格将跌到 3 镑 17 先令 10½便士的法定平价，每种商品也将有

类似的跌价，而对国外的汇价也将限于上述的限度。

因此显然可见，我们通货的所有祸害都是由于银行纸币的发行过多，由于给了银行一种危险的权力，让它可以随意减低每一有钱者的财产价值，并通过提高粮食和每种生活必需品的价格，使受领国家年金的人以及所有因收入固定而不能从他们自己的肩上转嫁其任何部分负担的人都受到损害。

[答“银行纸币之友”]

写给《晨报》的编辑[①]

先生：

在上月29日《晨报》上我对黄金高价所发表的评论里，对纸币的不断贬值可能引起的严重后果表示了我的忧虑。由于减少了这么多人的财产价值，而且可以随心所欲地把它减少到任何程度，据我看来，英格兰银行可能会使千千万万的人遭到破产。因此我希望能引起公众注意到这个机构所受托的十分危险的权力；但我并

[22] 不比你报以“银行纸币之友”署名的通信作者[②]有更大的忧虑，以为这个银行的发行就会使我们陷于全国破产的危险。

就算承认这位作者所说的话，对黄金的需求已经增加，而通常的供应又受到抑制，但我还是没有为他所提出的任何论点所说服，以为黄金的市场价格就是受了这种情况的影响，除非用以估计价格的媒介也贬低了它的价值。黄金的缺乏会增加它的价值，这一点是毋庸置疑的；其结果还会使它与别的商品交换时控制着更大数量的其他商品，这也是同样确实的；但除非用贬值的通货加以衡

---

① 1809年9月20日《晨报》。

② 这封信发表在1809年9月14日《晨报》标题为“黄金的价格”，署名为“银行纸币之友，但不是银行的董事”，写稿日期为9月11日。这个作者就是特罗尔。

量，尽管黄金缺少很多，也不能把它的市场价格提高到超过法定平价很远。

一磅的黄金铸成 $44\frac{1}{2}$ 个几尼，或 46 镑 14 先令 6 便士。所以这是法定的平价，而不能像你的通信作者所说的，把它称作一种任意规定的价值。$44\frac{1}{2}$ 个几尼与一磅黄金有相同的重量，这一数量的 $\frac{1}{12}$ 就是由一盎司黄金折成的 3 镑 17 先令 $10\frac{1}{2}$ 便士，这是一个事实的简单声明。

经验曾向我们证明，尤其是 1797 年以前的 20 年，在战争与和平、贸易的顺逆等各种变迁期间的经验告诉我们，46 镑 14 先令 6 便士或铸成货币的一磅所能买到的未铸成货币的黄金，有时比一磅略多，有时此一磅略少；而在同样数额的银行纸币也能起同样作用的时候，它们就不会被说成是贬值的。在银行兑付硬币受到限制以前，它们经常能做到这样，即使在限制以后也还有一个短时期是如此。那么，这个作者能不能对我们说明，为什么任何需求，不论它有多么大，会像最近所发生的情况那样，使人付出 55 镑 16
先令的银行纸币以购买一磅黄金呢，如果这些纸币与 55 镑 16 先 [23]
令的硬币有同样价值的话？他没有回想到在 55 镑 16 先令里所实际包含的黄金要合计重达 $1\frac{1}{5}$ 磅吗？人们是不是认真相信他会对一磅黄金付出这样一个数额呢？如果承认他不会付，那么银行纸币贬值的事实就是充分确定的了。如果为了购买黄金，要比平常付出更大数量的谷物、铁器或其他任何商品，那也许可以合理地说，黄金的缺乏已经提高了它的价值。但事实究竟是怎样呢？如果我把谷物或铁器拿到市场去卖，我可以买到 55 镑 16 先令的银行纸币，同我为了要获得一磅黄金或 46 镑 14 先令 6 便士而必须

付出的数量完全相等。

我不会同这个作者争论，如果不是因为他说，一个外国人把货物运到伦敦，在卖得 25 先令后再拿这个数额买进几尼，那可能是对他有利的。他现在也许还在这样做，为他自己获得利润。但是，如果他不用贬值的纸币支付，他是不会愿意支付 25 个先令来换取一个几尼的。其次，我还要问一句，他是否认为这人可能会付出一个几尼又 4 个先令，以换取一个几尼或这一数额的银行纸币呢，如果它们能兑换这一数额硬币的话？

从这个作者的评论来看，我们似乎可以假定，黄金在欧洲大陆的价格既较此地为高，我们也许可以在那里获得每盎司 4 镑 15 先令或更高的价格；但如果我们得出这样的结论，那就错了。在那里所支付的是一种没有贬值的媒介，每盎司大概是在 4 镑左右。但在此地以 4 镑 10 先令买进的人，有力量可以照那个价格在那里卖出，因为由于汇价的低落（起因于贬值），他可以为自己补偿到我国通货所已发生的 15％—20％的贬值。

另外还有一种论点，以为“我所归因于银行纸币发行的”对汇
[24] 价的一切影响，“即使没有一张银行纸币在流通，也同样会被感觉到的”。

如果我们的流通完全用硬币进行，我认为这个作者就会难于使我们相信，汇价还会对我们有 20％的逆差。试问任何对汉堡负有 100 镑债务的人，要在此地购买这一数额的汇票，如果当时为了偿清他的债务，输出 100 镑的各项必需费用不可能超过 4 镑或 5 镑，那么，有什么事情能使他为这张汇票付出 120 镑呢？

法律严禁金币输出，使任何人不得公开减价出卖银行纸币。

这不是像你的通信作者猜想我要说的那样，出于一种反对做不道德或不法行为的审慎态度，而是由于一种畏惧，觉得既然大家都知道任何人买进几尼就是为了输出，他将成为怀疑的对象——他将受到监视而不能实现他的目的。如果废除这种法律，还有什么事情能阻止几尼里面的一盎司标准金与一盎司的葡萄牙币卖同样好的价钱呢，即使大家知道后者的黄金含量的纯度还超过前者？如果几尼里面的一盎司标准金的市场价格（如葡萄牙币最近的行情一样）是每盎司 4 镑 13 先令，那么，不管是换取黄金还是换取银行纸币，商店的店主如以同样价格出售货物，究竟能维持多久呢？所以，法律上的处罚已经把流通中的少数几尼贬低到银行纸币的价值，但如果把它们运到国外去，它们就完全能够买进同一数量葡萄牙币所能买进的东西。

这就是使几尼出口的诱力，同时也是国外方面需求的诱力。我们的通货已经过剩，因而把这些几尼保存在这里，实在比无用还要糟糕。但如果能收回银行纸币的过多部分以减少通货，正如你的通信作者所正确地看到的，为法国和其他国家所曾实行那样，使其纸币信用的毁灭局部失其效力，那么，还有什么事情能阻止那由
此而立刻产生的有效需求造成黄金的进口，因而也造成汇价的好 [25]
转呢？

如果我们的流通媒介已经增加了$\frac{1}{5}$，则在此$\frac{1}{5}$没有收回以前，黄金和商品的价格就会仍旧同它们现在一样。再增加纸币的数量，物价也就会再向上涨；但如果把这$\frac{1}{5}$收回，像我所恳切地建议的那样，则黄金和其他每一种商品就都会找到它们恰如其分的地位，而银行既仍获有社会的信任，以纸币表现出来的一盎司黄金或

3镑17先令10½便士，就可永远买到一盎司的黄金。

发出要把法定平价改为黄金现有市价的暗示，换句话说，就是宣布要把铸币的3镑17先令10½便士看作4镑13先令，这种做法除了造成可惊的不公平以外，只会加剧我所谴责的那种危害。这种暴烈的补救方法会把黄金的市场价格比起新法定平价来提高20%以上，并将使银行纸币的价值按同一比例进一步降低下去。①

那个有能力的作者，亚当·斯密博士，曾经无可争辩地表明：
[26] 货币的利率受制于并不构成流通媒介的那部分资本的利润率；那些利润并不受制于可供流通之用的较大或较小数量的货币，而是完全与其无关；流通媒介的增加会提高全部商品的价格，但不会降低利率。②

所以，我们绝不能依靠你的通信作者所竭力推荐的那种据以判断银行发行额的标准即利率；因为，如果斯密博士的论证是正确的，那么，即使我们的流通媒介比现在多10倍，利率也永远不会受到影响。

先生，我认为我已经能够证明，我所表示的惊惶并不是完全没

---

① 特罗尔在9月14日的《晨报》上曾写道：“也许，当认为可以取消那种禁止英格兰银行以硬币兑换纸币的限制到来的时候，可能就有必要改变黄金的标准价格，以便使它接近市场价格，从而防止在另一种情况下必然会发生的出口。”李嘉图在这里指出，只要有法律禁止铸成几尼的黄金出口，而准许其他形式的黄金出口，后者在价格上还会继续超过前者；如果铸成几尼的黄金价格从3镑17先令10½便士提高到4镑13先令，可出口的黄金的市场价格就会从4镑13先令涨到5镑11先令7便士。在10月30日的《晨报》上，特罗尔接受了这个纠正的意见说：“我愿意承认，在我前次关于变更硬币标准价格偶然提出的建议中，我不当心造成了一个错误，这个错误后来略一思考就马上发现出来了；但没有来得及从我那封信的陈述中勾掉。”

② 《国富论》第Ⅱ篇，第Ⅳ章。

有根据的，我们的通货确实有了很大的贬值，影响到公共年金收受者及以货币为财产的那些人的权益，而并无相应的好处。一种可变的媒介所带有的祸害，由于它影响所有的契约，实在非常明显，毋需多加论述。贵重金属的价值的永恒性首先表现为一般的交换媒介。我们现在已经丧失了这种好处，在我们的通货恢复到其他国家的通货的价值以前，我们不能认为它是有牢固的基础的。

把英格兰银行所发行的纸币从流通中收回一定数量以后，科贝特先生认为它们的空隙很快就会为地方银行的纸币所填补。[①]照我看来，不会发生这样的影响；恰恰相反，我认为这样一种措施将迫使各地方银行至少按同一数量，如果不是按大得多的数量，收 [27]
回它们的纸币。

英格兰银行的一张纸币和地方银行的一张纸币的价值现在是相等的，它们的数量是与它们必须经营的业务成比例的。通过把英格兰银行的纸币从流通中收回的办法，你增加它们的价值，并在各种商品流通的地方降低商品的价格。这时一张英格兰银行的纸币就会比一张地方银行的纸币有更大的价值，因为人们将需要用它在较廉价的市场购买货物；并且由于地方银行将不得不以英格兰银行的纸币兑换它们自己的纸币，它们就会继续被要求这样做，直到地方纸币的数量减少到它原来对伦敦纸币所保持的比例，因而也在它所能交换的所有商品的价格上产生相应的降低。

---

① 在 1809 年 9 月 16 日的《科贝特政治纪事报》上，在以“雅各宾几尼”为题的一篇文章里，科贝特谈起“在《晨报》上写文章的那位哲学家”时说：“此外，这个作者可曾想到，在英格兰银行的纸币有任何减少的地方，地方银行是不会制造货币去补充的吗？”

《向导报》上的一个作者已经高兴地认为，署名“麦凯托”在你报上写过文章的那位先生之所以这样写，是“为了帮助或仿效我，或者与我有联系和同谋”。这一事实的本身是无足轻重的。如果他或我的论点没有力量，那就让他指出它们何以如此的道理；但这位署名“非揄客”的作者是错了。——“麦凯托”的意见，对于我同对于他一样，都只是通过《晨报》的媒介才知道的。①

先生，我是……

R.

① 以“麦凯托”署名并注明“伦敦，9 月 4 日”的第一封信，发表在 1809 年 9 月 7 日的《晨报》；作者毫无保留地支持了李嘉图在 8 月 29 日那篇文章上所表达的见解。一个自己署名为“非揄客”的作者，在 1809 年 9 月 8 日《向导报》登出的一封信上答复“麦凯托”，对麦凯托和李嘉图都作了批评。“麦凯托”又在 9 月 12 日《晨报》上发表第二封信，以“黄金的高价”为题对他作了答复。“非揄客”的最后答复发表在 9 月 13 日的《向导报》，这就是李嘉图所指的信。

[再答"银行纸币之友"]

写给《晨报》的编辑①

先生： [28]

如果你报的通信作者，"银行纸币之友"，在其初次注意到我对黄金高价的评论而使我感到荣幸时，就提出像他现在所提出的争辩②，以为银行纸币是白银的代表而不是金币的代表，我们就可以更早地发现，究竟我们对于所争论的问题的意见分歧是从哪里发生的。那么，先生，我也就不必要他费神提出这么许多证据来证明一件无可争辩的事实，即如果白银是价值的唯一衡量标准，每盎司按4镑13先令计算的黄金本身就不是银行纸币发生折扣的明证了。其实，我以为我在下面的评论里早就承认过那种论点。我说，"当我们谈到黄金的高价时，如果用黄金或立刻可以换成黄金的纸币作为估计的标准，就不会有什么意义。黄金的价格要用白银或各种货物加以估计，才可能见其昂贵。"③从那一篇和其后一篇文章的大意中可以看出，我是把金币当作商业的标准并用以估计纸

---

① 1809年11月23日《晨报》。

② 从"银行纸币之友但非银行董事"（即特罗尔）来的另一封信，其标题为"黄金的价格，信二"，注明日期为9月23日，发表于1809年10月30日《晨报》。

③ 见本书第20页。

币的贬值的。我没有理由可以认为你的通信作者有另一种看法。在一个地方,他把银行纸币称作"黄金的代替品";在另一个地方他说,"如果过去不加上这种限制,对欧洲大陆黄金的巨大而有增无已的需求就会早已把我国的每一个几尼都吸走,就会在可能发生
[29] 的任何紧急关头使我们不再剩下什么资财,从而会动摇它的信用"。[①] 对银行的限制,只会使银行的董事能够防止锁在银行里的几尼输出国外,如果他们想这样做的话。流通中的几尼,无论在这办法施行以前或以后,都容易运出国外。但是,如果白银像现在所断言的那样,只是通货的标准,英格兰银行就可能已经会用我们现在减低了重量的银币兑付纸币;例如,用标准重量和价值已减低了24%的先令,因此几尼就不会需要那种保护了。银币是不会被需求的,因为除非受24%的损失,它就不会被熔化或出口。如果白银是通货的标准,银行纸币在1797年就有24%的贴水,而现在的贴水则为14%。

但如果像我试图要证明的那样,黄金是价值的标准,并因而银行纸币是金币的代表,我就确实料想这个作者会同意我的说法,即银行纸币是在跌价,而且黄金市价超过平价的部分就是这种贬值的衡量标准。

标准银的价格在上一星期二是每盎司5先令9½便士。在同一天,标准金的价格是每盎司4镑10先令。所以一盎司黄金约等于15½盎司而不是18盎司的白银。

因此,我们如果用黄金的价格估计银行纸币的价值,就可以看

---

① 这两个引语均见1809年9月14日《晨报》发表的特罗尔的来信。

到它们的跌价是15.5%。如果以白银的价格加以估计,则跌价为
12%。但你的通信作者无疑地会说:如果我们的银币不是由于损 [30]
耗和削减而降低,却如大家所知道的是因为标准重量不足而贬值,所以黄金高价的大部分和白银高价的全部就是由这种重量不足所造成,那么,上面从银价所得出的结论也许是正确的。根据这种论证,银行纸币不是我们标准银币的代表,而是我们减色了的银币的代表。

利弗普尔勋爵在写给国王的一封论国币现状的信上说,①根据现有法律及1774年以来的法律,“在大不列颠或爱尔兰境内,凡以我国银币所支付的款项,在任何时候如超过25镑的数额,除按每盎司白银合5先令2便士的比率依重量计算其价值者外,均不得称为或允其作为法定货币”。

照这样说,银行纸币就不是减色了的银币的代表。持有1000镑银行纸币的人,在25镑之外可以拒绝接受现有的减色了的银币。如果其余的975镑用先令支付给他,他会按每盎司5先令2便士的铸币价值,依重量收受它们,这个数额连同那25镑减色了的银币,当其按每盎司5先令9½便士的现时价格出售时,就会获得1110镑的银行纸币。因此,根据这个作者自己的原则,这里也可以证明,如果白银是标准的通货,银行纸币就跌价了11%。

根据利弗普尔勋爵在上文提到的那本著作中所举出的下列理由,我认为黄金是价值的标准尺度。他说,“银币不再是财产的主

① 利弗普尔勋爵:《论国币的现状;在写给国王的一封信内》,1805年牛津版,第129页。

要衡量标准:一切商品现在都参照金币以定它们的价格或价值,[①]
[31] 正如它们在前一时期参照银币以确定它们的价值一样。由于这个缘故,银币现在的重量虽然有很大的不足,在支付任何货物的价格时,并不像它们在作为法定货币的情况下受到同等程度的考虑。所以金币目前在人民的实践和看法上显然已经成为财产的主要衡量标准"。[②]

然后他又说明,在威廉三世的朝代,几尼的流通价值甚至高达30先令;金币是随着银币的比较完整或不大完整的情况而涨落的。"自从1717年几尼的价值或比率以公告和铸币合约确定为21先令,其他金币也照此比例计算以后,金币的价值就不曾有过这样的上涨或变动;虽然现在所流通的银币,早已是而且现在仍然是至少同它们在威廉国王当政初期一样重量不足。然而,几尼和其他金币在1717年以后经常还是照铸币合约所规定的比率或价值流通的。"

"以上两个理由清楚地证明了大不列颠人民在国内商业和本国事务上对这一问题的意见。下一步我要指出外国对此的意见是什么。"在威廉国王的时期汇价是按照我们银币的完整或不完整的情况而涨落的。在1695年重铸新币以前,对所有外国的汇价每镑里面对英国总有4先令的不利,而对有些国家还要差得很多。"但在1717年以后,同样的弊害就从来没有存在过,虽然在整个这一时期我们的银币一直是重量非常不足的。但在另一方面,当我们

① 利弗普尔勋爵又说,"这就是参照它们所能换到的金币的数量……"。
② 这一段和以下各段引文均见利弗普尔勋爵的《论文》,第141—145页。

的金币重量不足，即在 1774 年金币重铸以前，我们对外国的汇价 [32]
却受到很不利的影响。”利弗普尔勋爵认为这就可以证明外国人是
把我们的金币看做财产的主要衡量标准的。另一论点从黄金和白
银的价格得出。当我们的金币在 1774 年重铸以前重量不足时，黄
金的价值超过它的法定价值很多，但从金币达到它现在的完整状
态以后不久，黄金很快就跌到略低于其法定的价格，并且在 1797
年以前持续了 20 年之久。“因此，从这些事实显然可以看出，黄金
的价格受金币情况的影响，虽然在 1717 年以后这种纯金的价格没
有同样受到我们银币的那种重量不足情况的影响。”1717 年以后，
白银的价格也曾受到我们金币的完整或不完整情况的影响，却没
有受到我们银币那种重量不足情况的影响。“从这一切就可以清
楚，黄金或白银的价值至少 40 年以来都是完全按我们金币的情况
估计，而不是按银币的情况估计的。当我们的金币重量不足时，这
两种金属的价格都上涨；在我们的金币达到其现有的完整状态时，
它就低落下去；因此，我们可以合理地推想，在这种贵重金属商人
的心目中（他们可以被认为是对这一性质的问题的最好的裁判
者），金币在这一方面已经成为财产的主要衡量标准，因而也是商
业的媒介。”在另一段里，利弗普尔勋爵把一个金镑看作是一个几
尼的20/21。[1] 斯图尔特爵士也提出同样的意见，他说，“现在我们没 [33]
有以银币代表的金镑；在英国白银并不同商业的周转成任何比例；
因此，所能用以表示金镑价值的唯一通货就是几尼”。[2]

① 见利弗普尔勋爵的《论文》，第 153 页。

② 斯图尔特：《政治经济学原理研究》，伦敦 1767 年版，第 2 卷，第 89 页。

银行的董事在议会作证时一定也曾表示同样的意见说，他们的惯例是在黄金市场价格超过法定平价的时候，就限制他们纸币发行的数额。①

在1797年上院委员会的报告中曾指出，“黄金是大不列颠商业用的货币，而白银则多年以来只是一种商品，它没有固定的价格，很少送到造币厂去铸造，而按市场上对它的需要发生变动”。②

先生，我是你顺从的仆役，

R.

11月4日

① 参看下面论“黄金的高价……”中段。

② “上院机密委员会的报告。1797年2月26日枢密院的命令；关于银行”，重印于《议会文件汇编》，1810年，第3卷，第147页。

附　　录

[上面一封信结束了《晨报》上的通信。这种论战以后就在李嘉图和特罗尔私人之间继续进行，并且如上文所提到过的，每方面至少写了两篇文章。其中只有两篇（一篇是特罗尔的，另一篇是李嘉图的）至今还存在，现附印于下。特罗尔的文章也包括在这里，因为它指明了所遗失的李嘉图那篇文章的内容。] [34]

[特罗尔的答复]

1. 李嘉图先生承认，①如果不存在一种法律，禁止把白银铸成货币，白银也许可以成为衡量价值的尺度，但有了这种法律，其结果便是现在黄金必然成为衡量价值的尺度。

根据同样的推论，我可以争论说，由于现在有一种禁止银行以硬币兑付纸币的法律，现在衡量价值的尺度不是黄金而是银行纸币。

我承认，这两种情况有这样一个区别，即个人方面如果愿意，可以拿黄金到造币厂去铸成货币，而对白银则不能；但这两种情况

① 这和以下各点均指李嘉图文稿内遗失的一篇而言。

的这一区别不会对我们之间争论的问题有何影响，因为这个问题在于：究竟银行纸币所代表的是黄金还是白银。事实上现在银行既被禁止以其中任何一种兑付纸币，它们就不代表其中的任何一种。所以说到银行纸币是硬币的代表时，必须是指对银行的这种限制已经废除以后的时期而言。如果在那个时期，禁止铸造银币的法律仍继续有效，在那种情况下黄金无疑地会被认为是我国价值的衡量标准。但目前照我的看法，那个禁令对我们之间的问题并不会比限制银行兑现的法案有更大的影响。

我们对于一种金属比另一金属更适宜于充当衡量价值的标准的情况，都有一致的意见，所以，要决定哪一种是衡量的标准，我们就必须而且只能求之于这些情况。这就是这两种金属之中有一种金属在造币厂的估值，比起它的市场价格来是低估了的。白银就是目前处于这种情况的金属，这是大家都承认的。所以现在白银一定是衡量价值的标准。其实，如果我们注意这个事实，我们就会发现，现在流通的银币要比金币为多。当携带金币出去的引诱力是如此强烈的时候，又怎能是另一种情况呢？所以我承认我不懂，这种反对以白银作为衡量价值的标准的理由，既然以禁止那种金属铸成货币的法案为根据，究竟能有什么力量。

[35] 2. 据承认，如果重量不足的银币是法定的货币，则白银的市场价格超过其法定平价的数额，就可以根据那种重量不足的情况得到充分的说明。

对这一意见的答复是，如果这种重量不足的银币是没有限额的法定货币，白银市价超过法定平价的部分将不仅是8％而且会高出很多，几乎可以比例于其重量不足的程度。所以，对于这种重量不足的银币作为法定货币的限制，就是白银市价与其平价的差额何以没有大于现有差额的原因。

3. 据说，“大家都知道，这种减轻的银币并非按其真正的价值流通于市场，而是按其应有的白银含量的价值流通的”。这有点像是以本身尚待证明的问题作为论据的论法，因为这是在说，我们之间的争点即所争论的问题就在于究竟这种减轻的银币是不是能够这样流通。但在证明这种说法时，R. 先生利用了一个论点，这个论点我确实没有料到他会提出来，因为人们是完全理所当然地可以一股脑儿把它用来反对他自己的。他说，“同没有减低重量的金币相比，它是不是有同等的价值，如果没有优越价值的话？”我的答复是：“你说银行纸币发生了 20%的折扣[；]把它们同没有减低重量的金币比较一下，它们是不是与它有同等的价值呢？”如果你的论点是正确的，我的论点也同样是正确的；并且我可以与你一同叫喊：“那时还有什么借口可说，银行纸币的贬值就是商品价格上涨的原因呢？”

同样的批评也可应用于 R. 先生所假设的一个事例，即有一商人，在其仓库内货物很多，要想购买白银作出口之用。R. 先生说，“如果这商人能够立刻出卖他的货物，换得重量合格的银币并将其熔化，他就可以比他拿这些钱去买白银多得 8%的白银”。这个论点我不能接受，因为我的意见是，如果流通的是重量合格的银币而不是减轻的银币，白银的市价与平价之间现有的差额就根本不会存在。这种差价的原因一经排除，所发生的后果也将必然消失。

此外，R. 先生还说到，现在事实上“1,000 镑的减轻银币将同 1,000 镑的金币那样买到完全一样多的白银”。对于这一点，我可以用同样适当的理由答复说，现在事实上 1,000 镑的银行纸币也将同 1,000 镑的金币那样买到完全一样多的白银。R. 先生在这
[36] 里所应用的论点，对于我的主张同对他自己的主张是一样有效的，所以 R. 先生必须放弃他企图赖以证明减轻的银币是按照它应有的白银含量计值流通的论点，否则他就必须完全放弃我们之间所争论的问题。因为证明银行纸币并未打折扣，同证明银币并未[打]折扣一样，都是理由充足的。换句话说，如果能充分表明减轻的银币并非物价上涨的原因，也就能同样充分表明银行纸币的流通数量并不是这种涨价的原因。

现在我已经批评了 R. 先生关于这一点的评论，并期待着他的答复。

[李嘉图的再答复][①]

特罗尔先生说，“现在从事实来看，既然银行不得以金币或银币兑付纸币，银行的纸币就既不代表黄金也不代表白银”。[②] 照我的了解，特罗尔先生和我之间的争论，是关于一张银行纸币是不是具有兑付金币或银币的义务问题。固然现在的法律免除银行履行它的义务，但那种情况并不妨碍我们确定银行的义务究竟是什么，当这种法律废止的时候，他们将不得不以何种方式履行他们的义务。这才是我们对问题的意见分歧之处。特罗尔先生认为，如果

① 在《给特罗尔的几封信》里，在这一答复的前面还附有日期较早的一篇文章；本卷印在后面第 385-388 页。

② 这个和以后所谈各点，直到第 49 页注②之前，都指特罗尔的前面那篇文章。

英格兰银行突然被迫要履行他们的义务，他们能够并将以银币偿付，因为这样做是于他们有利的；恰恰相反，我认为如果要他们履行这种义务，他们将不得不以金币偿付，因为银币的数量不足以应付需要，而且根据法律的明文也不能以白银铸造硬币。我承认，如 [37]
果白银能铸成货币，这种金属将更宜于铸币，因为我们能以最少的费用获得这种金属；但既有法律禁止以白银铸币，事实上它就使我们只能利用黄金。特罗尔先生说，"如果在那个时期"（即对银行兑现的限制将被取消的时候），"禁止以白银铸币的法律还继续有效，在那种情况下，无疑地黄金必然被认为是我国衡量价值的标准"。他说这话的时候，事实上就已承认目前我所争论的全部内容了。特（罗尔）先生居然不根据事物的实际情况，而根据他想当然在未来的某个时期可能发生的情况进行争辩，这是光明正大的吗？禁止以白银铸币的法令可能会取消，当那种情况发生时，特罗尔先生也许说对了，那时白银可能成为衡量价值的标准尺度，但在这种法律还继续有效的时期，黄金就必然是价值的尺度，因而银行纸币的价值也必然按其与金币或金块的比较价值予以估计了。

至于流通中的银币较金币为多的事实，那是容易说明的；首先，不到一镑的数额并无银行的纸币，所以小额的支付就有必要使用银币。第二，银行纸币既然是金币的代替品，几尼就绝对没有用处，这种情况与几尼较其代替品价值为高这一点连在一起，就充分可以说明金币何以会从流通中逐渐消失。最后，因为金币还保持它的标准重量，而银币的重量则已减轻 40%，所以熔化几尼并使银币继续流通就成为有利的事。

关于第二点的争论，即特罗尔先生以为是由银币的减轻情况

所造成的对商品及金银价格的影响问题。我现在要问，如果这是
[38] 事实，何以在 1797 年限制英格兰银行兑现以前，对这些金属的市场价格没有产生同样的影响呢？

单是说，金币在那个时候是标准的尺度，而且那种硬币没有减轻重量，所以没有发生这种影响，这不会是个令人满意的答复。我说这不会是个令人满意的答复，因为只有在用黄金清偿债务比用标准银币更为有利时，黄金才是价值的尺度；但我们现在所说的不是标准银币而是减轻的银币。减轻的银币在那时候同现在一样，本来就比金币便宜，并且，如果它现在能够的话，在那时候本来也能更有利地被用来清偿债务；但那时并未产生这样的后果；黄金经常低于它的法定平价，而白银才高于它的法定平价，这是因为造币的比例测定得不够精确。也许稍稍再多考虑一下，这一点就会看得更清楚了。在 1797 年银币减轻重量 24%，当时金银在市场上的比例价值是 14¾ 比 1，而在铸币中的比例则估计为 15 比 1，因此，如以标准的金属作比较，黄金就是价值的尺度；但黄金与减轻的银币相比则为 19 比 1，所以，就银币的减轻而论，那时和现在有同样的理由可以说明黄金何以高出法定的平价；因此我坚决认为，如果像特罗尔先生所假定的那样，商品的价格现在受银币减轻情况的影响，则在 1797 年以及在此以前的很多年里，也一定会因同样的理由发生这样的影响。特罗尔先生能不能为我们说明，既然黄金在 1797 年以前的 23 年内一直是在它的法定平价以下，何以当时没有产生这样的后果呢？

我曾说过，“拿减轻的银币同没有减轻的金币相比，是不是有
[39] 同等的价值呢？”特罗尔先生答复说，“你说银行纸币打了 20% 的

折扣，把它们同没有减轻的金币相比较，是不是有同等的价值呢?”特罗尔先生在另一个地方说到，如果事实是像我所说的那样，1,000镑的轻质银币可以与 1,000 镑的金币买到完全一样多的黄金或白银，那么，1,000 镑的银行纸币能买到同样多的金银，这也是事实。如果承认现在的 1,000 镑，不论其为金币、为轻质的银币或为银行纸币，用以购买商品时都有完全同等的价值，那么，为什么它们之中没有一种能同它们在 1797 年实行限制银行兑现的条例以前买到一样多的黄金或白银呢? 而且，虽然它们在国内流通时也许有同等价值，它们这种价值上的一致，究竟是强制的还是自然的呢?

一定可以看得清楚，银行纸币和轻质银币的价值，现在并不是按照没有减轻的金币的价值来规定的。如果它们是这样规定的话，黄金就不会涨到法定平价以上，因为特罗尔先生始终同意，没有人会以多于一盎司的黄金去购买一盎司的黄金，所以，如果流通媒介的价值一般地等于金币的价值，黄金就不会达到每盎司 4 镑 10 先令或 4 镑 13 先令的价格。由此必然得出的结论是，金币的价值跟着轻质银币或银行纸币降低下来了。但我已经说过，在 1797 年以前，减轻的银币(因为它在数量上总是不太多)总是提高到金币的价值，并且虽然它在一定数额以内是法定货币，其数量和流通程度均不足以把黄金的价格提高到它的法定平价以上。从来没有发生过这样的例子，一个购买黄金的人因为他愿意用减轻的银币偿付，结果对每一盎司多付过一个便士。

因此，如果说金币和银币具有同等的价值，而同时又在交换价 [40]
值上贬低到它们真正价值的$\frac{4}{5}$，简单地说也就是贬低到与它们共同流通的银行纸币的价值，这种现象除了以银行纸币的贬值加以说明外，还有什么别的办法可以说明呢？让我们假定禁止几尼出口的法律废止了，那时特罗尔先生就不会再坚持金币、银币和银行纸币将具有同等的价值，因为他已经承认，人们不会以一盎司以上的黄金去买一盎司的黄金；但在那种情况下，黄金还是会卖到 4 镑 10 先令或 4 镑 13 先令的银行纸币或减轻的银币，而如以金币计算，却还是不会卖到每盎司 3 镑 17 先令 10½便士以上的。

现在金币流通的价值是一种强制的价值；它的自然价值比它的强制价值要高 15%；但如果废止这种法律并撤销压低其价值的力量，它立刻就会恢复它的自然价值。所以，如果我要放弃第一点的争论，承认银行纸币有义务以银币而不是以金币偿付，那就显然可以看出，银币的减轻重量对于黄金或白银或任何其他商品的价格，除了那很小一部分作为法定货币的轻质银币所造成的小小影响以外，不会再有别的影响。

在 1774 年重新铸造金币以前，像我已经指出的，黄金的价格是每盎司 4 镑，比法定平价高出 2 先令 1½便士。金币的减轻重量对于其他一切商品价格的提高也一定有过类似的影响。这是一个不再有争议的原则。在重新铸币的时候，黄金就立刻跌到它的法定平价以下。

当金币这样减轻重量的时候，一个刚从造币厂铸造出来因而未经减轻的几尼，或任何其他从窖藏中拿出来而未经减轻的几尼，
[41] 并不会比受过磨损和减轻重量的几尼买到更多的货物，但不能因此就争辩说，减轻的几尼和新铸的几尼具有同等的价值，这显然是因为所有商品的价格不是由新铸几尼的含金数量，而是由旧几尼

中实际含金数量所规定的。

同样，现在虽然有少数几尼可能在流通，在购买商品时可能只照同样数额的银行纸币通用，各种商品的价格却不是由几尼所含的黄金量而是由银行纸币所能购买的黄金量来规定的。如果这种金币没有减轻，银行纸币没有贬值，这两个数量一定永远是差不多相等的。

我认为利弗普尔勋爵的论证，已使金币在近百年来一直是价值的主要尺度这一事实不再有争辩的余地。[①] 简单地说，他的论证如下。在那个时期，银币的减轻并没有造成黄金或白银的市价有任何高出法定平价的现象；它也没有对国外的汇价产生任何影响，而金币在这一百年的部分期间所发生的重量减轻，却总是引起金银市价的上涨，并对汇率产生相应的影响；当金币回复到它现在的完整状态时，黄金的市价就立刻跌到它的法定平价以下，而国外汇价即使不是对我们有利，也总是保持在平价的水平上。

利弗普尔勋爵已清楚地证明了这个事实，但没有提出任何令人满意的理由来说明何以黄金而不是白银应当成为衡量价值的标准尺度。

据我看来，当黄金与白银在市场上的相对价值低于这两种金属在硬币内按照造币法规定的相对价值时，黄金即使不是衡量价值的唯一尺度，也**一定**是主要的尺度。 [42]

如果金币和银币具有它们合法的重量，则在法律上它们全部都是法定的货币。

---

① 《论国币》，第 132—145 页。

根据造币法规定，黄金是白银价值的 $15\frac{9}{124}$ 倍。在市场上，直到利弗普尔勋爵写文章的时候为止，黄金的价值在很长一段时期内平均只比白银高 $14\frac{3}{4}$ 倍。因此每一债务人以金币偿付其债务，就成了有利的事，而且每一个以金属送到造币厂造币的人，也同银行一样，均以送黄金而不送白银为有利。这样，如果我是一个仓库内储存货物很多而负有债务 1,000 镑的商人，我在买进1,000镑所含有的同量黄金时，能够比我买进 1,000 镑所含有的白银时卖出较少的货物，这就会使我决定购买黄金而不购买白银，并拿黄金而不拿白银到造币厂去铸造货币，当黄金只有白银价值的 $14\frac{3}{4}$ 倍时，白银的价格总会高于它的法定平价，所以银行购买白银铸成银币就会蒙受损失，而为此目的购买黄金时却不会有这样的损失。因此，看来很明显，只有当黄金与白银相比，黄金在市场上的价值比造币法所规定的价格为低时，它才会是衡量价值的唯一尺度。在这种情况继续的时期，银行纸币将是金币的代表，因为银行总会用他们所能以最小费用铸成的货币去偿付纸币。

但是，如果随着时间的推移，像后来所出现的情况那样，黄金竟然变得更有价值，并在市场上比在硬币中对白银有更大的比例，这就是说，如果黄金居然达到白银价值的 $15\frac{1}{2}$ 或 16 倍，那么，黄
[43] 金就会超过它的法定平价，而白银则将合乎或低于它的法定平价。其时金币就会有利于熔化，而白银则会有利于铸成货币；因此白银就会变成价值的标准；银行会以银币偿付它的纸币，因而银行纸币也就成了银币而不是金币的代表。事实上这就是特罗尔先生的论点。他正确地论证说，黄金的高价并不能证明银行纸币的贬值，因为即使没有银行纸币的存在，黄金也可能由于其与白银相对价值

的改变而涨到法定平价以上。从我所已经说过的话里，可以看出**我是毫不含糊地承认这一主张中的真理的**。

但是，如果说黄金的高价是从这一原因产生的话，那么，在只有重量十足的硬币才是法定货币的时候，白银的价格就绝不会涨到法定平价以上。当白银的价格超过它的法定平价而黄金则合乎或低于法定平价时（这在 1797 年以前一般都是如此），没有人认为银行纸币是贬值了；并且，如果黄金的价格高于它的法定平价 20%，而白银则合乎法定平价，我也会承认银行纸币没有跌价；但当这两种金属的价格都在法定平价之上，那就是银行纸币贬值的无可争辩的明证。

特罗尔先生要想从银币重量不足这一公认的事实来说明原因。如果这种减轻的通货是法定的货币，我也不会同他争辩这一点，但他既承认它并非法定货币，那么，银币的减低重量也就不能成为白银涨价的原因。

现在我要答复特罗尔先生对我在《晨报》上发表的最后一信[①]的几点评论。[②]

我援引白银 5 先令 9½便士的价格，并没有加强或减弱我的 [44]
论点的意思。5 先令 7 便士的价格，我相信特罗尔先生在写文章的时候是没有提到的；我也没有想到他的计算是以那个价格为根据；但正如他所说的，我们争论的是原则问题，5 先令 7 便士和 5 先令 9½便士是同样适合我的目的的。

---

① 即前面再复“银行纸币之友”的信。

② 特罗尔的评论未经发见。

在特罗尔先生看来，我以前所说[“]如果白银是通货的标准，银行纸币在1797年有24%的贴水，而现在的贴水则为14%[”]的话，似乎是自相矛盾的。这是根据减轻的银币作为标准而作出的一种假设，因为在1797年100镑的银行纸币所能买到的白银要比100镑减轻的银币中所含有的白银多24%，而照它现在的价格购买则可以多14%。我也曾经说过，“如果我们以白银估计银行纸币的价值，银行纸币就会被发现有12%的折扣”。我在另一地方又说，“如果白银是标准的通货，银行纸币的折扣则为11%”。他要我说明这几段话。我的意思是说，如果我们的银币完全具有它的法定重量并因而与同等数量的白银价值相同，则以这种媒介估计，银行纸币的折扣就是12%，但我们的通货既不是这样纯粹，在大额支付时又依法可强使债权人接受减轻的银币达25镑之多，所以，如果以我们的银币估计，银行纸币的折扣就是11%。

在特罗尔先生所作的计算里，他把黄金市价超出其法定平价的全部差数归之于银币重量的减轻，只把这两种金属相对价值的变动所引起的那一部分除外。他把金银相对价值的变动（照他所引用的价格4镑13先令和5先令7便士）估计为11·7·2 pr ct
[45] 是正确的，但他匆匆地得出结论，把黄金涨过银行纸币部分的余额，即8镑1先令3便士，完全归之于银币重量的减轻，他把争论的问题认为不成问题而并不给我们说明他的论据。按照同样的准则，如果他按金银的现时价格、即按4镑10先令和5先令9½便士计算，则他对银币减轻重量的影响一定不会估计在12%以下。既然他不愿说银币的减轻程度在这场讨论开始以后又已经有了提高，因此他必须找出其他某种原因来说明8镑1先令3便士与12

镑之间的差额。

特罗尔先生说，如果只有一种金属在流通，市价的超出法定平价将与硬币的减轻程度成精确的比例，但当流通包括两种金属时，就不能由此推断，人们会以贬值的通货去偿付这种金属的价格。从上所述，可知虽然我们有两种金属在流通，其中必有一种会被驱逐出流通之外；而且贬值的银币既然不是法定货币，就不能用它来作为估计价值的标准。

他责备我陈述了一种不可能的例子，并且问我，“对这样一种假设能信得过吗？这是一种既少见而又无益的推理方式”。可是，假设我的债务人会以银币偿还我，这难道是一个不可能的例子吗？我是在对这位先生争论，说明银行纸币是打了折扣，为了证明我的立场，我说如果我的债务人准备以银币偿还他对我的债务，他依法将不得不付给我其价值相等于 1,120 镑银行纸币的数额。这是不是一个理由充足的论证，足以证明在 1,000 镑里所含有的白银是比 1,000 镑的银行纸币更有价值呢？当法律允许他以一张确实称作 1,000 镑而实际上只有 900 镑所含有的白银的纸币偿还我的时候，任何人固然不可能照这种方式偿还欠款，但这是我所抱怨的损 [46
害，而银行纸币只能值到那么多这一无可否认的事实，就是这种损害的明证。

我同意特罗尔先生的话，如果银币具有它的法定重量，它可以同金币一样不论任何数额都是法定的货币，但在他的方面，这一承认对他的论点是致命的打击。有了他所承认为等于一磅白银的 62 个标准先令，我总是能够买到一磅白银。这是他并不否认的。他明白地承认，如果银币的重量没有减轻，则以银币偿付的白银价格就不会超过它的法定平价。

但有了 62 先令的银行纸币，我可买不到一磅白银；我为了购买一磅白银必须付以 3 镑 7 先令的银行纸币，这也就是 8 镑 1 先令 3 便士的贴水。那么，坚持说 62 标准先令的法定货币不会比 3 镑 2 先令银行纸币具有更大的价值，又如何能说得通呢？

如果我们造币厂的规定是每先令重一盎司，那么，在先令重量十足的时候，白银就绝不会涨到每盎司一先令之上，并且，虽然通货的重量有了减轻，每个先令的重量变得只有半盎司，但在法律能予出卖白银的人以保护，使他不致接受减轻的银币的时候，白银也不会涨到每盎司一先令以上。他会说，“我诚然已经按每盎司一先令的价格卖白银给你，但你付给我的先令重量不足，所以你付给我的钱必须按一先令的法定平价的重量计算。[”]因此卖出白银的人所定的价格虽为一先令，他最后却也许会得到两个减轻的先令。这就是差不多一百年来我们在白银市场所经历的情况。白银价格过去很少超过法定平价很远，而确实存在的超过的数额则可归因于金银相对价值的改变。它是以黄金偿付的，所以黄金是按法定价值估价的。

黄 金 的 高 价

（1810—1811 年）

导　　言[1]

以下几页文章的作者，已经通过《晨报》把他关于纸币的一些意 [51]
见，提请公众的注意。他认为应该以更能引起适当讨论的形式把他关于这一问题的感想重新发表出来；他所以要这样做的理由，就在于他已经万分惊讶地看到纸币不断贬值的现象。由于看到社会上大部分人根本否认这种贬值，而其他的人虽然承认这种事实，却把它归诸于在他看起来并非真正的原因，他的恐惧就格外增加了。在任何补救的方法能成功地用来纠正这样严重的祸害以前，必须对其原因有明确的认识。这个作者打算根据政治经济学的公认的原理提出一些理由，这些理由据他看来可以证明这个国家的纸币早就有了而且现在还有一个很大的折扣，这起因于发行的数量过多，而不是对英格兰银行缺乏信任，或对它履行义务的能力有什么怀疑。他是心甘情愿地这样做的，因为他充分相信，国家还有力量可以把纸币恢复到它所明白宣布的价值，也就是恢复到它原来保证要偿付的那种硬币的价值。

他知道他对于金勋爵[2]所曾英明地提出的、早就可以使人深

---

① 这篇导言只收在第1—3版内。

② 金勋爵：《关于英格兰银行和爱尔兰银行限制兑付硬币的意见》，伦敦卡德尔和戴维斯出版，无日期[1803年]。“扩大第二版，包括关于铸币的若干意见”是在1804年出版的，其所用标题为《关于限制银行兑现影响的意见》。

[52] 信不疑的论点能够很少有什么补充；但他相信，这种祸害既已变得更加众目昭彰，公众就不会再漠不关心地看待一个并不比任何其他问题不重要的、与一般福利密切相关的问题了。

1809年12月1日

黄金的高价是银行纸币贬值的明证

在设立银行以前，政治经济学方面最有资望的作者认为，全世界用以流通商品的贵重金属，在地球上不同的文明国家之间，是按照商业和财富的情况并因而按照所须偿付的次数和常度分成一定比例的。经过这样的划分，它们在每一地方保持同样的价值，而且既然每一国家对其实际使用的数量有同等的必要，也就不会有任何诱力促使它们进口或出口。

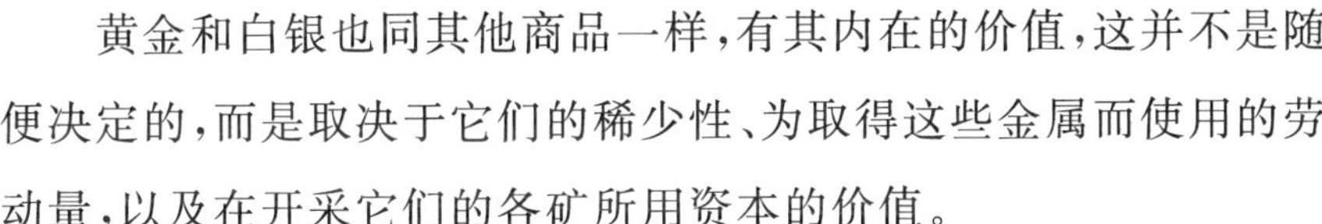

黄金和白银也同其他商品一样，有其内在的价值，这并不是随便决定的，而是取决于它们的稀少性、为取得这些金属而使用的劳动量，以及在开采它们的各矿所用资本的价值。

斯密博士说，“效用、美观和稀少性的性质[①]是那些金属的高昂价格或它们在各地能换取大量其他货物的原始基础。这种价值 [53]
是先于而且并不依赖于它们之用作硬币而存在的，并且是使它们宜于作那种用途的性质”[②]。

如果世界上用作货币的金银数量非常小或很大，这丝毫也不会影响它们在不同国家间的分配比例，它们数量上的不同除了使它们所交

① 亚当·斯密说“这些性质”。

② 《国富论》，第Ⅰ篇，第 xi 章，第Ⅱ部分；坎南版，第Ⅰ卷，第 173 页。

换的商品价格比较高昂或低廉以外，不会产生其他的影响。数量较小的货币可以同数量较大的货币一样执行其作为流通媒介的职能。一千万和一万万同样可以有效地达到这一目的。斯密博士指出，“这些贵重金属的最富矿并不会对世界增加什么财富。一种产品的价值既然主要是从它的稀少性而来，它的丰富必然会降低它的价值”①。

如果一个国家在致富方面的进展比其他的国家为快，这个国家就会在世界的货币里要求并获得一个较大的比例。它的商业、商品和支付就会增加，世界的一般通货就将按新的比例分配。因此一切国家都会对这有效需求作出贡献。

同样，如果任何国家浪费了它的部分财富或丧失了它的部分贸易，它就保持不了它以前所有的同一数量的流通媒介。有一部分会出口并分配给其他国家，直到再建立通常的比例为止。

[54] 当各国的相对情况继续不变的时候，它们相互间也许有充分的商业往来，但它们的出口和进口大体上将是相等的。英国从法国进口的货物可能多于其对法国的出口，但因此它将以较多的货物出口到其他某个国家，而法国则会从那个国家进口较多的东西；所以各国的出口和进口是会相互平衡的；汇票会用来清偿必要的付款，但并不会有货币的移转，因为它在各国将具有同等的价值。

如果在这些国家中任何一个国家发现了一座金矿，那个国家的通货就会由于贵重金属流通数量的增加而减低其价值，因而不能再与其他国家的通货具有相同的价值。黄金和白银，不论是硬币或金银块，都服从所有其他商品所受制的法则，因而立刻就会变

① 《国富论》第Ⅰ卷，第174页。

成出口的物品；它们会离开它们市价较低的国家而到它们市价较高的国家去，只要那座矿山始终产量很多，这种情况就会继续下去，直到每一国家的资本和货币之间在发现那座金矿以前所存在的比例重新确立，每一地方的金银恢复到同一价值为止。作为出口黄金的对价，就会有商品的进口；虽然通常称作贸易差额的部分会于出口货币或金银块的国家不利，但显然它是在进行一种最有利的贸易，因为它是在出口一种对它已经没有什么用处的东西，以换取各种可以用于扩大其制造业并增加其财富的商品。

如果在任何一个国家不是发现了一个矿藏而是设立了一个像英格兰银行这样的银行，有权发行纸币作为流通媒介；在通过对商人的放款及对政府的垫款发行了大量纸币以后，通货的数额就大 [55]
为增加，其影响将与发现金属矿的情况相同。流通媒介的价值就会低落下去，而货物的价格则会相应地上涨。只有依靠一部分硬币的出口才可恢复那个国家和其他国家之间的平衡。

所以银行的设立及其后纸币的发行，同金属矿的发现一样，有诱使金属或硬币出口的作用，而且只有在它能达到这种目的时才为有利。银行以没有价值的通货代替最昂贵的通货，使我们能把贵重金属（这虽然是我们资本的十分必要的部分，但并不产生收入）变成能有收入的资本。斯密博士[①]把设立银行的利益比作变公路为牧场和麦田并从空中辟一条路所能得到的利益。公路同硬币一样是很有用的，但这两种东西都不能产生收入。有的人看到硬币离开国家也许感到惊惶，可能把它当作我们必须加以放弃的一种不利的贸

① 《国富论》，第Ⅱ篇，第ii章；第Ⅰ卷，第304页。

易；的确，法律也通过它禁止硬币出口的立法表示这样的看法；但只要稍稍思索一下就可以使我们相信，我们把黄金运出国外乃出于我们的选择而不是出于我们的必要；并且相信，以多余的商品去换取可以成为有生产能力的东西，这对于我们来说是很有利的。

硬币的出口在任何时候都可以稳稳地让个人自己去决定；它不会比任何其他商品出口得更多，除非它的出口能有利于国家。
[56] 如果它的出口是有利的，也没有任何法律能阻止它的出口。幸而在这种情况下，同在商业上存在着自由竞争的大多数其他情况一样，个人的利益和社会的利益是绝不会不一致的。

如果禁止熔化或出口硬币的法律有可能严格执行，同时黄金则可自由出口，那就不会由此得到什么利益，而对于那些可能要以二盎司或二盎司以上铸成硬币的黄金去买一盎司未铸成硬币的黄金的人，却一定会带来巨大的损害。这将成为我们通货的一种真正贬值，使所有其他商品的价格依黄金价格的提高以同一比例而提高。货币所有者在这种情况下所遭受的损害，将相等于谷物所有者所遭受的损失，如果通过一项法律，禁止其将谷物按市场价值半数以上出售的话。禁止硬币出口的法律带有这种趋向，但人们是很容易规避的，所以黄金总是与金币具有几乎相同的价值。

因此，就相等数量的贵重金属而言，似乎一个国家的通货绝不会在任何时期内比另一国家的通货有更大的价值；所谓通货过多只是一个相对的说法；假如英国流通的数量是一千万，法国是五百万，荷兰是四百万，如此等等，只要它们能保持它们的比例，即使每一国家的通货增加了一倍或两倍，也没有一个国家会感到通货过多。商品的价格在任何地方都会由于通货的增加而上涨，但哪一

个国家都不会有货币出口。但如果这些比例由于英国单独倍增了
它的通货而受到破坏，而当时法国、荷兰等国的通货数量仍同从前 [57]
一样，那么，我们就会感到我们通货过多，并且由于同样的原因其他国家会感到通货不足，于是我们一部分过剩的通货就会出口，直到三国以10∶5∶4的关系重新确立起来为止。

如果在法国一盎司的黄金比在英国有更大的价值，因而它在法国可以多买一些两国都生产的任何商品，黄金就会立刻为此而离开英国，并且我们运黄金出去比运其他任何东西都要有利，因为这将是在英国市场上可以换到的最低廉的商品；因为如果黄金在法国比在英国昂贵，那边的货物一定比较低廉；所以我们不会把货物从贵的市场运到贱的市场去，恰恰相反，它们会从贱的市场来到贵的市场，并将换取我们的黄金回去。

在银行的纸币可以随时兑付硬币的时候，英格兰银行也许会继续发行纸币，硬币也会在有利于国家的情况下运出国外，因为他们所发行的纸币绝不会多于这种硬币在假定没有银行时所能流通的价值。*

如果他们企图超过这个数额，其超过部分立刻就会送回银行来兑换硬币；因为我们的通货一经减低价值，就有利于出口而不能再保持在我们的流通之中。① 正如我已经说明的那样，这就是我们的通货力图赖以使它自己相等于其他国家通货的手段。一俟达到
这种相等的价值以后，所有从出口产生的利益就不再存在；但是， [58]

---

* 严格地说，他们也许宁愿超过那个数量，因为当英格兰银行给世界的通货增加数量的时候，英国会保持其所增加的份额。

① 在第一、二版是这样写的：“因为我们的通货既已过剩，这过剩部分除了运到国外较好的市场以外就没有更好的利用方法。”

如果银行因为去年有了保持一定数量流通媒介的必要，就想当然地认为今年也有保持同一数量的必要，或者由于其他任何原因继续把回笼的纸币再发行出来，那么，过多的通货最初对硬币出口所产生的刺激又会重现并引起同样的影响；又会发生对黄金的需求，汇价会变成不利，黄金的价格会稍稍[1]涨到法定平价以上，因为黄金的出口是合法的，硬币的出口却是非法的，而这种涨价的差额则约略相等于担当这种风险的公平报酬。

这样，如果银行继续以其纸币送回流通，每一个几尼也许就会从他们的财库中提取出去。

如果为了补充黄金库存的缺额，他们准备按涨高的价格购买黄金，然后把它铸成几尼，这也并不能补救弊害，还会有人需求几尼，但不是用以出口，而会把它熔化后按增涨的价格作为金块卖给银行。斯密博士在暗指一种类似的情况时说，[2]“银行的活动因此多少有些像《荷马史诗》中贞妇的织物，白天织成的东西夜里又拆散了”。桑顿先生也表示同样的意见[3]：“看到银行财库里的几尼一天天减少，他们自然一定要想以各种有效而不太费钱的方法把它们补充起来。在某种程度上，他们会打算买进黄金并把它铸成
[59] 新的几尼，即使要付出一个赔本的价格；但是在他们不得不这样做的同时，却有许多人正在私下熔化所铸成的几尼。在一方买进和

---

① 在第一、二版，没有“稍稍”的字样。

② 《国富论》，第 IV 篇，第 vi 章；第Ⅱ卷，第 52 页。亚当·斯密实际上是说“造币厂的活动”。

③ 亨利·桑顿：《英国纸币信用的性质和影响的研究》，伦敦哈查德公司 1802 年版，第 124—125 页。

铸币的时候,另一方将正在熔化和出卖。这两种敌对营业的每一种现在将进行下去,不是因为要把每一熔化了的几尼实际出口到汉堡去,而是这种业务活动或至少其中的一大部分将限于伦敦这个地方;铸币的人和熔币的人都是在同一地点,经常互相利用。"

桑顿先生继续说,"如果像我们现在所假定的那样,我们假定英格兰银行要与熔币的人进行这一类的竞争,它显然是在从事一场力量非常悬殊的战争;即使它不先弄得精疲力竭,它大概也会比对方先感到无力支持下去"。

所以,英格兰银行最后将不得不采取他们权力范围内唯一的补救方法,以制止人们对几尼的需求。他们会从流通中收回他们的一部分纸币,直到把其余部分纸币的价值提高到黄金的价值,因而也提高到其他国家通货的价值时为止。黄金出口的全部利益这时将不再存在,并且也不会再有诱使人们以银行纸币兑换几尼的吸引力。

所以,从对问题的这一观点来看,输出货币以交换货物的诱力,或者所谓国际贸易的逆差,除了由于通货过多以外,似乎绝不会发生。但[①]桑顿先生对这问题考虑得十分随便,以为[②]如果这个国家发生农业歉收,因而引起谷物的进口,就会在贸易上造成很大的逆差;同时对我们有债权的国家可能不愿意接受我们所偿付的 [60]
货物;所以我们对外国所欠的差额就必须以硬币构成的我们那一部分通货去偿付,这样就引起对黄金的需求及其价格的增长。他认为银行以其纸币补充硬币出口所造成的缺额,是对商人提供了

① 在第一、二版没有前面的一句,这一段就从本句开头。

② 亨利·桑顿:《英国纸币信用的性质和影响的研究》,伦敦哈查德公司1802年版,第131—134页。

很大的便利。[①]

既然桑顿先生在其著作的很多部分承认黄金的价格是以金币估价的，既然他也承认[②]禁止将金币熔为金块并将其出口的法律是容易规避的，那么，这个或任何其他原因所引起的对黄金的需求就不可能提高那种商品的货币价格。这一推论的错误就在于未能把黄金价值的提高同它的货币价格的提高区别开来。

如对谷物有大量的需求，它的货币价格就会提高；因为，在把谷物同货币比较的时候，我们事实上是把它同另一种商品相比较；由于相同的原因，如果对黄金有大量的需求，它的谷物价格也将增长；但在任何一种情况下，一蒲式耳谷物的价格总不会超过一蒲式耳谷物的价格，一盎司黄金的价格也不会超过一盎司黄金的价格。不管需求怎么样，一盎司的金块，只要它的价格以金币估价，总不会比一盎司铸成硬币的黄金、即 3 镑 17 先令 10½ 便士有更大的价值。

如果这一论点还不能认为确实，我就会竭力主张，像这里所假定的那种通货上的**空缺**，只能以取消或限制纸币的方法去造成，然
[61] 后这一空缺很快就会被进口的金属所填补，因为这种金属的价值既已因流通媒介的减少而提高，它就必然会被吸引到有利的市场上来。不管谷类缺乏到什么程度，货币的出口总是要受货币日益缺乏的限制。货币有这样普遍的需要，并且在现时文明的状态下又对商业交易这样重要，所以它绝不会出口太多。即使在目前的战争时期，当我们的敌人力图禁止对我们的一切商业往来的时候，通货因其日益

① 在第一、二版没有以下的三节。为了解它们的实质，可参考李嘉图 1810 年 2 月 5 日给霍纳的信件，见英文版《李嘉图著作和通信集》第六卷，第 5—7 页。

② 《纸币信用的研究》，第 123—124 页。

缺乏而具有的价值将阻止其出口达到在流通上造成一个空缺的程度。

桑顿先生没对我们说明，为什么外国会不愿接受我们的货物以交换他们的谷物；并且他还必须证明，如果存在着这样一种不愿意，我们何以就会迁就这种不满情绪，以致同意放弃我们的硬币。

如果我们同意以硬币交换货物，这一定是出于选择而非出于必要。我们进口的货物不会多于我们的出口，除非我们有过分多的通货，因此我们宜于把通货作为我们出口的一部分。硬币的出口是由它的价格低廉造成的，不是对外贸易逆差的结果而是它的原因：如果我们不是把它送到更好的市场上去，或者如果我们有任何一种更有利于出口的商品，我们就不会出口硬币。它对于过多的通货是一个有益的补救方法；像我所已经力求证明的那样，过多或过剩只是一个相对的名词，因此可以说，国外对它所以有那样的需求，只是因为进口国家的通货比较缺乏，从而造成它的较高价值。

这完全归结到一个利害的问题。如果对英国出卖谷物的商人 [62]
（我假定其金额为一百万）能进口一批货物，这批货物在英国买进要花一百万，但在国外出卖时可比运去一百万货币获利更多，那就会宁愿要货物；否则就会宁愿要货币。

只有在比较了黄金和其他商品在我们市场上和他们市场上的价值以后，并且因为黄金在伦敦市场比在他们的市场低廉，外国人才宁愿要黄金作为他们谷物的交换。如果我们减少通货的数量，我们就给它增加了价值，这就会诱使他们改变选择而宁愿取商品。如果我在汉堡有100镑的债务，我必尽力找出偿付这笔债务的最省钱的方式。如果我送货币过去，我假定这种运送的费用是5镑。那么，为清偿这笔债务就一共要付105镑。如果我在这里买了布匹运去，连同运费一共要花 106 镑，而这批布匹在汉堡仅能卖到 100 镑，那显然以运送货币过去于我较为有利。如果我购买和运送铁器以清偿我债务的费用总共为 107 镑，我会宁愿运布出去而不运铁器，但同货币比起来，我又宁愿运货币而不运布匹和铁器中的任何一种，因为在伦敦市场上货币是可以出口的最廉价的商品。同样的理由也可以应用于谷物的出口商，如果这种交易是为他自己经营的。但如果英格兰银行“担心他们机构的安全”，[①] 并知道所需要的几尼数量会按法定平价从其财库中提取出去，他们就会认为有必要减少他们纸币的流通数额，货币、布匹和铁器之间的价值比例就不会再是 105 镑、106 镑和 107 镑；货币会变成三者之中
[63] 价值最大的一种，因而会比较地不利于用以清偿国外的债务。

还有一个更有力得多的事例，如果我们同意付给某一外国以补助金，只要有任何货物可以更廉价地用来履行这项支付，就不会出口货币。个人的利益会使这种货币的出口成为没有必要。*[②]

---

* 这一点曾由罗斯先生在下院的陈述加以强有力的发挥。他说，我们的出口超过我们的进口达一千六百万(我相信)[③]。为补偿这些出口不可能有黄金的进口，因为大家都知道在整整一年里国外黄金的价格都比在我国为高，我们曾有大量的金币出口。所以在出口余额的价值上面必须再加出口黄金的价值。这数额的一部分可能是外国欠我们的，但其余的数额一定恰好相等于我们在国外的支出，包括我们对盟国的补助及我国海陆军在国外基地的维持费。[④]

① 参考本篇后面从桑顿所引各语。

② 在第 1、2 版，以后两节移到后面，详见本书第 76 页脚注。

③ 大概是在 1810 年 1 月 26 日的一篇演讲里。据《议会议事录》(XV，156)的报道，他只说过“在过去一个很长时期内，我们的出口贸易曾以制造品进行，对我国经常有数百万的顺差。”那时乔治·罗斯是贸易委员会的副主席。

④ 在第 1、2 版没有这一脚注。

因此只有在硬币过多的时候，也就是只有当它是最廉价的出口商品时，才会把它运往国外以清偿债务。如果在那个时候银行是在以硬币兑换他们的纸币，就会需要黄金用于这一目的。银行可以在那里按法定平价得到，但它作为黄金的价格会稍稍高于其作为硬币的价值，因为黄金能合法地出口，而硬币则不能。

这就显而易见，流通媒介的贬值是它数量过多的必然结果；在一国通货的普通状态下，这种贬值为贵重金属的出口所抵消。* [64]

* 在享有而且应享盛名的《爱丁堡评论》里（第1卷，第183页，1802年10月第XXV篇，霍纳著"关于桑顿的《纸币信用》"。），曾说到，纸币的增加只会提高商品的纸币或通货价格，但不会使他们的黄金价格提高。这在通货只包括不能兑换硬币的纸币时是正确的，但在硬币也构成流通的一部分时就不是这样。在后一情况，增加纸币发行的影响会使同一数额的纸币被逐出流通之外，但这就一定会增加出口市场上的黄金数量因而降低它的价值，换句话说，就是增加商品的黄金价格。只有作为金属通货或黄金的价值下跌的后果，才会引起一种诱力促使它们出口；熔化硬币的法则就是使硬币价值与黄金价值之间有一小小差额，也就是市场价格稍稍超过法定平价的唯一原因。但金块的出口是与国际贸易的逆超异字而同义的。不论黄金以交换商品的原因是什么，现在都一概称作（我想是很不正确的）贸易的逆差①。

当流通完全由纸币构成时，其数量的任何增加会提高黄金的货币价格，而不会减低它的价值，与它提高其他商品的价格方面处于同一状态并成相同的比例，而且为了同样的理由还会降低外汇的汇价；但这只是名义上的下跌而不是真正的下跌，并不会引起黄金的出口，因为市场上的数量既不会有所增加，黄金的真正价值是不会减少的。②

① 第三版在这里加上一节："要对这一问题有适当的了解，我们把原因和结果加以确切的区别是非常重要的。在我所已经指出的杂志里面（第184页）说道，'当货币价格在某一地方的上涨包含其黄金价格的实际增加时，外汇汇价就通常会发生真实的下降，而且由于需要金条作为出口会使黄金的市场价格有其超过法定平价的一个涨落的余额'。在这里同在这篇文章的许多其他部分一样，汇价的下落或贸易的逆差是说作黄金市场价格，超过法定平价的原因，但在我看来，这似乎是超过平价的结果。我们刚才看到，纸币的增加虽然会减低黄金的价值，却会提高它的货币价格。所以使黄金出口并因而使汇价下跌的，是黄金价值的低落。"

② 在第1、2版没有这个脚注。

[65] 因此，这在我看来就是规定全世界贵重金属如何分配的法则，并且由于调节了它们在每一国家的价值，促使并限制其从一个国家流通到另一个国家。但在我根据这些原理进而考察我所研究的主要对象以前，我有必要说明究竟在我国衡量价值的标准尺度是什么，以及因而纸币何以应该是这种标准尺度的代表，因为只有对这种标准进行比较，才可以估计它是否正规或贬值。

当任何国家的流通媒介由两种金属构成时，不能说是存在着衡量价值的永久不变的尺度，* 因为它们彼此间的价值经常会有变动。造币厂的主管在规定金银的比率时，在分配黄金对白银在硬币中的相对价值方面不论做得如何精确，他们总不能阻止这两种金属之一上涨，而另一种的价值仍然不动或下跌。凡是发生这种情况的任何时候，硬币中的一种将被熔化出卖以换取另一种。洛克先生①、利弗普尔勋爵以及其他许多作家曾经很有才能地考虑过这个问题，一致认为通货从这一方面所发生的各种弊害的唯一补救方法就是只使金属中的一种成为衡量价值的标准尺度。洛克先生认为②用于这一目的的最适当的金属是白银，并建议让金
[66] 币去确定它们自己的价值，使其按黄金对白银的市场价格的变动，

* 严格地说，价值不会有永久不变的尺度。价值尺度的本身是不应该变动的；但无论黄金或白银的情况都不是这样，因为它们同其他商品一样有涨落的变动。经验确实已经告诉我们，虽然金银价值的变动根据长远时期的比较来看可能是很大的，但在短短的时期里它们的价值是相当固定的。除了它们的其他优点以外，正是这种特点使它们比其他商品更适宜于用作货币。所以黄金或白银从我们分析它们时所持的观点而言，可以称为价值的尺度。

① 在1—3版，称为“伟大的洛克先生”。

② 《论降低利息和提高货币价值的后果》，伦敦1692年版，第166—168页。

作为一个较大或较小数额的先令流通市面。

恰恰相反，利弗普尔勋爵则认为[1]，黄金不但是我国可以充当衡量价值的一般尺度的最适当的金属，而且由于人民的共同赞成，它早就是这样一种尺度，连外国人也有这样的看法；并且认为它对于英国扩大的商业和财富是最相宜的。

所以他建议，凡是超过一几尼的任何数额，应该只以金币作为法定的货币，而银币则应限于不超过一几尼的各种数额。现有的法律承认，金币对于任何数额都是法定货币，但在 1774 年曾以法律规定，“无论什么时候，凡是超过 25 镑的任何数额，如果以我国的银币作为偿付的货币，在大不列颠和爱尔兰法律上所能称作并承认为法定货币的数额，不得超过按每盎司白银值 5 先令 2 便士的定率依其重量所计算的价值”[2]。这同一规定于 1798 年恢复，至今仍然有效。[3]

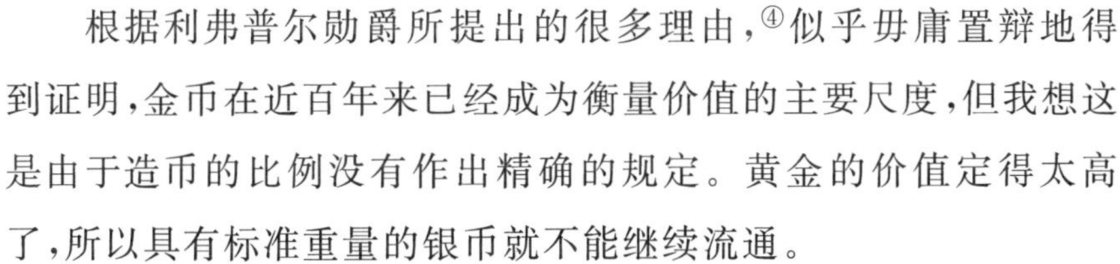

根据利弗普尔勋爵所提出的很多理由，[4]似乎毋庸置辩地得到证明，金币在近百年来已经成为衡量价值的主要尺度，但我想这是由于造币的比例没有作出精确的规定。黄金的价值定得太高了，所以具有标准重量的银币就不能继续流通。

如果订出一种新的规定，把白银的价值定得过高，或者（这实在就是一回事）金银市场价格之间的市价比例大于造币厂所规定 [67]

① 《论国币》，牛津 1805 年版，第 152—155 页。

② 《第 14 年乔治三世纪事》，第 42 页。

③ 《第 38 年乔治三世纪事》，第 59 页。从法律条文摘来的引文和这一句均引自利弗普尔勋爵的《论文》，第 129 页。

④ 见前引书，第 132—145 页。

的比例，那么黄金就会绝迹于市场，而白银也就会成为标准的通货。①

这可能需要作进一步的说明。黄金和白银在硬币内的相对价值是$15^{9}/_{124}$比 1。一盎司的黄金，铸成 3 镑 17 先令 $10\frac{1}{2}$便士的硬币，按照造币的规定值$15^{9}/_{124}$盎司的白银，因为这一重量的白银也可以铸成 3 镑 17 先令 $10\frac{1}{2}$便士的银币。当金银的相对价值在市场上低于最近以前多年以来的 15 比 1 时，金币就必然会变成衡量价值的标准尺度，因为无论银行或任何个人都不会把$15^{9}/_{124}$盎司的白银送到造币厂去铸成 3 镑 17 先令 $10\frac{1}{2}$便士，如果当时他们
[68] 能在市场上以同一数量的白银卖得 3 镑 17 先令 $10\frac{1}{2}$便士以上的金币的话，而根据 15 盎司以下的白银可以买到一盎司的黄金这一假设来看，他们是能够做到这一点的。

但如果黄金对白银的相对价值超过$15^{9}/_{124}$比 1 的造币比例，

① 本篇从下段起的六段(李嘉图从他在 1810 年 2 月写给霍纳的信中摘下，没有很多修改，见英文版《李嘉图著作和通信集》第六卷，第 3—5 页)在第一版及第二版，除另有说明者外，是照下文写的："黄金近来比白银涨价很多；一盎司标准金很多年的平均价值相等于$14\frac{3}{4}$盎司的标准银，而在现在市场上的价值则相等于$15\frac{1}{2}$盎司。在我们硬币里的比例，照我们造币厂的规定是 1 比 $15^{9}/_{124}$。所以如果现在市场上的金银相对价值固定下来，并且我们很幸运地能因废除限制银行兑现的条例而把我们的通货恢复到 1797 年以前的情况，那么，白银在实际上就可能成为价值的标准尺度。那就只有银块会送到造币厂去铸成银币；而金币既可能有熔化的利益，就会从流通中绝迹。这种情况会继续下去直到造币厂采用更公平的比例，或者等到政府采纳利弗普尔勋爵的建议而使白银只作为一几尼以内各数额的法定货币。"(见《论国币》，第 168 页，牛津 1805 年版。)在第 1—2 版，于本段之后有一脚注，它开头说，在我写了上段以后，我看到议会在乔治三世第 39 年通过的一个法案，其中有下述一条：所引用的一条就是在第 3—4 版里写入的(见本书第 71 页)；这一脚注最后的两段就是第 3—4 版直接接在所引法律条文后面的段落(以"这法律现在"开始，而以"通货的标准"结束)。

那就不会有黄金送到造币厂去铸成硬币，因为，既然两种金属中的任何一种都是没有数额限制的法定货币，一盎司黄金的所有者就不会把它送到造币厂去铸成 3 镑 17 先令 10½便士的金币，同时他会像他在这种情况下所能做到的那样，把它卖出去以换取多于 3 镑 17 先令 10½便士的银币。不仅不会有黄金送到造币厂去铸成金币，而且非法的商人还会熔化金币，把它作为黄金出卖以获得多于其在银币内所含有的名义价值。这样金币就会绝迹于市场的流通，银币就会成为衡量价值的标准尺度。由于最近黄金比起白银来有了很大的高涨（一盎司的标准金按很多年来的平均计算原来与 14¾盎司的标准银有相等的价值，现今在市场上却相等于 15½盎司的价值），如果限制银行兑现的法律一旦废止，并允许在造币厂自由铸造银币，同金币的自由铸造一样，那么，现在就会发生上述的那种情况。但乔治三世 39 年的议会法案里有下列条文：

“由于在制定认为必要的法规以前，白银的任何铸造可能会引起困难，又由于目前白银的价格因临时的情况而低落，有小量的白银已送到造币厂去铸成银币，而且有理由可以设想还会有更多数量送往铸币，所以有必要暂时停止银币的铸造；因特规定，自本法案通过之时起，不得再以白银送造币厂铸币，原来已经铸成的任何银币也不得再交付出去，尽管以前有过任何与此相反的法律规定。”

这个法律至今还是有效的。

所以，立法机关的用意似乎是要把黄金确定为我国通货的标准。在这法律有效的时期，银币一定只限于小额的支付，因为流通 [69] 的数量仅足以适应这一目的的需要。如果一个债务人能以白银铸成货币，则用银币偿付大额债务也许对他是有利的；但上述法律既阻止他这样去做，他就势必要以金币清偿他的债务，这种金币他可以把黄金送到造币厂去换取，不受数额限制。只要这项法律继续有效，黄金就势必继续成为通货的标准。

如果一盎司黄金的市场价值变成相等于 30 盎司的白银，只要这项禁令继续有效，黄金就还会是价值的尺度。虽然 30 盎司白银的所有者也许知道，原来他只要买到 $15^{9}/_{124}$ 盎司的白银，把它送到造币厂去铸成银币，他就可以清偿 3 镑 17 先令 10½便士的债务，但这是不会有什么用处的，因为在这种情况下，他除了按市场价值出卖其 30 盎司的白银，换句话说，也就是换取一盎司的黄金或 3 镑 17 先令 10½便士的金币以外，没有其他办法可以清偿他的债务。①

公众已在不同时期由于修截硬币的非法行为而产生的流通媒介的贬值，受到很严重的损失。

按照这些硬币减轻重量的比例，它们所能交换的每种商品的价格在名义价值上也就上涨，即金银的价格也并不例外：因此我们看到，在国王威廉三世朝代重铸银币以前，银币已降低到这样一种程度，以致 62 便士所应该包含的一盎司白银，要卖到 77 便士；而一个几尼在造币厂的定价虽为 20 先令，但在所有契约上却都定为
[70] 30 先令。这种弊害于是靠重铸的方法得到补救。黄金通货的减轻重量也引起类似的后果，并且是用同样的方法在 1774 年予以纠

① 本书第 70 页脚注内说到的六段，至此为止。在第 1、2 版，此处以后的三段（连同第三段后面的脚注）移至下文，另见本书第 76 页脚注。

正的。

我们的金币从 1774 年以来差不多能够继续维持它们的标准纯度；但我们的银币则已再度发生减轻的情况。1798 年造币厂化验的结果，曾发现我们的先令低于造币厂规定的价值达 24%，而半先令的六便士硬币则达到 38%；据我所知，照最近的化验，它们的重量不足还远不止此数。所以它们已经不像国王威廉时代包含同样多的纯银。但这种减轻在 1798 年以前并没有同前次发生一样的作用。在那个时候，金银都按银币减轻的程度上涨。所有外汇汇价都整整逆转了 20%，其中有很多还不止此数。但是，虽然银币的减轻曾继续了多年，在 1798 年以前它却既没有提高黄金的价格，也没有提高白银的价格，更没有在汇价上产生任何影响。这是个令人信服的证据，足以证明金币在那个时期是被当作衡量价值的标准尺度的。金币的任何减轻那时都会对金银的价格和外汇的汇价产生同样的影响，而这在从前是由银币的减轻所造成的。*

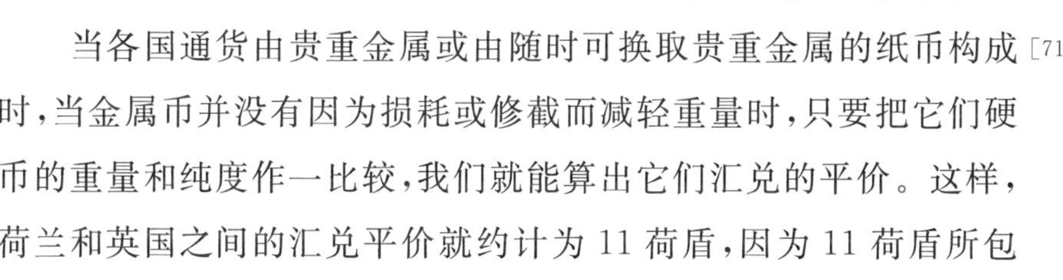

当各国通货由贵重金属或由随时可换取贵重金属的纸币构成 [71] 时，当金属币并没有因为损耗或修截而减轻重量时，只要把它们硬币的重量和纯度作一比较，我们就能算出它们汇兑的平价。这样，荷兰和英国之间的汇兑平价就约计为 11 荷盾，因为 11 荷盾所包含的纯银等于 20 个标准先令所包含的纯银。

这种汇兑平价既非绝对固定，也不可能绝对固定；因为金币既然是英国商业的标准，而银币则为荷兰的标准，一个金镑或一个几

* 当金币在 1774 年重铸以前减轻重量时，黄金和白银的价格涨到它们的法定平价以上，而在金币达到其现有的完善程度时，立刻下跌。由于同样的原因，汇价从逆转变成好转。

尼的$^{20}/_{21}$可以在不同时期比 20 个标准先令有较大或较小的价值，并因而也就会比它的等价物 11 荷盾有较大或较小的价值。如果在白银或黄金之中专以其一计算，则所得平价就会充分精确。

如果我在荷兰有一债务；由于知道了汇兑的平价，我也知道为清偿这笔债务究竟需要多少我国的货币。

如果我的债务数额是 1,100 荷盾，黄金的价值没有发生变动，那么，我们的纯粹金币 100 镑就可以买到所需用以偿付这笔债务的荷币。所以只要输出 100 镑的硬币，或者（这也就是同一回事）付给金商以 100 镑的硬币，并允许给以各项运输费用，如运费、保险费和他的利润等，他就会卖给我一张汇票，可以用来偿付我的债务；同时他会出口黄金，使与他通汇的人能在这汇票到期时兑付这张票据。

因此这些费用就是使汇价逆转的最大限度。不论我的债务多大，即使它相等于我国所曾付给一个盟国的最大补助费，只要我能
[72] 付给金商以标准价值的硬币，他就会乐于把它输出而卖给我以汇票。但如果我对他的票据付以减轻的硬币或贬值的纸币，他就不会愿意照这比价把他的汇票出卖给我，因为如果这种硬币的重量是不足的，它就并不包含 100 镑里所应该含有的纯金或纯银量，所以他必须输出这种减轻的货币的一个追加的数额，使他能清偿我 100 镑或其等价物 1,100 荷盾的债务。如果我付他以纸币；他既不能以此运往国外，就得考虑究竟它能否买到它所代表的硬币所包含的同量金银；如果能买到，他就会把纸币看作硬币一样接受下来；但如果他买不到那么多，他就会希望再从其票据得到相当于纸币贬值数额的一种贴水。

所以当流通媒介为未经减轻的硬币或立刻可以兑换这种足重硬币的纸币时，汇价所能高于或低于汇兑平价的数额，绝不会超过贵重金属的运输费用。但当它为贬值的纸币时，汇价就必然会按纸币贬值的程度而低落。

因此，汇价将是一种相当精确的标准，可据以判断通货的跌价，不管这种跌价是由硬币的修截或由贬值的纸币所造成的。

詹姆斯·斯图尔特爵士[①]说，“如果量长度的英尺在全英国立刻加以改变，即在它的标准长度上增加或减去一个比例部分，那么，发现这种改变的最好方法就是以这种新英尺与巴黎或任何其他国家未经改变的尺作一比较。

也正是这样，如果发现作为英国货币单位的金镑有些改变，如 [73]
果由于情况的复杂不易确定它所发生的改变，那么，发现这种变动的最好方法，就是把它原来和现在的价值同其他国家未经改变的货币作一比较。外汇的汇价可以最精确地执行这项任务”。

《爱丁堡评论》的评论员在谈到金勋爵的小册子时说，[②]“并不能由此推断，因为我们的进口经常部分地由金银块构成，国际贸易的差额永远是于我们有利的”。他们说，“金银块是一种商品，同其他每一种商品一样有其不断变动的需求，并且完全同其他商品一样可以加入进口或出口的总目里面；金银块的这种出口或进口对于汇价变动的影响，不会不同于任何其他商品的出口或进口”。

从来没有人会出口或进口金银块而不首先考虑到外汇的汇

① 《政治经济学原理研究》，1767年伦敦版，第Ⅰ卷，第534页。

② 《爱丁堡评论》1803年7月，第XI篇(弗朗西斯·霍纳著)，第419页。

率。他所据以发现两国之间所估计的金银相对价值的，就是这种汇兑率。所以金银商人参考汇兑率，与其他商人在决定其他商品的出口或进口以前需参考行市是同样的情况。如果荷兰的 11 荷盾同 20 个标准先令含有相等数量的纯银，那么，与 20 个标准先令重量相等的白银，当汇价维持在平价或不利于荷兰时，就绝不会从伦敦出口到阿姆斯特丹去。白银的出口一定有一些费用或风险，并且平价这个名词所表示的意思是，购买一张汇票就可以不花一
[74] 切费用在荷兰得到重量和纯度相等的一个数量的白银。既然按平价购买一张汇票，他事实上就可以得到一张汇单，凭以把他打算出口的同一重量的白银交给他在荷兰的往来户，在这种情况下谁还愿意花 3%—4%的费用把白银运到荷兰去呢？

那种做法是否适当，正好比在英国谷物价格高于欧洲大陆时，不管谷物出口费用多少，硬要主张把它送到低廉的市场上去出卖一样。

既然已经注意到金属通货所容易发生的紊乱，我就要进而分析那些虽然不是因为金币或银币的减轻而发生、最后却引起更严重后果的紊乱。①

---

① 在第 1、2 版，没有这一段，而有另外一段，这在第 3、4 版(内容见前)是分散插入小册子的较前两处的。第 1、2 版原有的一段结构如下：

第一，即本篇前面以“只有在硬币过多的时候，……才会把它运往国外”开始的一段。见本书第 67 页。

第二，有一段写道：“这就显而易见，流通媒介的贬值是它数量过多的必然结果；在一国通货的普通状态下，这种贬值为贵重金属的出口所抵消：但另一很严重的损害为公众在不同时期所忍受，那就是由于修截硬币的非法行为而使流通媒介发生的贬值。”这一段在第 3、4 版分成两部分，前半部分从“这就显而易见”起至“为贵重金属的出口所抵消”止，后半部分从“公众”起至“严重的损失”止，见本书第 67、72 页。

第三，前面分别以“按照这些硬币……的比例”及“我们的金币从 1774 年(接下页)

我们的流通媒介几乎完全由纸币构成，这就使我们不得不预防纸币的贬值，至少要和我们预防硬币的贬值保持同样的警惕。 [75]

这一点我们还没有注意去做。

由于限制银行兑付硬币，议会已使那个机构的主管能随意增加或减少他们纸币的数量；并且，原来对发行过多的牵制办法既已取消，那些主管就得到一种可以增减纸币价值的权力。

在追溯现有祸害的根源，并求助于我前面讲过的两种正确的检验、即汇价和金银市价以证明这种祸害确实存在时，我将利用桑顿先生关于银行在限制兑现以前原有管理方法的陈述，以证明他们当时的行动是如何明确地遵循一项他已明白承认的原则，即：他们纸币的价值取决于它们的数额；通过我刚才所讲的两种检验，它们证实了它们价值的变动。

桑顿先生告诉我们，“如果在任何时候，本国的汇价是这样不利，以致黄金的市价大大超过法定平价，[①] 从银行董事会某些成员对议会提出的证词来看，他们就想减少他们的纸币，作为一种减少或消除这一超额并从而为他们机构的安全提供保障的方法”。他说，“而且他们无论什么时候，为了同样慎重的理由，对于他们纸币的数量，总是习惯于遵守某种限制”[②]。在另一个地方他说，“当我们的硬币在国外行情坚挺，以致诱使人们将其出口时，银行的董事 [76]

(接上页)以来”开始的二段。见本书第72—73页。

最后，有一段开始说，“但现在影响我们通货的紊乱状态虽非由金银币的减轻所致，其最后结果却更为严重。我们的流通媒介”等等，从这点以后就与第3、4版相符。

① 在第1—3版，李嘉图在这里插入一个方括弧，内书[这是把原因误作结果]。参考前面对《爱丁堡评论》那篇文章的评论，见本书第67页注释。

② 《纸币信用的研究》，第231—232页，重点是李嘉图加的。

由于担心其机构的安全，自然会在某种程度上减少他们纸币的数量。减少了他们的纸币，他们就可以提高其价值；在提高其价值时，他们也就提高在英国可以用纸币来兑换的那种通用硬币的价值。这样我们金币的价值就符合于通用纸币的价值，而通用的纸币则由银行的董事使它具有为阻止大量硬币出口所必须具有的价值，这种价值有时涨得稍稍高于、有时跌得稍稍低于我们的硬币在国外所能得到的价格。”①

所以，在限制兑付硬币以前银行对于保卫其机构的安全自己所感到的必要，一定会阻止发行过多的纸币。

因此我们看到，在1797年停止兑现以前的23年中，黄金的平均价格是每盎司3镑17先令7¾便士，约计低于法定平价2¾便士；而在1774年以前的16年之间也从未高出每盎司4镑很多。我们应该记住，在这16年之间，我们的金币曾因损耗而重量不足，所以4镑减轻的货币并没有像它所交换的一盎司黄金那么重。

斯密博士认为，②黄金市价超过平价的每一长期的差额都与硬币的状态有关。他以为在硬币具有标准重量和纯度的时期，黄金的市价是不可能超过平价很多的。

[77] 桑顿先生硬说，这不可能是唯一的原因。他说，③“我们最近在汇价上曾有过涨落，并且在市场上也有相应的变动，如果同黄金的平价相比较，不会少于8%或10%；但我们硬币的状态却在各方面还是同从前一样。”桑顿先生在他写书的时候本来应该想到，纸

① 《纸币信用的研究》，第208页脚注。重点是李嘉图加的。

② 《国富论》，第Ⅰ篇，第v章；第Ⅰ卷，第47页。

③ 《纸币信用的研究》，第206—207页。

币是不能在银行要求兑换硬币的，而且这是斯密博士绝不能预料到的通货贬值的一个原因。如果桑顿先生能够证明，在银行以硬币兑换纸币以及硬币并未减轻重量的情况下，黄金价格曾有 10% 的变动，那么，他就可以使斯密博士信服，他对于“这一重要问题的论述方式是有缺陷的并且是不能令人满意的”。①*

但防止银行纸币发行过多的所有遏制办法，既已为议会限制 [78]
银行兑现的法案所取消，银行就不必再因“为了机构的安全所感到的恐惧”而限制纸币的数量，使它们能与其所代表的硬币有相同的

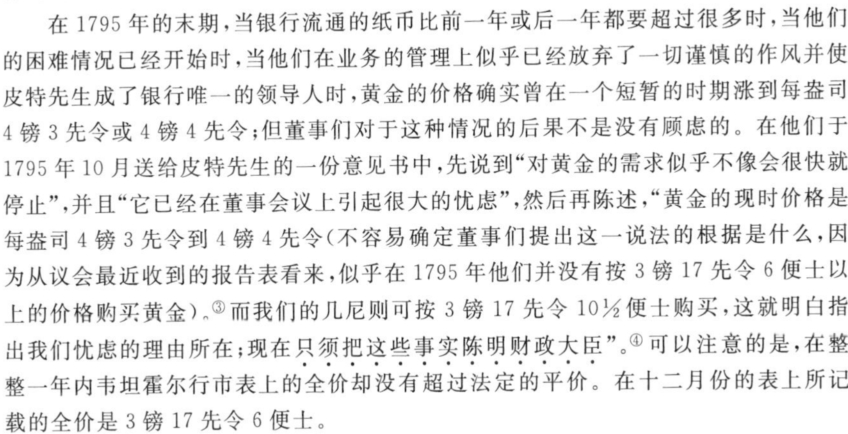

* 在两种金属的硬币都是法定货币，并且没有法令禁止任何一种金属铸币的情况下，②金银市场价格的超过法定平价可能是由这些金属相对价值的变动造成的；但从这一原因产生的市场价格超过法定平价的数额，是因为它只影响到两种金属之一的价格才会立刻被察觉到。所以当白银高于法定平价时，黄金会合乎或低于法定的平价，或者当黄金高于法定平价时，白银会合乎或低于法定的平价。

在 1795 年的末期，当银行流通的纸币比前一年或后一年都要超过很多时，当他们的困难情况已经开始时，当他们在业务的管理上似乎已经放弃了一切谨慎的作风并使皮特先生成了银行唯一的领导人时，黄金的价格确实曾在一个短暂的时期涨到每盎司 4 镑 3 先令或 4 镑 4 先令；但董事们对于这种情况的后果不是没有顾虑的。在他们于 1795 年 10 月送给皮特先生的一份意见书中，先说到“对黄金的需求似乎不像会很快就停止”，并且“它已经在董事会议上引起很大的忧虑”，然后再陈述，“黄金的现时价格是每盎司 4 镑 3 先令到 4 镑 4 先令（不容易确定董事们提出这一说法的根据是什么，因为从议会最近收到的报告表看来，似乎在 1795 年他们并没有按 3 镑 17 先令 6 便士以上的价格购买黄金）。③而我们的几尼则可按 3 镑 17 先令 10½ 便士购买，这就明白指出我们忧虑的理由所在；现在只须把这些事实陈明财政大臣”。④可以注意的是，在整整一年内韦坦霍尔行市表上的全价却没有超过法定的平价。在十二月份的表上所记载的全价是 3 镑 17 先令 6 便士。

① 桑顿前引书，第 203 页。

② 第 1、2 版没有“没有法令禁止任何一种金属铸币”一句。

③ 第 1—3 版，无此注。所指日期为 1811 年 2 月 22 日的报告，见英文版《李嘉图著作和通信集》第五卷，第 462 页，注③。

④ “上院机密委员会报告……关于银行”，1797 年（1810 年重印），第 84 页。

价值。因此,我们就看到黄金已从1797年以前的平均价格3镑17先令7¾便士涨到4镑10先令,并且最近又高到每盎司4镑13先令。

所以我们可以公正地断言:这相对价值上的差额,换句话说,就是银行纸币这种实际价值的低落,是由于银行把过多数量的纸币投入流通而发生的。使银行纸币与黄金相比发生15%—20%差额的同一原因,也可以把这种差额增加到50%。不断增加纸币的数量,能使其因而发生的贬值漫无止境。通货过多对硬币出口的刺激现在已经获得新的势头,但不能同从前一样摆脱它自己的困难。现在我们只有纸币在流通,这必然是限于我们自己的范围以内。纸币数量的每一次增加都会把它贬低到金银的价值以下,也会把它贬低到其他各国通货的价值以下。

这种影响是与修截我们的硬币所能发生的影响相同的。

[79] 如果从每一几尼截去1/5,①黄金的价格就会比平价高出1/5。44个半的几尼(即合一磅重量的几尼数,所以称为平价)不会再有一磅的重量,所以那个数量要再加上1/5或约计56镑才是一磅黄金的价格,而市价与平价的差额,即56镑与46镑14先令6便士的差额,就可衡量这种贬值的程度。

如果这种减轻的硬币还要继续称作几尼,如果黄金和其他一切商品的价值都按减轻的硬币计算,那么,刚从造币厂出来的一个几尼就可以说是值1镑5先令,并且非法商人还会愿意为它付出这样一个数额;但这不会是新几尼的提高的价值,而是减轻的几尼减低了的价值。如果现在发出一个文告,禁止减轻的几尼流通市

---

① 要与后面的计算相符,这应该是“⅙”。

面，除非依其重量按法定平价 3 镑 17 先令 10½便士计算，那么，这立刻就可以看得很清楚；这将使新的重的几尼成为衡量价值的标准尺度，以代替那种被修截过的减轻的几尼。这样后一种几尼就会按其真实的价值流通，并可称为 17 先令或 18 先令的硬币。所以，如果我们现在执行一个意思相同的文告，银行纸币的流通量并不会减少，但只能按它所能买到的黄金的价值通用。那就不能再说一几尼值 1 镑 5 先令，而是一镑的纸币只能作为 16 先令或 17 先令流通。目前金币只是一种商品，而银行纸币则是衡量价值的标准尺度，但在那种情况下，金币就会变成那种尺度，而银行纸币则成为可以销售的商品。[①]

桑顿先生说，“我们一般交换的维持，换句话说，也就是黄金的法定平价与其市场价格的一致，似乎才是流通纸币没有贬值的确 [80]
实证明”[②]。

当输出黄金的动机发生，而银行并不兑付硬币，因而不能按法定平价获得黄金时，所能获得的小小数量将被搜集起来作出口之用，而银行纸币也就会按其流通过多的比例打折扣出卖以换取黄金。但把它说成黄金价格高，我们就错了；因为价值发生变动的，不是黄金而是纸币。把一盎司黄金或 3 镑 17 先令 10½便士与各种商品作一比较，它对它们的比例还是同从前一样；如果不一样的话，还可归因于租税的增加或委诸于经常对其价值发生影响的某些原因。但如果我们把代替一盎司黄金或 3 镑 17 先令 10½便士的银

① 第 1—2 版无此一段。

② 《纸币信用的研究》，第 191 页。

行纸币与各种商品作一比较，我们就会发现银行纸币的贬值。在世界的每一市场，我都必须付出 4 镑 10 先令的银行纸币，以购买我用 3 镑 10 先令 10½ 便士硬币内的黄金所能买到的同一数量的商品。

往往有人说，一几尼在汉堡值 26 先令或 28 先令①；但如果我们因而就断定一几尼可以在汉堡卖到 26 先令或 28 先令内所含有的那么多的白银，那我们就大受欺骗了。在金银的相对价值改变以前，一几尼在汉堡卖不到 21 标准先令所含有的同样多的银币；照现在的市价它所能卖到的银币数额，如果进口到我国并送造币厂铸造，将铸成我们的标准银币 21 先令 5 便士。*

[81] 但确实无疑的是，同一数量的白银将能在汉堡买到一张在伦敦兑付银行纸币 26 先令或 28 先令的汇票。难道还会有更令人满意的证据，足以证明我们流通媒介的贬值吗？②

也有人说，③如果不实行限制兑现的法令，每一几尼都会离开我们的国家。**

这无疑是对的；但如果银行减少他们纸币的数量，直到它们的价值提高 15%为止，那就可以稳稳当当地取消这种限制兑现的办法，因为那时就不会再有出口硬币的诱力。不论拖延得多久，也不

* 欧洲大陆的金银相对价值，差不多与伦敦的相同。

** 这意思一定是说，银行的每一几尼将离开这个国家；15%的诱力就充分足以把那些从流通中搜集到的几尼运出去。

① 李嘉图在 1810 年 2 月 5 日给霍纳的信中引用此语，以为是马里亚特说的，见英文版《李嘉图著作和通信集》第六卷，第 7 页。

② 第 1—2 版无以上两段或其所附注解。参考 1810 年 2 月 5 日给霍纳的信，见英文版《李嘉图著作和通信集》第六卷，第 7 页。

③ 指 1809 年 9 月 14 日在《晨报》上发表的“银行纸币之友”（特罗尔）的信，见前。

论他们纸币的折扣多大，在银行没有首先将其纸币流通数额减低到这些限度以前，它绝不能恢复硬币的兑付。

政治经济方面的所有作家都承认这项法律是阻止几尼出口的无用障碍物；既然这样容易规避，它能否比在没有这种法律的情况下在英国多保存一个几尼，是值得怀疑的。洛克先生、斯图尔特爵士、斯密博士、利弗普尔勋爵和桑顿先生在这问题上意见都是一致的。最后这位先生说，“英国法律的状况无疑地有助于妨碍和限制，即使不能有效地阻止这种由国际贸易的逆差所促成的几尼的出口，并且，当出口的利润变得很大时，也许一点也不能使它减少”。然而，[①]当非法商人在现有情况下所能获得的每一几尼已经熔化和出口以后，他对于公开按贴水的办法以银行纸币购买几尼 [82]
这一点，就会有所踌躇，不敢贸然从事，因为这种投机虽然有巨利可获，却会使他自己成为怀疑的对象。他可能会受到监视而不能达到目的。由于法律的罚则很重，对告密者的诱力很大，所以他的投机买卖的机密性是十分重要的。当几尼仅凭以银行纸币送到银行兑换就能获得时，这项法律是容易规避的；但当其必须从非常分散而且几乎全是纸币的流通中公开搜集时，所附带的利益一定很大，才会有人愿意冒被人察觉的风险。

当我们想到在现今这个王朝内已经铸造的几尼超过六千万时，我们多少可以意识到黄金出口所必曾达到的规模。可是，如果废除禁止几尼出口的法律，让它们公开运出国外，那么，还有什么事情能阻止包含在几尼内的一盎司标准金，与一盎司的葡萄牙金

① 《纸币信用的研究》，第124页。

币或标准金条，卖得一样好的以银行纸币支付的价格呢，如果当时谁都知道它们彼此的纯度是相等的话？如果几尼内的一盎司标准金同标准金条现在的市价一样，在市场上按每盎司 4 镑 10 先令的价格出卖，或者如后者最近的市价一样，卖到每盎司 4 镑 13 先令，那么，还有什么店主愿意把他的货物按同一价格出卖，不管所换取的是黄金还是银行纸币呢？[①] 如果一件衣服的价格是 3 镑 17 先令 10½ 便士或一盎司的黄金，而同时一盎司的黄金又可以卖到 4 镑 13 先令，那么是否能设想，不管卖衣的人所收到的是黄金还是
[83] 银行纸币，这对他来说会是一件无关紧要的事呢？

正因为一几尼所能买到的，不超过一镑纸币和一先令，所以很多人觉得难于承认纸币的跌价。《爱丁堡评论》[②]支持同样的意见；但如果我的推论是正确的，那么，我已经说明这些反对的论点是没有根据的了。

桑顿先生对我们说，国际贸易的逆差是外汇汇价逆转的原因；但我们已经看到，如果贸易逆差这个名词是正确的，它的影响只限于汇价方面。这种限度大概是 4%—5%。这并不能说明 15%—20%的贬值。桑顿先生也曾告诉我们，并且我完全同意他的说法，“一个国家在商业上的出口和进口，在某种程度上彼此自然地自成比例，所以贸易的差额不会在很长一个时期继续对一个国家发生巨额的顺差或逆差，这是可以定为一条普遍真理的”。[③] 现在远非

---

① 上面的两句，在措辞上差不多与李嘉图在 1809 年 9 月 20 日写给《晨报》的信相同，见本书第 26 页。

② 1803 年 7 月第 XI 篇论文(霍纳作)，第 417—418 页。

③ 《纸币信用的研究》，第 116 页。

暂时性质的汇价的下降，在1802年桑顿先生写他的文章以前就已存在，并且此后还不断地加剧，现在已对我们逆转了15%—20%。所以桑顿先生按照他自己的原理，必须除了贸易的逆差以外找出某种更恒久的原因来，并且我相信，不论他过去的意见怎样，他现在将同意这只能以流通媒介的贬值来说明。①

我想，银行纸币的跌价已经不容再有任何争辩。当黄金的价格是每盎司4镑10先令时，或者换句话说，当任何人都同意付出将近1⅙盎司的黄金作为其获得一盎司所必须负担的义务时，绝不能硬说4镑10先令的纸币与4镑10先令的金币具有同等的价值。 [84]

一盎司黄金铸成3镑17先令10½便士；所以我有了这个数额就是有了一盎司黄金，不会愿意付出4镑10先令的金币或立刻可以换成4镑10先令金币的纸币，去换取一盎司黄金。

除非黄金的价格以贬值的流通媒介计算，否则，把这看做是它的市场价值，那是违反常识的。

如果黄金的价格事实上以白银估计，其价格就可能涨到每盎司4镑、5镑或10镑，并且它不会自然地证明纸币的贬值，而只会证明金银相对价值的变动。然而，我想我已经证明，白银并非衡量价值的标准尺度，所以也不是赖以估计黄金价值的媒介。但如果它是的话，那么，由于一盎司黄金在市场上只值15½盎司的白银，

① 1811年5月14日桑顿在下院的讲演承认他的意见已有改变。他提到“那危险的学说”，按照那个学说，黄金价格的高昂，“不足以表明纸币的发行过多或其价值的低落，而只能证实对外贸易的逆差”，接着他说，“这是他本人也曾倾向过的一种错误，但经过他对这一问题作了更充分的研究以后，他的看法已经得到纠正”。见《下院关于金价委员会报告所举行的辩论中桑顿先生两篇演讲的实质》，伦敦哈查德1811年版，第60—61页。

由于15½盎司的白银在重量上恰恰等于并因而铸成80先令，一盎司黄金的售价就不应该超过4镑。

所以，那些认为白银是价值尺度的人并不能证明，对黄金所可能发生的任何需求，不管它起因如何，能把它的价格提高到每盎司4镑以上。凡是超过这个价格的部分，根据他们自己的原理，也必
[85] 须称作银行纸币价值的贬低。因此可以推断，如果银行纸币是银币的代表，那么，一盎司的黄金现在既然卖到4镑10先令，就应该可以卖到代表17½盎司白银的那么多纸币，但在金银市场上它却只能换得15½盎司的白银。所以15½盎司的银条是与银行承认兑付持票人以17½盎司的责任具有同等的价值。①

白银的市场价格现在以银行纸币计算是每盎司5先令9½便士，而其法定平价则仅5先令2便士，所以100镑的标准银要值到112镑以上的银行纸币。

但也许有人会说，银行纸币是我们减轻的银币的代表而不是我们标准银币的代表。这是不正确的，因为我所已经援引的法律，②规定银币除非按实重计算，只有在不超过25镑的数额内才是法定货币。如果银行坚持要以银币兑付1,000镑的纸币，他们或者必须给他以重量十足的标准银或给以折合同等价值的轻质银

---

① 在第1—2版，没有以上这两段（这是李嘉图照他在1810年2月5日写给霍纳的信中写的），而另写一段如下："但有人争论说，银行纸币是银币而不是金币的代表。

"银行纸币必然一定是作为通货标准的那种硬币的代表，并且没有疑问，几乎一百年来黄金就是标准的金属。但如果已经发生一种改变，现在以白银作为价值的标准，因而银行纸币成了银币的代表，这也不能消除困难。"（第1—2版的这两段以及本文以后的两段，根据李嘉图在1809年11月23日写给《晨报》的信，见本书第33—38页。）

② 见本书第71页。

币，只有那规定的 25 镑他们才可以用轻质的银币偿付。但这 1,000镑既然是由 975 镑的纯质货币和 25 镑的轻质银币所构成，按白银的现有市场价值就要值到 1,112 镑以上。

也有人说，银行纸币增加的数额，在比例上并没有大于我们贸 [86]
易所要求的增加的数额，所以不会是发行过多。这一说法是难以证明的，如果确实的话，也只会是以虚妄的论证作为根据。第一，我们以改进的银行经营方法在节省使用流通媒介的技术上每天所作的改进，会使较早时期同样的商业情况所必需的同一数额的纸币到现在成为过多。第二，在英格兰银行和地方银行之间经常有一种竞争，想在设立地方银行的每一地区都确立他们自己的纸币以排斥他们对手的纸币。

由于地方银行在很少几年内已经有了加倍的数目，它们的活动是不是很可能已经胜利地以它们自己的纸币排斥了英格兰银行的许多纸币呢？

如果事实就是这样，同一数额的英格兰银行纸币现在也会显得过多；而那个数额，在过去商业范围较小时仅足以使我们的通货与其他国家的通货维持在同一的水平。所以，从银行纸币实际流通的数额并不能得出公正的结论，虽然如果我们把事实加以分析，我相信银行纸币的增加数额通常总是与黄金的高价互相伴随的。

有人怀疑，究竟 2,000,000 镑、3,000,000 镑 的银行纸币（这是英格兰银行可能已经增加到流通量中去的纸币数额，超过了它能轻易地负担的限度）是否会有现在归属于它们的那些影响；但应该想到，英格兰银行是调节所有地方银行的流通的，如果英格兰银行增加 3,000,000 的发行量，他们很可能会使地方银行给英国全 [87]

部流通量增加3,000,000镑[①]以上。

个别国家的货币，根据世界货币分配于其所组成的各国之间的同样通则，分配于各省之间。每一地区将按其贸易——因而也就是按其支付——在与全国贸易比较下所需要的数额，在其流通中保持全国通货的一个适当份额；一个地区流通媒介的任何增加，不能不广泛地散布到各地，也就是使其他每一地区增加一个相应的数量。这就是地方银行的纸币何以能与英格兰银行的纸币经常具有相同价值的原因。如果在只通行英格兰银行纸币的伦敦，在流通上增加1,000,000镑的数额，那么，那里的通货将比其他任何地方价廉一些，或货物将变得贵一些。因此货物就会从各地运到伦敦市场，以期按高价出卖，或者远为可能的是，地方银行将利用地方通货相对不足的机会，按英格兰银行所曾增加的比例增加它们的纸币，于是价格就会普遍地而不是局部地受到影响。

同样地，如果英格兰银行的纸币减少1,000,000镑，伦敦通货的比较价值就会提高，各种货物的价格就会减低。那时英格兰银行的纸币就会比地方银行的纸币具有更大的价值，因为人们将需要用它在廉价市场上购买货物；由于地方银行在受到顾客要求时必须以英格兰银行的纸币兑换它自己的纸币，它们就会遇到这样的要求，直到地方银行的纸币数量减少到它们以往对伦敦纸币所
[88] 保持的同一比例，因而在这种纸币所能交换的全部货物的价格上产生一个相应的低落为止。[②]

---

① 在第1—3版，这里用的不是“3,000,000镑”而是“12,000,000镑”。

② 这句话与李嘉图在1809年9月20日写给《晨报》的信上所说的话在措辞上几乎相同，见本书第31页。

地方银行绝不会增加它们纸币的数量，除非是为了填补地方通货由于英格兰银行增加发行量而造成的相对不足。* 如果他们企图这样做，那么，迫使英格兰银行在其顺应要求以硬币兑换纸币时期从流通中收回他们一部分纸币的那种牵制行动，也会迫使地方银行采取同样的步骤。它们纸币的价值由于数量的增加会变得小于英格兰银行的纸币，正如英格兰银行纸币的价值会变得小于其所代表的几尼一样。所以人们将以地方银行的纸币换取英格兰银行的纸币，直到它们的价值相等为止。

英格兰银行是地方银行纸币的巨大调节者。当他们增加或减少他们的纸币量时，地方银行也那样做；除非英格兰银行已经先增加纸币的数额，地方银行无论如何不会对总的流通量有所增加。

有人硬说，① 我们可以经常用来判断纸币是否过多的标准，是利率而不是金银的价格；如果纸币太多了，利息就会下降，反之，如果不太多，利息就会提高。我想，这一点是可以搞清楚的，即利率并非受货币过多或过少的节制，而是受并非由货币构成的那部分 [89] 资本的过多或过少的节制的。

斯密博士说，“货币这一流通的巨轮，商业的伟大媒介，同贸易的其他一切媒介一样，虽然也构成资本的一部分，而且是很有价值的一部分，却并不是它所属社会的收益的组成部分；虽然构成货币的金属币，在其每年流通的过程中分配给每一个人以他所应得的收益，它们本身却并不是那种收益的组成部分”。②

---

* 在某些情况下，它们也许会排除英格兰银行的纸币，但那种考虑并不影响我们当前所讨论的问题。

① 即“银行纸币之友”在 1809 年 9 月 14 日《晨报》上说的话，见本书第 30 页。

② 《国富论》，第Ⅱ篇，第 ii 章；第Ⅰ卷，第 275 页。

“当我们计算任何社会的流动资本所能使用的劳动量时，我们必须经常注意到流动资本里只包含粮食、原料和制成品的那些部分，另一个包含货币的部分既然只能用来流通那三种东西，就必须经常从流动资本中减去。为了推动工业运转，有三种东西是必需的：即所施工的原料、用以工作的工具以及为此而完成工作的工资或报酬。货币既不是施工的原料，也不是用以工作的工具；虽然工人的工资通常都以货币支付，但与所有其他的人的收入一样，他的真正收入并不包括在货币里面，而是包含在货币的价值里面，不是在金属币里面，而是在金属币所能换得的东西里面。”[1]

在他的著作的其他部分，[2]他认为美国金矿的发现，虽大大增加了货币的数量，但并未减少使用货币的利息：利率是受制于利用资本所得到的利润，而并非受制于用以流通其产品的金属币的数量或质量。

[90] 休谟先生也曾支持同样的意见。[3]每一国家流通媒介的价值对于它所流通的商品的价值有某种比例关系。这种比例在某些国家要比在其他国家大得多，并且在同一国家也可以在某些情况下发生变动。这取决于流通的速度以及商人之间所存在的信任和信用的程度，尤其是取决于银行业明智的经营。在英国曾经用过很多方法以减省流动媒介的使用，以致它的价值与它所流通的商品的价值相比，也许（在信任的时期*）已经减低到实际所能达到的

* 在以下的论述里，都假定有同等程度的信任和信用存在，这是我希望大家了解的。

① 《国富论》第Ⅰ卷，第278—279页。

② 《国富论》，第Ⅱ篇，第iv章；第Ⅰ卷，第335—336页。

③ 《政治论文集》，“关于利息”一篇，1752年。

最小比例。究竟这个比例可能是什么，曾经有过不同的估计。

流通媒介数量的增加或减少，不管它是由黄金、白银或纸币所构成，都不能使它的价值增加到这个比例以上或减低到这个比例以下。如果矿山不能再供给贵重金属每年的消费量，货币就会有较大的价值，并且只会有较小的数量用作流通的媒介。数量的减少将同它的价值的增加成比例。同样，如果发现了新矿，贵重金属的价值就会减低，并且会有一个加大的数量用于流通；因此无论是在哪一种情况下，货币对其所流通的商品的相对价值，还是会继续同从前一样。

在银行随时以硬币兑付其纸币的时期，如果他们要增加纸币的数量，他们不会对通货的价值产生恒久不变的影响，因为几乎会有同一数量的硬币从流通中收回并输出。

如果银行受到限制，不得以硬币兑换纸币，并且所有的硬币都 [91]
已经出口，那么，他们纸币的任何过剩，都会按其过剩的比例而贬低流通媒介的价值。假定在限制兑现以前英国的流通数量是20,000,000镑，后来又增加4,000,000镑，这24,000,000镑不会比原来的20,000,000镑有更大的价值，如果商品还是同原来一样，硬币也没有相应的出口。假如银行陆续再把纸币增加到50,000,000镑或100,000,000镑，这增加的数量都会被英国的流通所吸收，但不管怎样，都会把价值贬低到20,000,000镑一样。

我并不怀疑，如果英格兰银行以大量数额的新增纸币投入市场，作为放款提供出去，还是暂时不会影响利率。这种影响与发现窖藏的金银硬币所产生的影响是相同的。如果数额很大，银行或硬币的所有人也许不能把纸币或货币按四厘放出去，也可能放不到三厘以上；但在放出以后，借款的人不会把这纸币或货币留着不用；他们会把钱送到每一市场去，并到处提高商品的价格，直到它们被广泛的流通所吸收为止。只有在银行增加发行并对价格发生影响的时期，我们才会感到货币过多；在这时期内，利息会在它的自然水平以下；但一俟纸币或货币的增加的数额为广泛的流通所吸收，利率就会同增加发行以前一样高，对于新放款的要求也会与以前一样迫切。

流通是绝不会过分充满的。如果所流通的是金币和银币，其
[92] 数量的任何增加会散布到全世界去。如果所流通的是纸币，则它只会散布在发行这种纸币的国家以内。它对于价格的影响只会是局部的和轻微的，因为对外国的购买者会通过汇兑给予一种补偿。

如果认为银行所增加的任何发行，会能够恒久地[①]降低利率并满足所有借款者的要求，以致不会有人再来申请新的借款，或者认为金银矿的生产也会有这样的影响，那是把流通媒介绝不会有的力量硬归诸于流通媒介了。如果可能的话，银行确实可以成为强有力的手段。靠着创造纸币并以低于现有市场利率三厘或二厘放出，银行可以按同一比例减低贸易上的利润；如果他们充分爱国，使纸币放出去的利息不超过他们机构的必要开支，那么，利润还会继续减少。这样，任何国家都无法同我们竞争，除非它也采用类似的方法，而我们就可以独揽全世界的贸易。这样一种理论会使我们达到何等严重荒谬的地步呀！利润只有靠并非由流通媒介构成的资本之间的竞争才能降低。由于银行纸币的增加并不增加这一类的资本，由于它也不增加我们可供出口的商品、机器或原

① 在第1—2版，没有这“恒久地”字样。

料，它就不能增加我们的利润，也不能减低利息。*

当任何人借入货币以期进行贸易时，他是把它作为使他能获 [93]
得"原料、粮食等等"以进行贸易的媒介而借用的。只要他能得到原料等等的必要数量，究竟他必须借进一千还是一万单位的货币，对他都不会有什么关系。如果他借一万，他所制造的产品就会比他为同一目的只要借一千就够用时所能有的名义价值增加10倍。我国实际使用的资本必然限于"原料、粮食等等"的数额，并且，如果贸易完全以物物交换进行，也可以使其具有同样的生产力，虽然不能有同等的便利。流通媒介的先后所有者对这种资本享有支配力：但是，不管货币或纸币的数量多么大；虽然它能增加商品的名义价格；虽然它会把生产资本按不同的比例加以分配；虽然银行由于增加了他们纸币的数量可以使A能够从事一部分原先为B和C所独揽的营业，但国家的实际收入和财富并没有任何增加。B和C可能受到损害，而A和银行可能得到利益，但他们所得到的利益正是B和C所受到的损失。财产会有剧烈的和不公平的移转，但社会并不会得到任何好处。

根据这些理由，我认为各项基金的高价，并非由于我们通货的贬值。它们的价格必须受节制于付给货币的一般利率。如果在通

* 我已经承认①，只要银行能使我们把硬币转变成"原料、粮食等等"②，它就已经产生国家的利益，因为他们已经从而增加了生产资本的数量；但我在这里所说的是他们纸币的过剩部分，也就是增加到流通中去而并不影响任何硬币的相应出口的那个数量。因此这一部分会把纸币的价值降低到它们所代表的硬币中含有的金属价值以下。

① 见本书第59-60页。

② 见本书第90页引文。

货贬值以前，我以合 30 年收益的价格购买土地，并以合 25 年收益的价格购买股票的年金，那么，我在通货贬值以后就能付出较大的数额以购买土地，而并不增加用以计算买价的收益年份，因为由于
[94] 通货的贬值，土地的产品就会卖得一个较大的名义价值；但基金的年金是以贬值的媒介支付的，所以就没有理由要我在贬值以后比贬值以前为它付出一个更大的名义价值。

如果几尼由于修截的关系降低到它现有价值的半数，那么，每一商品同土地一样，都会提高到它现有名义价值的一倍，但股票的利息将以贬值的几尼偿付，因此这些股票就不会涨价。

对于我们通货的一切弊害，我所建议的补救办法是，英格兰银行应该逐渐减少他们纸币流通的数额，直到他们已使剩下的部分与其所代表的硬币具有同等价值，换句话说，也就是直到金银的价格被压低到它们法定平价为止。我充分了解，纸币信用如果全部破产，会给我国的贸易和商业带来最不幸的后果，甚至它的突然受到限制，也会造成很多艰难和痛苦，因此，要想采用这一方法来恢复我们通货的公正和平衡的价值，是很不合宜的。

当黄金的价格仍然远在法定平价以上，而外汇仍于我们不利时，如果银行所拥有的几尼多于其在流通中的纸币，那么，要实行纸币的兑现，就不可能不对国家造成巨大的损失。纸币的过多部分会送到银行去兑换几尼并运往国外，那些过多的纸币会突然从流通中回笼。所以，在他们能稳妥地兑付硬币以前，必须先将这过多部分的纸币逐渐从流通中收回。如果逐渐进行，就不会感到什
[95] 么不便；要是这一原则完全得到承认，这个目的究竟应该在一年还是五年内完成，那是今后考虑的事。我充分相信，除非我们采取这

一准备步骤，我们就永远不会恢复我们通货的平衡状态，否则就只有让我们纸币的信用彻底垮台。

如果英格兰银行的董事曾经把他们纸币的数额保持在合理的范围以内；如果他们曾经恪遵他们在必须以硬币兑付纸币时所自认的调节发行的原则，即把纸币限制在足以防止黄金市价超过法定平价这样一个数额以内，那么，我们现在就不会遭受一种贬值的、永久发生变动的通货的各种祸害了。

虽然英格兰银行从现行的制度得到很大的利益，虽然从 1797 年以来他们资本总额的价格几乎已经加了一倍，他们的红利也有相应的增加，我却愿意赞同桑顿先生的见解，[①]认为这些董事作为有钱的人，由于通货的贬值会与其他的人一同忍受各项损失，这种情况的严重性比他们作为银行股东所得到的任何利益都要大得多。[②] 所以我并不以为他们是受私利动机的影响，但如果这是出于他们的错误，这种错误对于社会的影响也同样是很有害的。

他们所受托的非常权力，使他们能随意规定那些拥有称作货币这种特殊财产的人所能据以出卖其财产的价格。银行的董事已使这些货币持有者遭受各种极度的祸害。今天他们乐意规定 4 镑 10 先令作为 3 镑 17 先令 10½便士流通，明天他们又可能把 4 镑 15 先令贬低到同样的价值，到另一年 10 镑也可能不会值更多的钱。由货币或以货币支付的年金构成的财产，是一种多么缺乏保障的保有 [96]
权呀！公债的利息现在是以贬值 15%的媒介偿付的，那么，能有什

① 《纸币信用的研究》，第 68—69 页。

② 第 1—2 版没有“作为银行股东”一语。

么保障以后不会以贬值50%的媒介来偿付公债的债权人呢？民间债权人所受的损害也是同样严重。1797年订约的债务，现在用原有数额的85%就可以偿还，谁能知道这种贬值不会再继续下去呢？

斯密博士对这问题的下述言论非常重要，我不得不介绍给所有用心的人加以认真的注意。

"提高硬币的单位名称，一向是以虚假的偿还形式掩盖真正的财政破产所最常用的办法。例如，如果一个6便士的硬币根据议会的法案或王室的公告被提高为1先令，20个6便士的硬币被提高为1镑，那么，在实行旧单位时借了20先令或将近4盎司白银的人，在实行新单位以后，只需还付20个6便士或略少于2盎司的白银就行了。约计120,000,000镑[①]的公债，即差不多是大不列颠有基金[②]公债的元本，照这方式也许只要用大约64,000,000镑现行的货币就可以清偿。这确实将不过是一种虚假的偿还，公家的债权人会在欠他们的每一镑里被骗去[③]10个先令。这种祸害所及还会远远超出公家的债权人的范围，每一个私人的债权人也会按比例受到相应的损失；这对于公债债权人不仅没有任何利
[97] 益，而且在大多数情况下还有额外的巨大损失。如果公债的债权人一般都确实欠别人很多债务，那么，他们也许可以用国家付给他们的硬币去付给他们的债权人，从而在某种程度上补偿他们的损失。但在大多数的国家，大部分公债债权人都是富裕的人，他们在与其他公民的关系中多半是处于债权人而不是债务人的地位。所

① 亚当·斯密原来说的是"约计128,000,000镑"。

② 亚当·斯密原来说的是"有基金和无基金的"。

③ 亚当·斯密原来在"骗去"之前还有"实际"二字。

以，这种虚假的偿付在多数情况下只会加重而不会减轻公债债权人的损失；并且会在对国家没有任何利益的情况下把这种灾害扩大到很多其他无辜的人身上。这对于私人的财产造成普遍而又最有害的破坏；在多数情况下会使怠惰和浪费的债务人致富而使勤劳和节俭的债权人蒙受损失，并把一大部分的国家资本从可能会使其增加和改进的人手里，移转到那些大概会使其分散和消灭的人手里。当一个国家必须宣告破产，正如一个私人也有必要这样宣告时，一种正大光明的、公开的和自认的破产永远是对债务人既非最不光彩而对债权人又损害最少的手段。当一个国家为了掩盖真正破产的耻辱，采取这种容易看穿而同时又这样极端有害的骗人诡计时，它的尊严肯定是最不受考虑了。”①

斯密博士关于轻质货币的这些言论同样可以应用于贬值的纸币。他只列举了流通媒介的减轻所带来的少数灾难性的后果，但他已充分地警告我们不要尝试这种危险的实验。如果我们这个伟大的国家在眼看到美国和法国强使纸币流通的后果以后，还要死抱住 [98] 一种能产生这么多祸害的制度不放，那将是悲叹无穷的情况。让我们希望它变得明智些吧。有的却说，情况是不一样的，因为英格兰银行不受政府的控制。即使这是事实，流通过多的祸害也并不会感觉到少一些；但一个银行贷放给政府的数额比它所有的资本和储蓄还要多好几百万，是否还能说它不受那个政府的控制，是可以怀疑的。

当 1797 年枢密院有必要命令银行停止兑现时，据我看来，对英格兰银行的挤兑只是由政治上的恐慌引起的，而不是由流通中

① 《国富论》，第 V 篇，第 iii 章；第 Ⅱ 卷，第 415—416 页。

的纸币数量的过多或过少(如有些人所曾假定的那样)引起的。*

根据银行制度的性质来看,这是它始终容易遭逢的危险。董事方面无论怎样小心谨慎也未必就能防止:但如果他们对政府的放款比较有限;如果同样数额的纸币曾通过贴现的方式发行给公众,他们多半能够继续兑现,直到这种恐慌平静下去。无论如何,由于银行的债务人必须在60天的时期内清偿他们的债务(这是银行贴现的任何票据所能持续的最长期限),银行的董事如果有必要的话,就能在那时期兑回流通中的每一张纸币。因此,正是由于银行与政府的关系太密切,才使限制兑现成为必要;而这一政策所以会继续下去,也是由于那一个原因。

要防止由坚持这一制度可能带来的罪恶后果,我们必须不断
[99] 地密切注视着限制兑现法案的废除。

公众所能用以抵制银行轻率从事的唯一合法保障,就是责成银行随时以硬币兑付纸币;但要做到这一点,就只有减少纸币的流通数额,直至黄金的名义价格降低到法定平价为止。

我想在这里作一结论:如果我所竭尽的绵薄能唤起公众的注意,适当地考虑一下我国流通媒介的状态,那是值得庆幸的事。我十分清楚,我并没有在许多出色的作者就这同一重要的问题曾用以使公众得到启发的全部知识以外,再增加什么东西。我也没有这样的奢望。我的目的在于采用一种冷静和沉着的研究方法,来探讨一个对国家关系重大的问题,如果忽视这个问题,那么它所带来的后果就将使其国家的每一个朋友都感到遗憾。

---

* 在那个时期,黄金的价格经常保持在法定平价以下。

附　　录[1]

社会上对这一小册子既已有重新出版的要求，我就想利用这
个机会来研究一下承《爱丁堡评论》的评论员不弃在其前一期刊物
上对这小册子所包含的若干部分所作的评论。[2] 我所以要这样
做，是因为我深信，对于与这重要问题有关的每一点的讨论将加速 [100]
现有弊害的补救，并使我们能防止将来再发生这种弊害的危险。

在论货币贬值这篇文章里，评论的人认为“李嘉图先生作品的巨大错误，在于他对影响汇价过程的原因抱有片面的看法”。他们说，“他把汇价的顺转和逆转**完全**归之于通货的过多或过少，忽略了不同社会的经常变动的欲求乃是进出口贸易临时发生入超或出超的根本原因”[3]。然后他们评论我的一段文章，在那段文章里我认为

---

① 第1—3版没有这一附录。这一附录也曾作为单独的小册子出版，其标题为《对于〈爱丁堡评论〉上论纸币贬值那篇文章的一些章节的评论；也是为公众设法得到与黄金一样不变的通货，而并不要那种金属有很多供应的几项建议，作为〈黄金的高价〉第四版的附录》，伦敦默里书店出版，1811年。

② 《爱丁堡评论》1811年2月，第V篇。这一篇由马尔萨斯执笔的文章评论了李嘉图《黄金的高价》和《答博赞克特》两文，也评述了穆歇特、布莱克、赫斯基森和博赞克特论通货贬值的小册子。

③ 《爱丁堡评论》1811年2月，第342页和第343页。这里引用的两句在原来的文章里不是连续的。

农业的歉收不会造成货币的出口，除非输出国的货币是比较低廉。[①] 他们评论的最后结论表示了坚决的意见，以为在农业歉收的假设的事例里，货币的出口"并不是由它的低廉所引起的。它并非像李嘉图先生所竭力要想使我们相信的那样，是对外贸易逆差的原因，而不是其结果。它不仅是通货过多的有利的补救办法；而且它正是由于桑顿先生所提到的原因，债权国不受价格低廉的诱惑，不愿收受非为当前消费所需的大量新增加的货物；同时不受任何这种诱惑，只愿收受作为商业世界的通货的金银块。**像李嘉图先生所说的，任何国家都不愿以贵重金属偿付债务，如果它以商品偿付能够更为省钱，这无疑是正确的**；但商品的价格可能因市场的供过于求而大跌；
[101] 而贵重金属由于社会的普遍同意确认其为共同的交换媒介和商业工具，可以按照有关各国个别通货所包含的金银数量，依其名义上的估计，偿付最大数额的债务，并且不论通货的数量和商品之间在这些交易开始以后可能说是发生了何种变动，我们一刻也不会怀疑，变动的原因是可以在两国之间一个国家的需要和欲求中找到，而不是可以在两国之间任何一国通货原有的过多或过少中找到的"。[②]

他们同意我的话，"任何国家都不愿以贵重金属偿付债务，如果它以商品偿付能够更为省钱"，但他们说，"**商品的价格可能因市场的供过于求而大跌**"；他们这里指的当然是国外市场，那么，这些话所表示的意见正是他们所竭力要想辩驳的意见，即：当货物不能像货币那样有利地输出时，货币就会被输出。这实在就是以另一

① 见本书第 63-64 页。

② 见《爱丁堡评论》1811 年 2 月，第 345 页。重点是李嘉图加的。

方式说明货币绝不会出口，除非同其他国家比较起来，它的货币是比商品相对地过多。但在此以后[①]他们又立刻主张“贵重金属”的出口是“国际贸易差额*的结果”，“其起因可能是与通货的任何过多或过少都毫无关系而存在的”。据我看来这些意见是直接矛盾的。如果贵重金属能从一个国家出口以交换商品，虽然它们在出口的国家同在进口的国家一样贵，从这种不顾前后的出口所产生 [102]
的影响究竟是什么呢？

这些评论员在第343页说，[②]“一个国家内的比较缺乏和另一国家内的比较过多，这种情况必然很快就影响到国际收支差额方向的改变，以及贵重金属平衡状态的恢复，这种平衡原来曾经由于互相贸易的国家之间欲望和需求的自然差别暂时受到破坏”。如果评论员们曾经告诉我们究竟这种反作用是在哪一点上开始的，那倒也好，因为乍看起来，当货币出口国家的货币并不比在进口的国家更贵时可以容许货币出口的那条规律，当货币实际上比在进口的国家更贵时也似乎同样可以容许其出口。支配贸易上的一切投机的，是自私心理，凡是能够明白而满意地确定存在着自私心理的地方，如果我们承认还有任何其他的行动准则，我们就会不知道究竟应该停在哪里。所以，他们本来应该向我们说明，如果对进口商品的需求竟然继续下去，何以进口这些商品的国家不会完全耗尽它的硬币和金银。在这样的情况下，究竟什么东西可以阻止通货

* 我们这里所说的是从国际收支差额抽象出来的国际贸易差额。贸易的差额也许是顺差，而收支的差额却是逆差。对汇价发生影响的只是收支的差额。

① 实际上是在此以前，见《爱丁堡评论》1811年2月，第342页。

② 这引文的两部分原来不是连续的。

的出口呢？评论员们说，因为“一个国家的金银数量减少以后，它以贵重金属偿付的力量显然很快就会受到限制”。[①] 为什么会很快呢？这是否就是承认“通货的过多或过少只是相对的名词；一个国家的流通永远不会过多”（因而也永远不会过少），“除非与其他国家比较而言呢”？[②] 承认了这些以后，岂不就得出结论，如果贸易的差额可能对一个国家成为逆超，即使它的通货并不是相对地过多，只要有任何数额的货币还在流通，就没有方法可以阻止其硬
[103] 币的出口；因为减少的数额（通过获得新的价值）将像以前较大的数额一样容易而有效地作必要的偿付呢？根据这一原理，连续发生农产品歉收，也许会使一国的货币归于枯竭，不管它的数额多寡，即使这种货币所包含的完全是贵重的金属。据说货币在其进口国家的减低了的价值，及其在出口国家正在提高的价值，会使货币恢复到它原来的流通情况，这种说法也并不能答复所提出的反对意见。什么时候会发生这样的事呢？它将以交换什么东西的方式被运回来呢？这个答案是明显的——交换商品。因此货币的所有这种出口和进口的最后结果，就是一个国家会进口一种商品以交换另一种商品，两个国家里的硬币和金银都会重新获得它们自然的水平。是否应该坚决主张，在一个资本充裕、贸易上一切可能的经济办法都已采用并且竞争已推进到最大限度的国家里，这些结果会预见不到，这些不必要的活动所引起的损失和麻烦将不能有效地防止呢？难道可以设想，货币的运往国外只是为了要使它在本国价昂而在另一国价贱，并以此方法保证它回到我们这边来吗？

① 见《爱丁堡评论》1811 年 2 月，第 343 页。

② 同上，第 341 页。

特别值得注意的是，把硬币和金银看作一些在其一切活动中基本上不同于其他商品这种偏见是如此根深蒂固，以致对政治经济学的一般真理很有研究的作家，在要求读者将货币和金银只看做是受“那无疑地成为整个政治经济学体系赖以建立的基础的一般供求原理”① 支配的商品以后，往往自己就忘记了这个建议，对 [104]
货币问题大发议论，以为调节货币出口和进口的规律是与调节其他商品出口和进口的规律大不相同的。因此，如果这些评论员曾经不断地讲到咖啡或糖，他们就会否认这些物品有可能从英国出口到欧洲大陆，除非它们在那边要比在这里价钱贵些。即使竭力向他们指出，我们农业收成不好，我们需要谷物，也无济于事；他们会深信不疑地、不容争辩地表示，不管谷物的缺乏达到什么程度，如果当时在英国的咖啡或糖要比在法国值更多的钱，英国就不可能运出、法国（举例言之）也不可能愿意接受咖啡或糖作为对谷物的交换。他们会说，什么！把一包咖啡运往法国只卖100镑，而当时咖啡在这里却值105镑，如果我们把105镑里的100镑送去，也同样可以清偿为进口谷物而发生的债务，难道你们还相信我们有可能把咖啡运到法国去吗？可是我要说，如果以95镑投资于咖啡并以之出口，当其到达法国（假定这笔交易是为法国做的）时，可以与100镑有同等的价值，这时你们是否相信我们可能会同意运送，或者法国会同意收受100镑的钱呢？但咖啡在法国并不缺少，那里有供过于求的现象；就算这样，但对货币的需要却更少，其结果就证明出，值100镑的咖啡会比值100镑的钱卖得更好的价格。关于货币在两个地方的相对低廉程度，我们所掌握的唯一证明，就

① 见《爱丁堡评论》1811年2月，第341页。

是把它与各类商品作比较。以商品衡量货币的价值，正如以货币
[105] 衡量商品的价值一样。因此，如果商品在英国能比在法国买进更多的钱，我们就可以合乎道理地说，货币在英国比较低廉，它出口是为了**寻求**其水平而不是去**破坏**那种水平。在比较了咖啡、糖、象牙、靛蓝和双方市场上所有其他可以出口的商品以后，如果我仍然坚持要运出货币，还会需要其他什么证据来证明，与国外市场相比，货币是英国市场上所有这些商品中确实最低廉因而是最有利于出口的商品呢？除了表明货币在法国可以比在英国买到更多的谷物、靛蓝、咖啡、糖和各种可供出口的商品以外，还再需要什么证据来证明法国和英国之间货币的相对过多和价廉呢？

的确，也许有人这样对我说，评论员的假设并不是说咖啡、糖、靛蓝、象牙等比货币低廉，而是说这些商品和货币在两个国家是同样低廉，即以货币的形式运出的100镑或投资在咖啡、糖、靛蓝、象牙等等上面的100镑，在法国会有相等的价值。如果所有这些商品的价值真是这样十分均衡，而就它们与谷物的关系而言，都以在英国比较低廉，那么，一个出口商人究竟凭什么决定运送这种而不运送另一种商品以交换谷物呢？如果他运出货币从而破坏了自然的水平，这些评论员告诉我们，货币会由于在法国的数量增加以及在英国的数量减少，变成在法国比在英国低廉，并且会重新进口以交换货物，直到水平恢复为止。但如果把咖啡或任何其他商品输出国外，而其时它们与两国货币的关系上具有同等价值，不也会发生同样的影响吗？供给和需求之间的平衡不也会受到破坏吗？并
[106] 且咖啡等物在法国由于数量增加而减低的价值，以及它们在英国由于数量减少而增加的价值，不也会使它们再进口到英国来吗？

这些商品中的任何一种可能在并不因其价格的提高而产生很大不便的情况下输出国外;但用以流通其他各种商品的货币,即使只有平常比例的增减,也会在价格上造成很大程度的涨落,那就不会出口而不引起最严重的后果。由此我们可以看到这些评论者所陈述的原理是有缺陷的。但根据我的体系,在两国的一切商品,包括货币在内,只有谷物除外,都具有同等价值这样极端不可能的事例里,为了保持它们各自通货的相对数额和相对价值,究竟会有怎样一种回复的方式,那就不难作出判断。

假如英国的流通媒介完全由贵重金属构成,并且占它所流通的商品的价值的1/50,那么,在所假设的情况下,为了交换谷物而出口的全部货币数额会占这种谷物价值的1/50:对其余部分我们会出口商品作为交换,这样两国货币与商品之间的比例就可以同等地保持不变。英国由于农业歉收会属于本文[第57页]所说的那种情况,即一个国家已经丧失了一部分的商品,因而需要减少流通媒介的数额。原来相等于其各项支付的通货,这时会变得过多并相对地低廉,相当于其所减少的生产的1/50;因此,输出这一数额就会把通货的价值恢复到其他国家通货的价值。这样似乎可以满意地证明,农业歉收对汇价所发生的作用,无非就是使原来在恰当水平上的通货现在变成过多,而汇价逆转的原因总是可以追溯到通货相对过多这一原理,也就十分充分地得到了例证。 [107]

如果我们能假设在农业歉收以后,当英国有必要争取异乎寻常的谷物进口时,另一国家的这种物品陷于过多,“但对于任何其他商品完全无所需要”,那么可以毫无疑问地断定,这样的国家绝不会出口谷物以交换种种商品;但它也不会出口谷物以换得货币,

因为正如这些评论员所明白承认的那样，货币是任何国家不会绝对需要而只会相对需要的一种商品。然而，这种情况是不可能的，因为一个国家虽然拥有其有购买力的全体居民为消费和享受所必需的每一种商品，却绝不愿意让它所消费不了的多余谷物腐烂在谷仓里。只要积累的欲望还没有在人的思想上消灭，他就会想把他超过自己消费的多余产品设法变成资本的形式。为了做到这一点，他唯有亲自雇用，或贷款给人家，使他们能雇用更多数目的劳动者，因为只有靠劳动才能把收益变成资本。如果他的收益是谷物，他会想把它换成燃料、肉类、黄油、乳酪和劳动工资通常所购买的其他商品，或者用同一意义的另一方式，他会出卖他的谷物以换取货币，然后以货币支付其劳动者的工资，从而引起对那些可以得之于其他国家以交换过剩谷物的商品的需求。这样就会给他再生产更有价值的物品，而这些物品他又可以用同一方式再加以利用，以增加他自己的货财并为他的国家增殖财富和物资。

[108] 以为一个国家会有不需要某种商品的情况，那是极大的错误。它可能拥有一种或一种以上的商品，因为数量过多而可能在国内找不到市场。它也许拥有它所消费不了或销售不掉的糖、咖啡和脂肪，但任何国家都不会感到全部商品普遍地供过于求。这显然是不可能的。如果一个国家有了为维持人们的生活和提供人们的舒适所需要的各种东西，并且这些物品是按它们通常消费的比例予以分配，那么，不管它们的数量怎样丰富，它们是保证可以找到销售的市场的。因此可以推断，当一个国家有了一种在国内不需要的商品时，最好就是按各种商品被消费的比例，把它换成别的商品。

每一国家生产谷物或任何其他商品，都不是为了获得它体现在货币中的价值(这是那些评论员所假设的情况或包含于所假设的情况之内的),因为这将是用人的劳动所能争取的最没有利益的对象。货币正就是那样一种物品,在没有被再换成别的东西以前是永远不会增加国家的财富的:因此我们可以看到,增加货币的数额绝不是任何国家自愿的行动,正如并非出于任何个人的自愿一样。其所以要强迫他们接受货币,只是由于在他们有商业往来的那些国家里,货币具有相对地较小的价值。

当一个国家使用贵重金属作为货币而它自己又没有金银矿的时候,我们可以设想的情况是,它可能大大增加其土地和劳动的产品的数量而于其财富无所增益,因为与此同时,那些拥有金银矿的国家可能已经获得大量贵重金属的供应,以致已经迫使那勤劳的国家增加通货,而所增加的数额在价值上相等于其全部增加的产品。但在这样做的时候,增加于原先使用的通货上面的那部分加 [109]
码的通货,并不会比原来的通货数额具有更多的实际价值。这样,这个勤劳的国家就会变成从属于那些拥有金银矿的国家,并将进行一种有百害而无一利的贸易。

我不想否认,汇价对于所有的国家都处于经常涨落的状态,但一般地说,它并不变动到以金银办理汇款比之以购买汇票办理汇款更为有利的那种限度。如果情况是这样,则其进口必为出口所平衡,这是无可争辩的。各国的不断变动的需求可以得到供应,各国的汇价都会在某种程度上离开它的平价,如果其中任何一国的通货比其他国家有过多或过少的现象的话。假如英国把货物运往荷兰,在那边找不到任何适合英国市场的商品;或者换一种意义相同的话来说,假如我们能在法国以比较低廉的价格买到那些商品。

在这种情况下，我们的活动就限于把货物在荷兰出售，再在法国买进其他货物。英国的通货不受任何一笔交易的扰乱，因为我们会用要求荷兰开的汇票偿付法国，这里面既不会有入超也不会有出超。然而，对荷兰的汇价可能于我们有利，而对法国的汇价则可能于我们不利；除非能有货物从荷兰或对荷兰负有债务的某一国家运进法国以平衡账目，情况将继续如此。如果没有这种进口，它只会起因于荷兰的流通与法国的通货相比所形成的相对过多，而在偿付那张汇票时，金银的输送对那两个国家都是相宜的。如果差额是靠货物的输送求得解决，这三个国家之间的汇价就会与平价相符。如果这是靠金银的输送求得解决，则荷英之间汇价的高于
[110] 平价将与法英之间汇价的低于平价相同，其差额将相等于把金银从荷兰运往法国所花的费用。如果世界上的每一国家都与这一交易有关，其结果也不会有什么两样。由于英国曾从法国买进货物并曾把货物卖给荷兰，法国也许已经从意大利买进同样的数额；意大利可能已经同样从俄国买进，俄国又从德国买进，而德国则在100,000镑的同一数额内又从荷兰买进；德国也许需要这一数额的金银以供应通货的不足，或用以制作金银的器皿。所有这些不同的交易，除那100,000镑以外，都会用汇票的方式解决，而那100,000镑的数额或者会从荷兰原有过多的硬币或金银中输送出去，或者会由荷兰从欧洲的不同通货中搜集起来。谁也没有像这些评论员所推想的那样，以为“有了农业的歉收，或有必要在一个国家偿付补助金，就一定会立刻带来对棉布、铁器和殖民地产品的大量需求”，因为如果偿付补助金或遭受农业歉收的国家决定把其他商品的进口压低到它以往惯常进口的水平以下，也会产生同样的结果。

这些评论员在第 345 页上说，“我们在这里已经指出的同样的错误，在李嘉图先生的小册子的其他部分都普遍存在，特别是在他开始讨论这一问题的时候。他似乎认为，一旦贵重金属在地球上的不同国家之间已经按其相对的财富和商业实行分配，由于每一国家对实际使用的数量都有同等的需要，因而在开发一座新矿或开办一家新银行或在各国的相对繁荣上发生某种显著的变化以前，[111]
就不会有诱力促使他们进口或出口”。并且在后面第 361 页又说，“我们已经谈到了一种错误（但主要限于李嘉图先生，《金价报告》完全没有这种错误），这就是否认有不与原来通货的某种过多或过少相关联的贸易差额或收支差额的存在”，“但还有另外一点，在这一点上所有站在问题的这一方面的作家都是一致的，但我们在这一点上却不能同意他们的意见，而觉得更倾向于问题的商业观点。虽然他们承认金银有时由于与汇兑有关的原因从一个国家移转到另一个国家，他们却把这些交易说成是在程度上微不足道的。赫斯基森先生说[①]，‘金银贸易方面的活动，几乎完全是由新世界的金银矿每年流入的新供给量所引起的，并且主要限于把那些供应量在欧洲各部分进行分配的活动。如果这种供给完全停止，作为对外贸易对象的金银的交易就将极为有限，并且那些交易将是短期的。’”

“李嘉图先生在其对博赞克特先生的答复中提到[②]这一段时特别加以赞许。”现在我可不知道怎样去发现，赫斯基森先生的这个意见究竟在哪一点上与我曾所提出并为这些评论员一直评论的意见不同。

① 《关于我国通货贬值的问题……》，1810 年，第 49—50 页。

② 见本书第 165 页附注。

那几段话在实质上完全是一样的，要么一起站得住脚，要么一起站不住脚。如果说“我们承认金银有时由于与汇兑有关的原因从一个国家转到另一国家”，我们就不承认在汇价跌落到使金银的
[112] 出口成为有利可图这种限度以前也会这样移转，并且我认为，如果汇价会这样跌落，那是由于通货低廉和过多所致，这种后果“几乎完全是由新世界的金银矿每年流入的新供给量所引起的”。因此，这就不是那些评论员与我意见不同的另一点，而是相同之点。

如果“大家都知道，大多数的国家在它们商业往来的通常关系上，对一些国家几乎经常保持有利的汇价，而对其他国家则享有几乎经常不利的汇价”①，那么，除了赫斯基森先生所提到的原因，即“新世界的金银矿每年流入的新供给量（并且几乎都属于同一方向）”以外，还可以委诸其他什么原因呢？斯密博士似乎并没有充分了解这种金银的流动对国际汇兑所产生的有力而划一的影响，他在很大程度上倾向于过分重视一个国家在进行它所认为必须经营的各种迂回的对外贸易上使用金银的重要性②。在国际间早期的和简陋的商业交易上，同个人之间早期的和简陋的交易上一样，在使用货币和金银方面是不大讲究经济的，只有作为文明和改进的结果，纸币才在各国的国民之间执行同样的职能，正如它在同一国家的个人之间这样方便地执行那种职能一样。据我看来，那些评论员似乎没有充分了解在使用贵重金属方面的经济原则在国际间扩大了范围，他们事实上似乎不承认即使限于一国范围内的它

① 《爱丁堡评论》1811年2月，第362页。

② 《国富论》，第IV篇，第i章；第I卷，第409—410页。

的力量，比如根据第 346 页的一段文章来看，他们的读者不免会以为他们的意见是，在同一国家的遥远的省份之间也常有通货的移 [113] 转，因为他们告诉我们，“以前有过并且将来还会有一定数量的贵重金属，在彼此以商业相联系的各国之间，用来执行某一具体国家的通货对其遥远省份所执行的相同任务”。现在要问，究竟一个国家的通货对遥远省份所执行的是什么任务呢？

我深深相信，在我国遥远省份之间所有多种多样的商业交易中，由于进口几乎经常为出口所平衡*，通货只完成一个很差的任务，这种事实的证明就在于各省的地方通货（它们并无其他通货）很少能从它们所发行的地方流通到任何遥远的距离。

在我看来，这些评论员不得不承认商人们的一种错误的理论，即货币可出口以交换商品，虽然货币在其所出口的国家并不较为低廉，因为他们没有其他方法可以说明，何以有时候银行纸币数额的增加曾引起汇价的上升，正如银行的前副总经理、现在的总经理皮尔斯先生在其对金价委员会所提出的一篇报告中所说的那样①。他们说，“根据对这问题的这种看法②，确实不容易说明何以在显然增加纸币发行的情况下，汇价还会好转：这是并不少见的事实，因此，英格兰银行的副总经理曾坚决认为这一事实足以证明 [114] 我们的外汇与我们通货的状况没有任何联系”③。

---

* 各省的一部分产品是在没有运回回头货的情况下出口的，这就构成在外业主的收益，但这种需要考虑的事实对通货问题不会有什么影响。

① 《金价报告》，“会计附录”第 49 号，并参考“证词记录”，第 121 页。

② 指李嘉图的看法。按照这些评论员，李嘉图“把通货的过多或过少看作是所有商业活动的主要动力”。

③ 《爱丁堡评论》1811 年 2 月，第 359 页。

但这些并不是绝对不可调和的情况。皮尔斯先生同《爱丁堡评论》的评论员一样，似乎完全误会了那些要想废除限制兑现政策的人所提出的原理。他们并不像别人对他们推测的那样，以为*银行纸币*的增加永远会使汇价下降，而是认为过多的通货会引起这样一种后果。所以，现在还需要探讨的问题是，究竟银行纸币的增加是否无论何时必然为通货的恒久增加所伴随，如果我能表明它并不一定这样，那就不难说明，何以在银行纸币数量增加的同时，汇价也会上升。

大家很容易承认，当还有大部分硬币在流通的时候，银行纸币的每次增加，虽然暂时会减低全部通货的价值（纸币和金币都一样），但这种低落是不会恒久的，因为过多的和低廉的通货会使汇价降低，并使部分硬币出口，而这种出口一俟其余通货重新获得其价值并将汇价恢复到平价以后就会停止。所以小额纸币的增加最后不过是以一种通货代替另一种通货，即以纸币代替金属通货，不会起到流通的实际和恒久的增加所起到的同样作用。* 但我们不
[115] 是没有标准可以用来决定不同时期有别于银行纸币的相对的通货数额，虽然这个标准我们并不能绝对依靠，但它也许是可以测定我们现在所讨论的问题的一个十分精确的标准。这个标准就是在流

---

* 5镑以下银行纸币的增加应该看作已出口的硬币的代替品，而不是流通的实际增加。这一说法往往为反对《金价报告》的推理的人所正确地主张过，但当这些先生要想确立他们爱好的理论，认为流通的数额和汇率毫无关系时，他们并没有忘记借助于他们以前已经抛弃的这些小额纸币。①

① 这暗指特罗尔《通货和汇兑原理》，1810年，第24页和第50页；参考本书第363页和第374页。

通中的 5 镑和 5 镑以上的纸币数额，我们可以合理地估计这种数额对于全部的流通总是保持着相当有规则的比例。因此，如果 1797 年以来这一类的银行纸币已经从 12,000,000 镑增加到 16,000,000 镑，我们就可以推断，即使银行纸币所流通的区域既没有扩大也没有缩小，全部的流通额也已经增加了⅓。5 镑以下的纸币将与金属通货从流通额中收回的数量成比例发行，如果票面较大的纸币再有增加，它们也会进一步增加。

我对这个问题的看法是，我们通货数额的增加应该从 5 镑和 5 镑以上的银行纸币所增加的数额去推断，绝不能以 1 镑和 2 镑纸币的增加作为证明，因为它们是替代出口或窖藏的几尼的。如果我的这种看法是正确的话，那我就必须完全拒绝皮尔斯先生所作的推算，因为他的推算是根据这样一种假定，认为这类纸币的每一次增加都会使通货增加到那个数额。当我们考虑到在 1797 年并没有 1 镑和 2 镑的纸币流通，它们的地位完全为几尼所填充，并且从那个时期以来至少已经发行了 7,000,000 镑，一部分填补出口和窖藏的几尼，另一部分用以维持大额付款和小额付款流通间 [116]
所存在的比例，我们就会看出，这种推论会导致什么错误。我曾冒昧地提出，对外贸易的逆差以及因而发生的汇价的低落，在任何情况下都可溯源于相对地过多的和低廉的通货[*]，而这个意见却遭到上面提到的那份报告的反对，我认为那是没有任何根据的。但即使皮尔斯先生的推论不像他所举的**事实**那样不正确，也不能认

[*] 这并没有意思要否认，如果遇到敌人的突然入侵或国家的任何一种大变，使财产所有权的安全发生问题，可能成为这一通则的例外，但一般地说，汇价对于发生这种情况的国家是会逆转的。

为他从这些事实得出的结论是恰当的。

皮尔斯先生说明银行纸币从 1808 年 1 月到 1809 年圣诞节的增加数是从 17,500,000 镑增加到 18,000,000 镑或 500,000 镑，在同一时期内对汉堡的汇价曾从 34 席林 9 格罗申下降到 28 席林 6 格罗申，这就是纸币数量的增加不到 3%而汇价的低落却超过 18%。

但皮尔斯先生是从哪里得来的消息，说在 1809 年圣诞节流通额中只有 1,800,000 的银行纸币呢？看了我所能够接触到的关于 1809 年底银行纸币流通数额的每一报表以后，我不得不断定皮尔斯先生的说法是不正确的。穆歇特在他的几份表上列出了这一年里关于银行纸币的四个统计数字。在最后一个表上，他指明 1809 年银行纸币流通的数额为……………………………19,742,998 镑

在《金价报告》的附录和最近送交下院的统计表里，

1809 年 12 月 12 日银行纸币的流通数额为……… 19,727,520 镑

1810 年 1 月 1 日的统计数为……………………… 20,669,320 镑

1810 年 1 月 7 日的统计数为……………………… 19,528,030 镑

[117] 在 12 月份以前的许多月里，数字都不比这些低。当我最初发现这种错误时，我以为皮尔斯先生在两个估计里也许都遗漏了银行七天期的本票，虽然它们在 1809 年 12 月并没有超过 880,880 镑；但当我看到 1808 年 1 月包括银行本票在内的纸币流通额的统计数字时，我发现皮尔斯先生所说的数额大于我在任何地方所能见到的数字：事实上他的估计还比银行所报告的 1808 年 1 月 1 日的数字几乎超过了 900,000 镑，所以从 1808 年 1 月 1 日到 1809 年 12 月 12 日，纸币的增加是从 16,619,240 镑到 19,727,520 镑，这是 3,000,000 镑以上的差额，而不是像皮尔斯先生所说的 500,000 镑，而如果皮尔斯先生对于

1808 年 1 月任何时候的说法是正确的,也有 2,000,000 镑的差别。

皮尔斯先生还说,从 1803 年 1 月到 1807 年底,银行纸币的数额曾从 16,500,000 镑增加到 18,000,000 镑,一共增加1,500,000 镑,这在我看起来也超过实际数字 500,000 镑。5 镑和 5 镑以上纸币的增加,包括银行的本票在内,在那时期并没有超过150,000 镑。指出这些错误是重要的,因为那些不顾我竭力提出的主张而在原则上同意皮尔斯先生的人,可以看到这例子里面的事实并不能证明那位先生从它们所得出的结论是恰当的,并且,以某一天或某一星期银行纸币的具体数额作为基础的一切计算,如果在那时以前或以后的若干时间内总平均数都有增减,事实上也不会能够推翻一种由其他一切事实证明其为真理的学说。这样的学说我以为可以表述如下:没有任何固定的标准可资参照的一种通货的无限增加,与其通货建筑在这种标准之上的国家相比,就有可能并且一定会在汇价上产生恒久的低落。

在考虑了皮尔斯先生的报告所应该受到的重视以后,我要求读者注意到我从《金价报告》的陈述以及其后送达下院的各个报告中整理出来的统计表。我要求他把大额纸币的发行数量同汇价上的变动比较一下,我相信他不难同意我所主张的原理和这一事例的实际事实,尤其是,如果他考虑到通货的增加并非立刻就发生作用,而是需要一段时间才会充分发挥影响;并且考虑到,白银价格的涨落,同黄金比起来,会改变英国和汉堡两地通货的相对价值,因而使二者之一的通货相对地过多和低廉;另外还考虑到,像我已经指出的那样,在我国或与我们贸易的国家里,农业的丰收或歉收以及对于它们实际财富的任何其他增加或减少,都会产生同样的 [118]

影响，因为那种增减既然改变了商品和货币之间的相对比例，也就会改变流通媒介的价值。有了这些修正，我相信人们会发现，皮尔斯先生的反对意见是不必用放弃一条原理的办法就可驳倒的，这条原理如果被接受，就会确立汇兑的商业学说，并可用以说明流通媒介外流的原因，这种外流的数额之大，只有把我们的货币锁在银行里并解除各董事以硬币兑付纸币的责任才能加以抵制。

[119] * **皮尔斯先生呈送金价委员会的附表：**

	银行纸币总额 单位百万		对汉堡汇价 席林·格罗申
1797年2月27日	8 ½		35 6
1797年和1798年逐渐增加至	13		38 0
1799年3月	13 ½		37 7
在此时期以后，巨大的商业衰落，大量的谷物进口，巨额的补助金，以及汉堡汇价的继续下跌，到1801年1月2日低至			29 8
在1799年底至1802年底之间，1镑和2镑票面的纸币发行额增加，把全部纸币的总额扩大到	13 ½ 至 16 ½	波动	从 33 3 至 29 8
从1803年1月到1807年底	16 ½ 至 18	波动	从 32 10 至 35 10
从1808年1月到1809年圣诞节	17 ½ 至 18	下跌	从 34 9 至 28 6

对汉堡汇价，根据皇家交易所汇价表

* 我把皮尔斯先生报告中关于银行限制兑现以前的纸币流通数额尽量略去，因为公众虽有权以其纸币兑换硬币，但汇价却不能不暂时为银行发行的数额所降低。

下表[1]所列从 1797 年到 1809 年在内的银行纸币平均数额，是从金价委员会的报告中抄录下来的[2]。汇价的数字则摘自造币厂对议会所送的报表。银行递送给议会的关于他们在 1810 年的 [120]
纸币流通数额的统计报表分为三种：第一种是每月 7 日和 12 日的报表；第二种是从 1810 年 1 月 19 日到 12 月 28 日的周报表；第三种是 1810 年 3 月 3 日到 12 月 29 的周报表。票面在 5 镑以上的纸币包括银行本票在内的平均数额，根据第一种报表是：

	15,706,226 镑	其中票面在 5 镑以下的为	6,560,674 镑
第二种表…………	16,192,110 镑		6,758,895 镑
第三种表…………	16,358,230 镑		6,614,721 镑
	3)48,256,566 镑		19,934,290 镑
总平均	16,085,522 镑		6,644,763 镑

在表上标有 * 记号的年份，白银的价值与黄金比较起来，是超过法定平价的，尤其 1801 年的情况是这样，那时不到 14 盎司的白银就可以买到一盎司的黄金，而法定的平价则为 1 与 $15^{7}/_{100}$ 之比；现在的市场价值差不多是 1 与 16 之比。

这些评论员说[3]，“如果很大部分的通货是取之于那些怠惰的人和**依靠固定收入生活的人**[4]，而移转于农民、制造业者和商人，则资本和收益之间的比例就会大大地改变而有利于资本；并且在短短的时期内国家的产量就会大大增加”。增加国家财富的“不是”

① 见本书第 118 页。

② 《报告》，第 60 页。

③ 《爱丁堡评论》1811 年 2 月，第 364 页。

④ 重点是李嘉图加的。

流通媒介的“数量”，“而是它的不同的分配”，这一点无疑是正确的。所以，如果我们能够有充分的把握说，通货的过多及其后发生的贬值的影响，会减低怠惰和不生产阶级的消费能力，那么其结果除增加了勤劳和生产阶级的人数而外，无疑地还会增加国家的财富，因为它会把原来作为收益消费掉的东西变为资本。但问题是，它究竟会不会发生这样的作用？一个股东从其收入节省下来并贷

[121] **在下列各年内英格兰银行纸币流通的平均数额：**

年份	票面五镑及五镑以上纸币数，包括本票在内（镑）	票面五镑以下纸币数（镑）	总计（镑）	对汉堡的最高汇价	对汉堡的最低汇价
1798	11,527,250	1,807,502	13,334,752	38.2　1月	37.4　12月
*1799	12,408,522	1,653,805	14,062,327	37.7　1月	31.6　10月
*1800	13,598,666	2,243,266	15,841,932	32.5　5月	31.—　2月
*1801	13,454,367	2,715,182	16,169,594	31.8　10月	29.8　1月
*1802	13,917,977	3,136,477	17,054,454	34.—　12月	32.—　2月
1803	12,983,477	3,864,045	16,847,522	35.—　12月	34.—　1月
1804	12,621,348	4,723,672	17,345,020	36.—　6月	34.8　2月
*1805	12,697,352	4,544,580	17,241,932	35.8　3月	32.9　11月
*1806	12,844,170	4,291,230	17,135,400	34.8　12月	33.3　1月
*1807	13,221,988	4,183,013	17,405,001	34.10　3月	34.2　9月
*1808	13,402,160	4,132,420	17,534,580	35.3　7月	32.4　12月
1809	14,133,615	4,868,275	19,001,890	31.3　1月	28.6　11月
1810	16,085,522	6,644,763	22,730,285	31.2　6月	28.6　12月
1811				26.6　1月	24.—　3月

银行还统计今年(1811年)18天的纸币数额。票面5镑及5镑以上的纸币在这18天内的平均流通额，包括本票在内是……………………………… 16,286,950镑

票面5镑以下的是 ……………………………………………………… 7,260,575镑

合计…23,547,525镑

放给农民的一千镑会不会与农民自己节省下来的钱具有同样的生

产力呢？这些评论员认为[1]，“每次发行新纸币时不仅流通媒介的 [122]
数量有所增加，而且整个发行量的分配也有改变。大部分落入那些既消费又生产的人手里，小部分落入那些只消费的人手里”。但是否一定是这样的情况呢？他们似乎认为理所当然的是，那些依靠固定收入生活的人一定会把他们的全部收入消费掉，不会以它的一部分储蓄起来并每年增加于资本。但这绝不是确实的情况，并且我要请问，各股东以其半数的收入节省下来并投资于股票，从而把一笔最后会被那些既消费又生产的人所使用的资本解放出来，不也是对国家财富增长的一种巨大的刺激力量吗？正如在另一种情况下，如果他们的收入由于银行纸币的发行而贬值50%，因而完全剥夺了他们的储蓄能力，虽然银行会贷放给勤劳的人一笔同那股东所减少的收入有相等价值的纸币数额，也是会对国家财富的增长起刺激作用一样。在我看来，其间的区别、并且是唯一的区别在于：在一种情况下，所贷货币的利息将付给财产的真正所有者；而在另一种情况下，利息将以增加的股息或红利的形式最后付给银行的业主，因为他们已经利用不正当的手段使他们自己能够占有这样的收入。如果银行的债权人把他的公债用到比股东储蓄的使用人获利较少的投机上去，其结果将对国家造成真正的损失；所以通货的贬值，就其作为对生产的刺激而言，是可能有 [123]
利也可能是不利的。

我看不出有什么理由可以证明，为什么发行新的纸币会减少怠惰的人而增加社会的生产阶级。无论如何，弊害是可以肯定的。

---

① 《爱丁堡评论》1811年2月，第364页。

它一定会连带引起对个人权利的某种程度的侵害，这种侵害一旦为人所了解，就会激起所有那些并非完全没有正义感的人的谴责和愤慨。

对于那篇文章其余部分的意见，我十分真诚地表示同意，并相信这些评论员的努力会大大地有助于消除公众心目中对这最重要的问题所抱有的大量误解和偏见。

常常有人反对金价委员会关于英格兰银行应于两年内以硬币兑换纸币的建议，以为如果采纳的话，银行就会感到很难为此而准备所需数额的金银；无可否认，在限制兑现的条例能废除以前，银行必须对可能向他们提出的每一要求很谨慎地作好充分准备。金价委员会指出，在1809年这一年，银行纸币的平均流通额，包括银行的本票在内，是19,000,000镑。在同一时期，黄金的平均价格是4镑10先令，超过其法定平价几及17%，并证明通货的贬值约为15%。所以，依照该委员会所定的原理，1809年的银行流通数额要是减少15%，就会把通货提高到法定平价而将黄金的市价降低到3镑17先令10½便士；在这种减少没有实行以前，限制兑现的条例就停止生效，那不仅对公众而且对银行都会立刻发生危险。现在替银行辩护的人说，即使承认你们所提出的各项原则的真理
[124] (实在我们还远没有承认)，即使承认银行纸币的数额经过这样的减少以后，剩下部分的价值就会大大提高，以致任何人都不会再有兴趣要求银行把硬币兑换纸币，因为金银的出口已无利可图；银行能有什么保证，使人心的浮动或恶意不会把完全停止使用小额纸币的办法变成通例并要求银行用几尼来代替呢？所以银行必须不仅在他们的19,000,000发行额里减少15%的流通量，必须不仅

为继续流通的 4,000,000 的 1 镑和 2 镑的纸币准备所需的金银，而且还必须掌握资财以应付可能对该行提出的兑换全国各地方银行的小额纸币的要求，并且这都是在短短的两年里应该做到的事情。必须承认，不论这些顾虑可能或不可能成为事实，英格兰银行也只能作好准备以应付可能发生的最坏的情况；虽然这是他们自己的轻率使他们陷入的一种处境，但如果可能的话，最好还是保护他们，使他们不受这种后果的影响。

如果能以比较温和的方法为公众获得同样的利益，也就是对防止通货贬值获得同样的保证，那么各有关方面在原则上既已一致，就最好能同意权且采用这种办法。让议会责成英格兰银行清偿 20 镑以上的全部纸币（遇有这样的要求时），其他的均不予偿付，至于究竟以硬币、标准金条或外币（纯度上的差别核实计算）偿付，均由银行自定，但一律按英国黄金的法定价值即每盎司值 3 镑 17 先令 10½ 便士计算，这些兑付依委员会所建议的时期开始。

以上所说的兑付纸币的权利，可以在兑换开始后让银行展延 [125]
3 年或 4 年，如果认为有利，也可以继续下去作为永久的办法。在这种制度下，通货的价值绝不会贬低到其标准价格之下，因为一盎司的黄金和 3 镑 17 先令 10½ 便士会一样地具有同等价值。按照这些规定，我们可以有效地防止为小额支付所必需的小额纸币从流通中收回，因为任何人手里的小额纸币如果不到 20 镑的数额就不能到银行去兑换，而且即使在那时候，也只能换到黄金而不能换到硬币。这种黄金固然可以到造币厂去换成几尼，但要拖延到几个星期或几个月以后，这一时期利息的损失就会被看作一种实际的损耗；只要小额纸币能与它们所代表的几尼买到同样多的各种

商品，谁也不会愿意蒙受这种损失。建立这项计划的另一个好处，就是可以防止出现1797年以前在我们的制度下毫无利益地花在几尼铸造上的那种无用的劳动，这种几尼一遇到汇价不利(我们不必问它是由于什么原因)就会送到熔炉里去，并且不顾一切禁令仍以黄金出口。各方面都一致认为这种禁令是没有效力的，为阻止硬币出口而设置的无论何种障碍总是容易规避的。

汇价的不利，最后只有依靠货物的出口、金银的移转或**纸币流通量的减少**才能挽回。所以，从银行取得金银的便利不能作为反对这项计划的理由，因为在1797年以前实际上就有了同样程度的
[126] 便利，何况这在银行的任何兑换制度之下都是一定会存在的。并且也不应当提出反对的意见，因为所有那些对通货问题已经作了很多考虑的人现在不再怀疑，不仅禁止金银以硬币或任何其他形式出口的法律是无效的，而且也是失策的和不公道的，因为受损失的只有我们自己，世界的其余部分却都得到好处。

在我看来，这里提出的计划似乎兼具欧洲至今采用过的一切银行制度的种种优点。它的某些特点类似阿姆斯特丹和汉堡的存款银行。在那些机构里，总是可以按固定不变的价格从银行买到金银。现在向英格兰银行建议的就是同样的办法；但在外国的存款银行，金库里实际保存的金银与它们账册上银行货币的信贷有同样多的数额，因此就有同商业流通量的全部数额一样大的一笔闲置的资本。而在我们的银行，则会有数额相等于商业的要求所需要的叫做银行纸币的一笔银行货币，同时银行库存中的闲置资本却不会多于银行为了满足偶尔对他们所提出的要求而认为必须以金银保存的基金。也应当经常记住，英格兰银行还可用收缩纸

币的发行量的方法随意减少这样的要求。为了仿效汉堡银行按固定价格收购白银的办法，英格兰银行有必要规定一个**略微低于**法定平价的价格，以便按照这个价格随时用纸币收购可能提供给他们的黄金。

银行业办得完善，就在于能使国家利用一种纸币（经常保持其标准的价值）以尽可能最小的硬币或金银数量进行它的流通。这就是这一计划所要实现的目的。有了银币的铸造，根据公正的原 [127]
则，我们就会有世界上最经济而又最不变的通货。金银价格的变动，不管欧洲大陆上对它的需求怎样，也不管从美洲金银矿方面流入的供给量怎样，都会限制在银行收购金银的价格和银行将其卖出的法定平价以内。流通的数额会十分精确地适应商业的需要；如果银行因一时不慎而使流通量过多，公众所掌握的牵制手段很快就会提醒他们注意他们的错误。至于地方银行，它们必须像现在一样，在受到要求时以英格兰银行的纸币兑换它们的纸币。这可以作为充分的保证以防止它们可能有过大的能量来增加纸币的流通量。这样就不会再有熔化硬币的诱力，因此也就可以有效地节省一方在重铸另一方认为有利可图而将其熔化成金银的硬币时所浪费的劳动。通货既不会被修截也不会损耗，而会具有同黄金本身一样不变的价值，这就是荷兰人心目中的伟大目标，而这个日标他们是用类似这里所建议的制度十分顺利地完成了的。

关于金价报告写给《晨报》的三封信

（1810年）

金价委员会的报告[①]致《晨报》主笔

先生：

金价委员会的这份出色的报告，使任何没有偏见的人的心里 [131] 不会再怀疑我国的纸币现今确实存在着巨大的贬值；虽然该委员会已经非常宽容地对待英格兰银行的董事，他们却振振有词地把我们现在所悲叹的所有那些后果以及现在这样迫切以求的补救方法，都归因于他们不了解在其发行纸币方面应该遵循的原则。人们一再极力主张的政府对商业事务进行干预所带来的有害影响，在这一事例上得到了充分的证明。如果让银行在1797年的艰难时期像他们能够做到的那样从困难中很好地摆脱出来，他们在当时的特殊压力之下可能不得不在短时期内暂时停止硬币的兑付、因而他们的纸币也许要遭到一个小小的折扣；但由于他们能够很容易地使公众相信他们的资产完全足以清偿对他们所提出的一切要求，上述的情况很可能为期很短，因为，只要延迟几个星期银行就会能够把十足的数额付给他，谁还会同意在每镑里面接受比20先令少得很多的数额呢？银行的债权人就会看到那种恐慌是没有 [132] 根据的。那个殷实的公司在短期内就会恢复他们硬币的兑付，并

① 1810年9月6日《晨报》。

会继续像巴林爵士在其对委员会的证词中所描写那样成为1797年以前一个多世纪以来对英国的繁荣有很大贡献的一个机构[①]。

使银行有权拒绝以硬币兑换纸币的法律已使我们在通货上受到几乎贬值20%的祸害,并且使我们很难把它恢复到它应该据以调节的真实标准,即它所代表的硬币所实际包含的黄金价值。

我们在这毁灭性的道路上已经走得很远,以致危机四伏;如果继续前进,就会不可避免地陷入越来越多的重重困难,终于不能自拔;断然回头,虽则是远较安全的途径,但也会带来一些麻烦,需要很大程度的能力、正直和坚定,才能克服。

立法机关由于制定了限制兑现的条例,就在多年来认可了对所有契约的一种最不公平的干预,便宜了订契的一方而牺牲了另一方。最经常听到的怨言是针对每一商品价格的上涨而发的,但很少有人知道或能使其了解,他们受到的麻烦有多大一部分应该完全归于银行董事滥用了立法机关委托给他们的非常权力。这种危害并不因普通人不易看到它的根源而减少它的真实性。

[133] 金价委员会十分精辟地阐明了纸币所应据以调节的原则,我相信在不太远的将来我们就会回过头来惊讶地看到,我们竟会这样长期地遭受欺骗,让一伙显然不懂得政治经济学最浅近的原理的商人去随意操纵社会上大部分财产的价值;并且这是发生在一个素以对其居民中最卑贱的部分的劳动果实能提供保护而著称的国家。

在循原路折回来的时候,我们一定还会不仅干预已经订立的

① 《金价报告》,"证词记录",第198页。

契约，而且干预目前正在订立的契约；这是一种与我们所陷入的情况分不开的弊害，它必然会跟着对通货的减轻或贬值所进行的改革而发生，并且我担心那是不可能有任何适当的补救办法的。

很多人以为金价委员会建议供议会采纳的方式，即责成银行应于两年期满后随时以硬币兑换他们的纸币这种方式，会大大减少我们出口和进口的数额。如果这指的是名义上的数额会减少，那是无可否认的，因为进出口将按不贬值的货币计算，但如果指的是实际的数额，比如出口布匹的匹数或进口食糖的桶数，那一定是永远与流通媒介的数量或价值没有关系的。假如一个商人有货币资本1,000镑，能用以收购并出口50匹布，再假定银行由于放款给B和C而增加了流通媒介的数额，因而影响了它的价值，以致A所有的1,000镑只能购买并出口40匹布，他们事实上就是使B和C能够购买并出口其余的10匹布；如果他们收回对B和C的放款，从而减少流通媒介的数额，A的1,000镑就又会恢复它原来 [134]
的价值，他又会变成50匹布的出口商。

银行最近大批放款的影响正是这样，并且，假如A满足于仅仅使用800镑以购买并出口布匹，把其余的200镑贷放给B和C，从而使他们能购买和出口其余的10匹，其结果也将一样。诚然有这样的区别，即在后一种情况下，A会收进200镑的利息，而在前一种情况下，银行将收到这笔利息，并把它分给资本总额的业主。

如果银行加倍了流通的数额，A的1,000镑就只能买到25匹布，但银行纸币新的持有人将因而能购买并出口其余的25匹。在所有这些情况下，还是会有50匹布出口，为了恢复标准的通货而提出的补救办法不可能产生减少实际出口数额的影响。

按照同样的方式，也可以表明进口数额不会减少。这一原理也许只能严格地应用于一个国家正常的出口贸易，因为这是基于这样的假设，即由于纸币过多而产生的投机者，也会受过去指导真正资本家的商业活动的那种谨慎和小心的支配；但不幸的是，情况并非如此。他们想以突击的方式发财致富，并因而能够人为地强使货物向世界各地出口；不等待贸易的正常需求而优先进行，从而颠倒了它的正常途径。他们强制地移用一部分国家资本去从事一
[135] 种本来不会投资的贸易。因为没有货物运回，国外的市场变得供过于求，并且这些投机的出口商如果在票据到期时不能使其转期，不但会毁灭他们自己，而且他们的垮台还会连累到与他们有联系的全部环节。我认为这就是现有种种失败的真实历史。这样有害的出口是很可以不要的。

确实，经验已经证明，商业事务上正常路线的每一改变总会对一般的信用关系带来某种震动。如果一旦战争爆发，即使资本不会受到损失，从贸易的旧渠道上移用的那部分资本，一定会力求在新的方向上加以利用，其后果一般总是在商业界引起激变，在这里面，那些依靠借入资本从事贸易并依靠商业信用的继续供应的人，就会应付不了突然对他们提出的要求。由于纸币制度像现在这样推进到过分的程度，会对上面所讲的那种人提供很大的便利，因此就没有疑问，凡是用以纠正那种制度的每一办法以及纸币数量的每一大量的减少，都会在依赖旧制度的继续实行的那些人中间引起很大的混乱，造成很多的痛苦；虽然社会每一部分的不幸都必须感到遗憾，但应当加以谴责的却只有最近所推行的那种有害的制度。补救的办法可以延缓采用，但不使那些个人的安全担受风险

是绝不会有效的。

可是,不管我们刚才谈到的那些人所遭受的困难结果会造成什么损失,这种损失总不能看作是国家的损失,因为他们依靠过多的流通媒介提供给他们的信用而能够支配的那种资本,会回到在此以前被霸占了资本的那些人手里,在那里,这种资本的有利使用 [136]
程度至少比得上现今毁灭性制度将其置于那些资本霸占者的手里时所能达到的程度。

一个以货币资本从事贸易的商人已经受到货币贬值的损害,因为他的资本已经不能胜任贬值以前同样规模的营业;但也有极少数商人处于这种情况:他们的资本同那些小商人的资本一样,是投资于货物、船舶等等的,他们对于社会的其余部分来说是债务人而不是债权人的关系。一种变动不定的流通媒介,虽然有害于社会的每一阶级,但对商人则为害最小;因为他们商品的价格会与所有其他商品的价格发生同样的变动,它们的比较价值在任何情况下都将是一样的,受到影响的是它们的名义价值而不是实际价值。

流通媒介的贬值对有钱的人损害最大。我所谓有钱的人是指完全以货币为财产的那个阶级,这方面的数额在我国必定远远超过流通媒介的总额。

我们不妨把这样一点确定为可以普遍应用的原理,即每一个人从流通媒介价值的变动所受到的损害或好处,与其财产中所含货币或与别人对他的固定货币要求超过他对别人的固定货币要求的那一部分成比例。所以农夫会受害于货币的任何增值,不管它从什么原因发生,同时他还要支付固定的货币地租和固定的货币捐税。他的产品会由于货币增值而卖到更少的钱,同时他的捐税

和租金仍旧同从前一样。他必须出卖更多夸特的谷物或其土地上的任何产品，以支付同样的捐税和同样的地租。他比社会上任何
[137] 其他的阶级更得益于货币的贬值而更受害于其价值的提高。他曾订立契约，需要支付某些固定的数额——商人和小本经商者也订有契约，但他们对别人也许有同等的要求。农夫完全依靠其产品的销售；所以，任何足以降低产品价格的事情均于他有害，而毫无相应的利益。地主会获得农夫所损失的一大部分，他所收到的实际地租将比契约上规定的来得多。

地主是不会受到损失的，因为他的产品的价格将顺应其他商品的价格。从他所纳的捐税将与农夫所纳的捐税按同一比例实际增加这一点来看，他将是个受害者。但他不能抱怨这种损害——因为，如果在 1797 年以后银行还是继续同从前一样兑付硬币，他不仅现在要缴纳这一数额的捐税，而且在过去几年里就已经不得不这样做。他已经得到了一种特免的权利，如果再继续让他享受这种权利是不公平的。

把我已经指出的原理应用于有钱的人，他当然一定会深受通货恢复的好处，因为他在同所有那些和他有商业往来人的关系上处于债权人的地位。固然，利率是不受流通媒介增值的影响的，但利息的价值却会受到影响。在两种情况下他都收到 500 镑以代替 10,000 镑的效用，但由于他所消费的各种商品的跌价，他会感觉到他的收入的实际增加。他同地主和农夫一样，也要增加他所缴纳的捐税，虽然名义上还是同一数额，但他会因收入的实际增加获得充分的补偿。由于通货恢复到它原来的标准，他会重新获得他
[138] 久已被人不公道地剥夺掉而为纸币发行者所享受的那部分收益。

股东和年金收受者也会根据同样的理由并在同等程度上得到好处。

国家的收入无疑地会有某些削减，因为要在原有的各种税收上增加20%，是很难付清而没有大量亏欠的；此外我们还必须估计到那些按货物价值征课的捐税，如很多的出口和进口税、按租金征收的房产税、所得税以及其他一些税收都会有所不足。在那些税收的总额上是肯定会有很大的亏数的。但是，那些由于存在着这些困难而主张继续维持现行制度的人应当考虑到，只要有比现在必要的数额少很多的年借款额和战时税收，就足以进行目前这种费钱很多的竞争了。现在的借款和捐税都是以贬值的媒介支付的，各种价格也恰恰按照贬值的比例受到影响，所以要比在流通媒介恢复到它的标准价值时需要更大的借款和更多的捐税。这是容易以事例说明的。他们也应该考虑到，补救的方案拖延得越久，国家最后要为它付出的代价也就越大。我们将必须为每一笔可以筹措的、今后要以标准通货支付债息的借款不仅支付实际订定的利息，而且支付以现在贬值媒介估计的债息的价值与它们预定今后将达到的未来价值之间的差额。这并不是一种无关重要的考虑。是不是还要硬说使现行制度成为恒久制度是明智和谨慎的呢？如果采行这样一种计划，那就不难预见到，我们将同所有那些在我们以前已经走过同一毁灭道路的国家遭到同样的命运。一种由政府或注册公司随意发行的、不能凭持有人的意愿兑换硬币的纸币，是 [139]
不可能保持恒久的价值的。它的价值一定会经常发生变动，并且不难预料纸币发行者仍旧保有不受控制的权力，而他们的利益又一定是与公众的利益背道而驰，在这种情况下势必会产生什么样的后果。

[关于约翰·辛克莱爵士的评论]
金价报告[1]致《晨报》主笔

先生：

我已用心阅读了辛克莱爵士对金价委员会报告[2]的评论，我感到惊讶的是，除了一再为人所驳倒的论点以外，他的才智竟不能给他提供反对他们的结论的任何论点。

在那尽管承你宽容而我却必须有所限定的范围内，要指出这些评论里所有那么多的错误的原理和不老实的陈述，那是不可能的；并且这也没有必要，因为《金价报告》虽然受到攻击，其本身却是一个有力的、令人满意的和明确的答复。

约翰·辛克莱爵士不厌其烦地告诉我们，我国商业和公共收入的增加需要再增多流通媒介的数量。谁否认过这一点呢？他认
[140] 为金价委员会会拒绝承认这个原理吗？但他们不是本来也可以振振有词地争辩说，如果银行纸币的增加没有超过这种必要的数额，本来就不会发生贬值吗？在银行还能保有公众的信任的时候，也正是超过这一数量的发行额造成了贬值的现象。

在1797年以前，当银行以硬币兑付纸币时，商业和捐税的增

---

① 1810年9月18日《晨报》。

② 《对金价委员会报告的评论》，男爵、议员约翰·辛克莱爵士著，伦敦卡德尔和戴维斯公司出版，1810年。

加也许曾需要流通媒介的增多，正如现在的情况一样，而这个增多的数额，银行本来是可以用纸币供应而不必引起它们的价值与黄金相比之下的贬值的；但如果他们曾拒绝或忽视做到这一点，对货币需求的增加就会把汇价提高到平价以上，并使黄金的法定平价高于市价；或者用更通俗的话来说，黄金的市价就会跌到法定平价以下，并且会这样继续下去，直至金商利用汇价好转从黄金进口获得利益，然后再将其铸成货币，从而供应对通货的需求为止。那时汇价将合乎或近于平价，黄金的市价和法定平价也就会达到它通常的水平。辛克莱爵士所下的断语，即认为已经可以证明[“]在英格兰银行所发行的纸币数额和汇率之间事实上没有任何关联[”][①]的说法，是以皮尔斯先生递送给金价委员会的报告为根据的，所以这个报告似乎可以证实这种推论。这一报告企图证明，“从1803年1月到1807年底，在至少差不多4年的时期内，银行纸币的数额变动于16,500,000镑—18,000,000镑，而对汉堡的汇价则从32.10改变到35.6，依银行纸币数额的增加而变得较为 [141]
好转”。[②]

我对于这一点的答复是，如果我们增加的商业和增加的税收没有使流通媒介有必要增加数额，那么，那几年里我们的流通媒介就不会有这样的增加而不降低外汇的汇价并提高黄金的市价。

我国从1797年以来已大大增加了财富和繁荣，这是无可否认的事实；但不能以那个时期与这个时期我们进出口名义上的数额

① 《评论》，第22—23页。

② 同上，第23页附注。辛克莱所提到的报告，是作为《金价报告》“会计附录”里的第XLIX号报告发表的。

的比较作为合理估计的根据，因为它们现在是用贬值的流通媒介计算的。如果现在的通货加倍，则出口和进口的名义价值也就会加倍，但还需要更具体的事实以证明国家的财富也有了同一比例的增加。

举行借款在利率上所发生的差别，是远为重要的论据①。

辛克莱爵士告诉我们，根据金价委员会的资料，在国王威廉的朝代，汇价非常不利于我国，因而那时每个几尼高到 30 个先令。他的报道到此为止，但如果他根据同样的资料补充说明，那个时期的银币（那时衡量价值的标准尺度）是重量相当不足的，银行纸币是发行过多的，那就老实了。那份报告说，“最后采取了真正的补救办法：第一步是重新铸造银币，这使那一部分的通货恢复了它的

[142] 标准价值，虽然由于收回旧币而造成的货币缺乏使银行陷于困境，甚至暂时影响到它的信用；第二步就是从流通中收回过多的银行纸币”②。

辛克莱爵士怡然自得地详细叙述了他自己的意见，认为只应当把硬币或金银当作商品看待，这是委员会所听取的许多有相当地位的证人的证言都承认了的。在《金价报告》里我找不到对这原理提出怀疑的地方，虽然辛克莱爵士告诉我们，他在对委员会的报告表示尊重的影响之下，准备了一些黄金从爱丁堡旅行到伦敦，但发觉贬值的通货也与硬币同样有用，这时，他似乎已经忘记黄金作为商品的价值，因为它在商品的状态本来肯定是会使他在旅途上

① 按照辛克莱的说法（《评论》，第 12 页），1796 年的借款利息曾经是 4%镑 4 先令 2¾便士，而对 1809 年的借款则为 4 镑 13 先令 3 便士。

② 《金价报告》，第 42 页。

多享受一些快乐的生活的。

辛克莱爵士谴责委员会曾建议至少要出口 20,000,000 镑的货物并相应地进口金银，他认为这种建议的荒谬是不言而喻的。我已查遍了《金价报告》想要找到这种谴责的根据，却白费工夫。如果银行兑付硬币，这种办法在辛克莱爵士的意图中也许是必要的，但根据《金价报告》的原理，即认为流通量过多，过多的部分可以不要，那就不会有进口很多黄金的必要。他们的建议是要减少流通媒介的数量而不是要以一种通货换成另一种通货。委员会也没有表示这样的希望，即在银行开始兑换以后，金银的出口会使汇价达到平价，而是要靠流通媒介数量的减少，因为这不仅会提高流通媒介在国内的价值，而且还会提高其相对于其他国家通货价值 [143]
的价值。因此，所谓“那种认为银行的开兑能赖金银出口以改善汇价的论点是极大的谬论”[①]这一说法，并不能适用于《金价报告》。

按照辛克莱爵士的意见，增加纸币流通量的好处之一就是使用货币的利息可以因而减低。他说，让我们假定大不列颠的全部流通量是 40,000,000 镑的硬币和纸币，其利率为 5 厘；如果把它减少到 30,000,000 镑，其利息为 6 厘，国家的工业岂不要受很大的妨碍吗？反之，如果把它增加到 50,000,000 镑，只要 4 厘利息，并能将其全部充分地利用于各项工业，那就没有疑问，国家的繁荣将迅速增长，并达到在另一种情况下所无法达到的高度。[②] 如果这种推论是合理的，那么，假定银行把他们的纸币增加到 100,000,000 镑并

① 《评论》，第 45 页。

② 同上，第 56—57 页。

以 3 厘的利率贷出，国家的繁荣又将变得多么不可计量呢？

如果辛克莱爵士能不怕麻烦去参考一下亚当·斯密博士那本著名著作的第二篇第四章，他会看到的确凿证明是，货币的利率完全与流通媒介名义上的数额无关。利率是完全为不包括货币在内的资本的竞争所支配的。如果具有同一数额的商业和信用，流通媒介的实际数额一定总是相同的；它固然可以叫作 100,000,000 镑或 20,000,000 镑，但这一笔或另一笔数额的实际价值一定是相
[144] 同的。他也会在同一本著作内看到，“影响耐久的改进设施如道路、运河、桥梁、港口、矿山、房屋等等”①的力量，依靠国家的实际财富和资本，不是流通媒介的数额所能加速或推迟的。

辛克莱爵士说，“让我们假定在联合王国每年所生产的货物值 100,000,000 镑；如果把这数量增加⅕而把价格按比例减低，就金钱上的观点来看，我们并不会更加富裕一个小铜子儿；就财政而论，一般人民事实上将比以往更无能力向国库提供国家开支。那些曾廉价买进货物并加以消费的人，也许在某种程度上得到利益并当然能对公众支付较多的款项；但社会上以勤劳生产货物并供应市场的各个不同阶级，就不会有能力支付差不多同以往一样多的款项，并且必然会变得贫困起来”②。

辛克莱爵士又说，“让我们再假定，货物的数量仍旧不变，但价格增加了⅕。国家年收入的数额将从 100,000,000 镑增加到 120,000,000 的价值，就会有大得多的一笔基金以适应社会的需

① 《评论》，第 56 页。

② 同上，第 58—59 页。

要”①。

这就是说，一个国家如果通过它的勤劳使它的土地和劳动增加了$\frac{1}{5}$的年产量，就变得更无能力对国家的迫切需要作出贡献。

在我看来，情况似乎将是这样：如果商品的价格增加了$\frac{1}{5}$，也许可以向人民征收一笔较大的名义收入，但由于征收到的钱将由政府用来购买也已经涨价$\frac{1}{5}$的商品，这种巧妙的办法就不会带来 [145]
很大的利益。

根据这些原理，除了货币以外就没有别的东西是财富，这是以往有人主张过，但已被亚当·斯密博士精辟地驳倒了的学说。留待这位作家去争辩的是，不仅只有货币才是财富，而且纸币不论贬值到什么程度也是财富。我们的资财真是用之不竭！是不是凭这样的论点就能推翻金价委员会的论证呢？

先生，我是……

R.

① 《评论》，第 59 页。

[关于兰德尔·杰克森先生的演讲]金价报告[①]致《晨报》主笔

先生，请允许我通过你的报纸对兰德尔·杰克森先生上星期四在银行董事会上关于“金价委员会报告”的问题所作的演讲表示几点意见[②]。

我不能不认为遗憾的是：那些不同意《金价报告》的人竟千方[146]百计地力图使社会一般的心目中得到一种印象，认为所争论的问题是一个党派问题；并且他们的这种努力居然已经得到杰克森先生的认可。如果有过一个问题，从它的重要性来说，特别需要仅仅就其本身的是非曲直予以考虑，那就是我们通货的现状，因为它必然是同社会的最大利益有关系的。

当那位业主阁下开始他的演讲时，我希望他会把它作为一个科学的问题来加以讨论，有可能根据政治经济学上众所周知的原理作出清楚而明白的推论。对于他所说的《金价报告》里充斥着的错误的命题，我迫切地期待着他的证明。我原以为他会抓住报告

---

① 1810 年 9 月 24 日《晨报》。

② 杰克森的演讲是在 1810 年 9 月 20 日英格兰银行举行的全体董事会上发表并于次日在《晨报》上加以报道的。有一增订本作为小册子出版，其标题为《兰德尔·杰克森先生关于下院金价委员会报告在 1810 年 9 月 20 日英格兰银行全体董事会上的演讲；附有关于该报告内容的注解》，伦敦巴特沃思书店出版[1810 年]。李嘉图的引文根据《晨报》的报道；这里脚注中所指的页数系小册子的页数。

的一些主要原理，追根求源，发现它们的错误，并揭露它们的诡辩。我原以为他会以他自己的货币理论见教，不但辩才无碍，相得益彰，而且其所据的权威论证也一定是受人尊崇和重视的。总之，我原来希望我能从董事会那里对我特别感兴趣的一个问题得到启发和教益；但是，先生，这些期望都是不能实现的；我注定要倾听对于所谓支配着这个报告的党派精神所施的浅薄的攻击，以及在证词中向委员会提出的、为报告本身精辟地驳倒的那些最错误的意见的重复。

杰克森先生最初提出的评论之一是，委员会报告的内容同证词相反。他当然不是想要责备他们对事实有任何错误的陈述，而是说他们所得的结论同他们审查过的各位先生提出的意见截然相反。由于各证人在意见上不尽一致，如已故的巴林爵士的享有名 [147] 望的权威是同意委员会的意见的，不管他们报告的是哪一方面的意见，他们也同样要受到这种指责。这种责难委员会是无法避免的。这种责难事实上就是说，他们所以犯错误，就是因为与银行董事的意见不一致。但是，先生，这正是《报告》中我认为特别值得称颂的地方；它已经明确地证明那些意见是以错误的原理为依据的，并且我希望它已永远把我们从它们的更多和致命的影响中解救了出来。应当感到遗憾的是，真理的进展总是缓慢的，但它最后一定会达到胜利。我们也许暂时得不到金价委员会辛勤劳动的有益效果，但幸而他们《报告》中所发挥的正确的通货原理是永远扑灭不了的。杰克森先生是否有意想说，除非委员会不得不报告别人的意见，他们是不会根据摆在他们面前的事实作出判断的呢？这样一种意见还有什么后果不会引起呢？商人可能了解商业上的详细

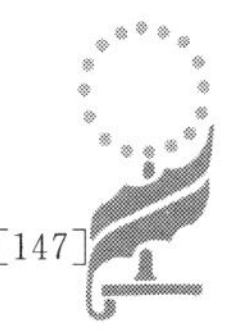

情况，他们可能会提供很多有用的知识，但并不能由此推断，认为他们也有资格在理论和科学问题上提供正确的意见。制造玻璃的工人和染工并不因为化学原理与他们的行业密切相关就一定是化学家。

如果说"对银行最大的诽谤莫过于认为生活必需品的价格是由他们提高的"①这番话确有道理，我怕不管杰克森先生怎样为他们辩护，他们还一定会继续在这种诽谤下感到苦恼的。他问，"所谓物价高涨是由于发行过多，那么发行过多究竟是什么意思
[148] 呢？"②虽然这个问题已经答复过几次，我还是要再尽力满足这个要求，为此我要利用亚当·斯密博士所能给我的助力。

斯密博士说，让我们假定，某一特定国家的全部流通货币在某一特定时间总计为1,000,000镑，这个数额在当时已足以供他们土地和劳动的全部年产品流通的需要。让我们再假定其后的某个时期，不同的银行和银行家发行了随时可以付款给持票人的票据计1,000,000镑，同时在他们不同的库存里面准备了200,000镑以供不时之需。所以在流通中还保存800,000镑的金银和1,000,000镑的银行纸币，或纸币和货币合计1,800,000镑。但该国土地和劳动的年产量过去只需1,000,000镑用来流通和分配给真正的消费者，而那种年产量不会由于银行的业务活动而立刻有所增加，所以虽然有那些业务活动，1,000,000镑还是足以适应流通的需要的。既然货物的买进和卖出完全同以往一样，同一数

① 《兰德尔·杰克森的演讲》，第17页。

② 同上，第18页。

量的货币就足以买进和卖出这些货物。流通的渠道，如果允许我用这个词来表达的话，也还是会同从前完全一样。我们已经假定1,000,000镑就足以充满那个渠道。所以超过这个数额所注入的任何东西都不会流进去，而是一定会泛滥出来。以 1,800,000 镑注进去，就一定有 800,000 镑漫过那个数额，因为那是超出了该国在流通上所能利用的数额。① 所以必须把它运出国外，以寻求在 [149]
国内无法获得的有利用途。但纸币不能运出国外，因为在离开发行纸币的银行和能以法律强制兑现的国家较远的地方，纸币就不能在普通的支付上被人接受。因此就会有总数达 800,000 镑的金银运出国外，国内流通的渠道就会充斥 1,000,000 镑的纸币以代替原来充满渠道的金银币②。

到此为止，并没有发生通货过多的问题，但如果像我国的情况，银行不必以硬币兑换纸币，并增加发行额达 1,200,000 镑，那我就要把 200,000 镑称作过多。这一数额不会像从前那样溢出渠道而被出口，因为通货的每一部分都是纸币，它因此必须或者扩大流通的渠道，按同一比例提高包括金银在内的所有商品的价格，或者它必须像银行董事在委员会作证时所说的那样，在偿还贴现的票据时回到银行来，因为照他们说，谁也不会同意在这过多和过剩的 200,000 镑上支付利息的。那么，整个争论的焦点就在这里，而杰克森先生大概已经运用他的才智以捍卫银行董事的这个主要支柱了。

---

① 亚当·斯密还加上一句，“虽然这个数额不能在国内利用，它却非常宝贵，不能让其闲置起来”。

② 《国富论》，第Ⅱ篇，第 ii 章；坎南版，第Ⅰ卷，第 276—277 页。

如果这一支柱垮台，结果证明这200,000镑还会继续流通，并有可能增加到2,000,000镑或任何其他数额，那么，杰克森先生的全部巧妙推论，即认为银行由于限制兑现条例的废除将陷于困境，不但要被迫按现时的高价，而且还要按金商任意哄抬的价格购买
[150] 黄金这种说法，也一定会同那支柱一起垮台，因为那时就可以看得很清楚，银行不但有权力随意提高或抑低黄金的价格，而且还有权力随意增减他们的纸币所能交换的其他每一种商品的价格。

为了维护我所主张的流通渠道容许无限扩大这一见解，我有历史的事实作为根据，美洲金矿的发现一定至少已经把货币数额增加到三倍。按照斯密博士的意见，流通媒介这笔增加的数额不会影响货币的利率。我上一封信[①]里提到的《国富论》第二篇第四章指出，利率取决于利润率，而这又是与流通媒介的名义数额完全无关的。要是承认这个事实；如果利润是高的，而银行又愿意按低的利息贷放出去，还会有什么可以想象的银行纸币数额不被申请借用的吗？让我们假定银行在它自己的房屋内有一座金矿，而英国又与所有其他的国家隔绝，他们是不是会把黄金铸成几尼并以几尼贴现票据，达到无限的数额呢？但在现有的事例中差别究竟在哪里呢？我们的通货是与所有其他的通货隔绝的，按照同样的法则也可以无限地增加。但银行绝不贴现票据，除非是为了真实的交易。假定A以一大桶的糖卖给B，按其价值开出一张两个月期的票据；再假定B把糖卖给一个在伦敦或乡村的食品商，又开出一张两个月期的票据，这两项不都是真实的交易吗？银行会不

① 本书第138页。

会贴现这两张票据呢？是否能认真地认为这些就是使通货保持在适当限度以内的牵制手段呢？ [151]

亚当·斯密博士说过，“容易在任何国家流通的每一类纸币的全部数额，绝不会超过它所代替的金银的价值，或者（假定商业还是同从前一样）超过在没有纸币的情况下所流通的金银的价值”①。

让我们拿这一标准来测验一下我们的流通量。假定英格兰银行和各地方银行能以硬币兑换流通中的每一纸币的情况是可能发生的，那么，是否能把全部数额都保持在流通中呢？不；多余部分会按现在的汇价作为金银运出国外以寻求更好的市场。

这是银行的董事和他们的辩护者所承认的。所以按照亚当·斯密博士的法则，英国的流通量由于超过了它所代替的金银的数量或超过了在没有纸币的情况下所流通的数量而变成过多。杰克森先生说，“但是银行在发行纸币方面是异常有节制的，他们从1797年以来从没有超过他们的平均发行额达7,000,000镑以上，而各地方银行的发行额却增加了20,000,000镑”②。这样就承认了伦敦和地方的发行量已经增加27,000,000镑；但我们被严肃地责问，究竟过多的发行是什么意思？因为有权节制国家通货数额的银行被谴责为造成粮食及其他生活必需品涨价的原因，就认为那是对银行名誉的诽谤。

英格兰银行不妨做一简单的实验，借以公平地考验一下究竟

① 《国富论》，第Ⅱ篇，第ii章，坎南版，第Ⅰ卷，第283页。

② 《兰德尔·杰克森的演讲》，第20页。

[152]《金价报告》所根据的原理是否正确。让他们从流通中收回1,000,000镑的纸币,如果在3个月之内不会因而对金价和汇率发生影响,他们就可以心安理得地庆幸他们见解的正确了。

杰克森先生认为董事们是没有过失的,因为他们要从社会上收进18,000,000镑,而他们纸币的数额并没有超过20,000,000镑;他告诉我们,银行能够在半小时之内把剩余的2,000,000镑筹集起来,如果需要的话。要是用来证明谁也不加怀疑的银行的殷实,这倒是个很好的论证,但用来反驳通货过多的指责,就没有用处了。如果有100,000,000镑的银行纸币在流通,其中98,000,000镑是以前在贴现的时候发行出去的,也可以用同样的话来强辩。再说,一般社会分享银行利润这一事实与所争论的问题能有什么相干呢?

杰克森先生对银行董事们的无私和正直所表示的合理的赞赏,我是非常愿意赞同的;但我不能同他更进一步,必须否认他也对他们颂扬的有关能力和谨慎的声望。即使更不谨慎的人当了董事,他们也许会运用他们所掌握的权力,用增加或减少纸币的方法交替地提高和压低金银的价格,并有可能以他们法人团体的或个人的资格利用这些连续发生的变动。

我想不起有任何一个商人在他的证词中像杰克森先生那样说过,金银的价格对外汇的汇价没有影响;[①]并且他说,在1797年当[153]金价很低时,对汉堡的汇价同现在一样是38又一个分数,这也是不正确的。

① 参考本书第339—340页。

他把这一点当作反驳委员会意见的一个有力例证，这是一个不幸的选择，因为事实恰恰相反。黄金的价格现在是高的，而汇价是比较低的，汇率是31.6而不是38。我相信杰克森先生提不出什么证据，可以证明黄金的高价并不伴随着低的汇价，以及黄金的低价并不伴随着高的汇价。但是，先生，《金价报告》是对这些攻击的解毒剂，只要有人读它，我就不怕会有不好的结果，因为它必定会给每一个没有偏见的人带来信心。

先生，我是……

R.

答博赞克特先生对金价委员会报告的实际观感

（1811 年）

目　　录

答博赞克特先生对金价委员会报告的实际观感

第一章　绪言——博赞克特先生对金价委员会的结论所持反对意见的简述

关于我国通货贬值的问题最近已经引起特殊的兴趣，并在公 [159] 众心目中激起某种程度的预期会产生最可喜效果的注意。关于各国应据以调节其通货的正确原理，金价委员会比任何其他国家过去以权威的姿态出现的报告更为正确地作了阐释，对此我们已经异乎寻常地特别心存感激。然而，像该委员会所建议的这样重要的改革，不可能期其实行而不引起受某些人的错误原理和其他一些人的偏颇见解支配的最激烈的反对。迄今为止这种反对已经带来最好的效果；它有助于更充分地证明委员会所主张的原理的正确性；它唤起了论战场上的新战士；所进行的讨论每天都给真理的事业带来转变了思想的新信徒。可是，在所有对委员会报告的攻击中，我认为博赞克特先生的攻击[①]是最不可轻视的。他没有像他的前人那样只限于巧词饰辩；他虽然抛弃任何推论和论证，却提出

① 《对金价委员会报告的实际观感》，查尔斯·博赞克特著，伦敦理查德逊书店1810年出版。

了他自认为足以证明那个理论与以往实践发生矛盾的无可争辩的证据。我现在打算探讨的就是这些证据，并且我相信，如果我不能
[160] 表明这些证据是完全没有根据的，那一定是因为我能力不够，而不是因为这些原理本身有什么错误。博赞克特先生一开头就利用最近身居高位的人往往用以怂恿别人反对理论家的那种庸俗的指责。他警告公众不要去听他们的空论，除非他们已经使它们经受事实的考验；他还亲切地自告奋勇，要在考查的工作上做他们的向导。如果我国至今都以物物交换进行贸易，现在是初次要建立一种制度，借以使货币的介入有利于贸易活动，那也许还有一点理由把提请公众注意的原理称做完全是理论的东西；因为，不管过去的经验表明得多么清楚，它们的实际效果可能还是没有得到证实的。但是，当这些久已确立的通货原理为人深切了解时，当国际间的汇价所据以变动的规律已被了解和遵守了几百年时，难道以那些原理为依据的并愿意接受那些规律的考验的制度还能说是完全理论性的吗？

委员会的报告现在就是受这样的审查，并且公众被要求相信，一种理论如果它的论敌认为难以根据推论和论证加以批驳，是可以借助于事实来打垮的。他们告诉我们，“虽然这种原理得到大胆的陈述，并且似乎由理性给予有力的支持，它却并非一般都是正确的，也是与事实不符的。”[①]这是我早就希望看到这一重要问题经受的考验。我早就希望那些不肯同意经验似乎已经认可的原理的
[161] 人会陈述他们自己的理论，说明我国通货状况所以会有现在这种情形的原因，或者他们会指出哪些事实他们认为与我出于坚定的

① 《实际观感》，第16页。重点是李嘉图加的。

信心所拥护的原理不相符合。

所以我对博赞克特先生是很感激的。如果像我所相信的那样，我能够消除他的反对意见，证明那些意见是完全站不住脚的；使他相信他的说法是与事实不符的；并且指出，就他所想象的证据而言，他吃亏在对一个原理作了错误的应用，而不能怪那个原理本身有什么缺点：——那么，我将满怀信心地希望他会弃绝他的错误，成为我们第一流的辩护人。

博赞克特先生把他觉得要反对的委员会的几点主要主张陈述如下：[①]

第一，“对外国汇价的变动，在任何长时期内都绝不会超过贵重金属从一个国家运到另一国家的运输和保险费用。

第二，“黄金的价格绝不会超过法定平价，除非用以支付这种价格的通货贬低到黄金的价值之下。

第三，“就海关的进出口报告所能得出的推断而言，汇价的状况应该是特别有利的。

第四，“银行在限制兑现的时期具有限制银行纸币流通量的独占权力。

第五，“地方银行纸币的流通量取决于并比例于英格兰银行的发行额。

最后，“现在纸币发行过多，与黄金相比是贬值的，黄金的高价和外汇汇率的低落是这种贬值的标志，也是它的后果”。

这些原理基本上是与我所申述而为博赞克特先生据以向我攻 [162]

① 《实际观感》，第8页。

击的原理相同。为了避免有必要时而说到金价委员会的意见，时而又说到我自己的意见，我在本书的以下各页将只把它们作为金价委员会的原理，并将顺便提到他们的意见与我的意见之间所存在的细微差别。

第二章　探讨博赞克特先生从汇价情况史得出的所谓事实

第一节　对汉堡的汇价

第一个引起争论的主张是，“对外国汇价的变动，在任何时期内绝不会超过贵重金属从一个国家到另一国家的运转和保险费用”。[1] [163]

这能够称为现在第一遭提出来的理论意见吗？它不是已经由休谟和斯密的著作加以认可了的吗？并且，哪怕是重视实际的人不也是没有争议了吗？

某某先生在其对金价委员会的证词中说，“汇价所能降低的范围就是运输黄金的费用，连同为了运输这种硬币容易遭受风险而得到的适当利润”。[2]

戈尔斯密德先生说，“从来没有想起，在停止兑现以前，汇价有离开法定平价达5%以上的情况”。[3]

---

① 本书前一章第155页的引文比较正确。

② 《金价报告》“证词记录”，第83页；引文不够精确。关于“某某先生”，参看本书第405页及以下几页。

③ 戈尔斯密德的实际发言是“我曾知道它有过5%上下的差价”，并在答复另一问题时说，“我知道它是5%，但很少见，而且为时总不太久”。《实际观感》，第117页。

格雷富尔先生说,“自从他经营商业以来,他想不起在银行停止兑现以前有过什么时期,汇价是低于法定平价很多的”。①

许多注重实际的人 1797 年在上院委员会作证时也表示过同样的意见。

[164] 但与所有这些意见相反,博费克特先生却掌握着他大胆地认为可以证明这个学说不正确的事实。他说,“在 1764 年到 1768 年,在重新铸币以前,当硬币的不完整状态使黄金的市价高于法定平价 2%—3%时,伦敦巴黎间的汇价对伦敦有 8%—9%的逆转,同时伦敦汉堡间的汇价则在整个时期都对伦敦顺转这 2%—6%;因此从这里就可看出,在支付和平时期用汉堡的黄金去清偿巴黎债务的费用方面,有 12%—14%的利润,这一定已经超过一般的实际情况至少达 8%—10%;值得注意的是,在 1766 和 1767 年伦敦汉堡间的平均汇价对伦敦顺转 5%,加上黄金市价超过法定平价的 2%,就构成黄金输入英国的 7%的贴水,或者减去 1.5%的和平时期的费用,也还有 5%的纯利,但汇价并没有因而拉平。还有在 1775 年、1776 年和 1777 年,在重新铸币以后,我们看到伦敦巴黎间在和平时期的汇价对伦敦逆转了 5%、6%、7%和 8%,那时只要有一半的数额就可把黄金运到巴黎,只要有 1/4 就可在阿姆斯特丹清偿巴黎的债务。

“在 1781 年、1782 年和 1783 年的战争时期,汇价经常对巴黎有 7%—9%的顺转,而在这时期内黄金是在我国普遍流通的,英格兰银行必须为公众按法定平价提供黄金。事实已经表明,贵重金属于 1797 年和 1798 年在平衡对汉堡的汇价方面所产生的影响是多么轻微;并

① 《实际观感》,第 130 页。

且还可举出另一事例，即在1804年和1805年，巴黎的汇价对伦敦顺转了7%—9%。

“在这里所引证的每一个事例中，汇价的变动都大大超过把黄金从一个国家运到另一国家的费用，并且大多数的变动要比现今的情况在程度上大得多；人们将很容易承认，当时的情形在那些时候比现在更有利于进行贸易，并且当时金属货币的流通状态所提供的便利是现今没有的。然而，在所有这些不利的条件下，委员会所假定的原理没有发生作用，所以不能认为是他们企图建立于其上的过剩和贬值这种上层建筑的可靠基础。”① [165]

如果事实确是同博赞克特先生在这里所说的那样，我就觉得很难使它们同我的理论调和起来了。那个理论认为理所当然的是，在任何具体的贸易上只要能获得巨额利润，就一定会有相当多的资本家被引诱去从事这种贸易，而这些资本家由于他们的竞争就会把利润降低到一般商业利润的水平。它认定在外汇的贸易上，这种原理更特别会发生作用；这并不仅限于英国的商人，而且也为荷兰、法国和汉堡的外汇商人与金商所充分了解并有利可图地加以追求；并且这种贸易的竞争是以达到登峰造极的地步而闻名的。难道博赞克特先生认为像这样建立在经验的坚实基础上的理论能为我们不完全知道的一两个孤立事实所动摇吗？对这些事实即使不想作任何说明，也确实可以让它们在大众的思想上产生自然的影响的。

但是，在委员会的论证能为博赞克特先生的事实证明为有缺

① 《实际观感》，第17—19页。

点以前，我们必须考查一下那些假定的事实是从什么根源得来的。

[166] 博赞克特先生告诉我们，“穆歇特先生的那本小册子里附有一张表，首先，表明过去 50 年对汉堡和巴黎的汇兑率，究竟每次比法定平价高多少或低多少。”

其次，“表明伦敦的黄金价格，并将这一价格与英国的标准价格或法定平价作一比较。”

最后，“表明银行纸币的流通数额，并根据其与黄金价格的比较，算出它们可能有的贬值的程度”。①

现在，在结论能够令人同意以前，必须先承认或证明这些附表的正确性，因为结论是从分析附表得来的；但实际的情况绝对不是这样，它们的正确性已为穆歇特先生本人所否认，因为他在其小册子的第二版里已承认他第一版的那些附表是根据错误的原理计算出来的，并另外给了我们一套经过修正的新的附表。

穆歇特先生的小册子②的第二版附有下列声明：“在这本书的初版，我把对汉堡的汇兑平价说是 33 席林和 8 格罗申，并且以为这就是一个固定的平价；根据嗣后我能从汇兑行情方面得到的最可靠的情报，应以 34.11¼ 作为汇兑的平价，在本版我就是照此陈述的。**我也纠正了那种认为平价固定不变的错误**，因为黄金既然是英国货币的标准，而在汉堡则为白银，在这两个国家之间就不可

---

① 《实际观感》，第 9 页。

② 《银行限制兑现条例对国家通货和汇率所起影响的研究；说明黄金高价的原因；以及使国家硬币保持不变和完整状态的计划。第二版附有关于地方银行和格伦费尔先生对第一版所附汇价表的分析的若干意见》，皇家造币厂罗伯特·穆歇特著，伦敦鲍德温书店出版，1810 年，第 94—95 页。

能有固定的平价；它要受黄金和白银的相对价值上所有各种变动 [167]
的影响。举例来说，如果 34 席林 $11\frac{1}{4}$ 格罗申的汉堡通货在白银每盎司值 5 先令 2 便士时，等于一个英镑或一个几尼的 $^{20}/_{21}$ 的价值，到了白银跌到每盎司 5 先令 1 便士或 5 先令时就不会再行相等，因为那时一个英镑金币既值更多的白银，就会值更多的汉堡通货。

“所以，要想找到真正的平价，我们就必须查明，在平价定为 34. $11\frac{1}{4}$ 时金银的相对价值是什么，以及在我们想要加以计算时这种相对的价值是什么。

“举例来说，如果标准金的价格是每盎司 3 镑 17 先令 $10\frac{1}{2}$ 便士，白银是 5 先令 2 便士，那么，一盎司的黄金就会值 15.07 盎司的白银，这就是法定的比例；那时我们 20 个标准先令将同 34 个席林 $11\frac{1}{4}$ 个格罗申包含一样多的纯银；但如果一盎司的黄金是 3 镑 17 先令 $10\frac{1}{2}$ 便士，而白银则为 5 先令（这是 1798 年 1 月 2 日的价格），那么，一盎司的黄金就会值 15.57 盎司的白银。所以如果一个英镑在平价时值 15.07 盎司的白银，在其值 15.57 时就有 3% 的贴水；对 34. $11\frac{1}{4}$ 的 3% 的贴水是 1 席林 $1\frac{9}{10}$ 格罗申，所以当黄金对白银是 15.57 比 1 时，平价就是 36 席林 $1\frac{1}{10}$ 格罗申。

“上面的计算照下式陈述可更容易算出：

15.07∶34. $11\frac{1}{4}$∶∶15.57∶$36\frac{1}{10}$。”①

既然普遍承认黄金是我国衡量价值的标准尺度，白银在汉堡执行同样的任务，那就可以明白，凡是假定有一种固定不变的平价的汇价表，都是不会正确的。真正的汇兑平价必然跟着这两种金 [168]

① 这最后的数字，照穆歇特的原书所列，应该是“36. $1\frac{1}{10}$”。

属相对价值的每一次变动而变动。

然而，对于穆歇特先生现有各表的完全正确性，我还必须提出几点反对意见。

首先，他把银币对银币的平价定得太低；他是照他所得到的关于20个银币的标准先令同34席林11¼格罗申含有一样多的纯银这一资料计算的；但从凯利博士的附表（《金价报告》，第207页）[①]可以看出，根据实际的分析试验和精确的计算，20先令与35席林1格罗申具有相等的价值。这一差额略多于0.35%；我所以注意到它，就是因为我想，如果我们能够随时确定真正的平价，那十分令人满意了。

其次，穆歇特先生关于汇价高于或低于平价的程度的计算，是参照他从劳伊德的表上所引用的价格的。但那些价格没有例外地都是对定有两个半月偿付期限的票据而言，并且汇兑平价既然是按两国硬币实际价值的比较计算，在两个半月的末了可以同时在两国而不是只在两国中的一国偿付，所以必须扣除这一时期的利息，约计1%。*

[169] 所以必须从穆歇特先生的表上英国顺转汇价一行减去1.375%。[②]

* 按照某某先生在金价委员会的证词（附录，第74页），[③]可以看到在平时从汉堡到伦敦的汇兑行情表同从伦敦到汉堡的汇兑行情表相差一个弗兰德斯席林，以补偿对国外汇票的两个半月的偿付期限和扣除的佣金；当交通的困难达最大范围时，汇价的差额足达两个弗兰德斯席林。

① 这里引的是对开本；在八开本里，见“会计附录”，第73页。

② 穆歇特的1811年第3版没有作出这两种修正，虽然他在书里（第103页）向读者提到李嘉图《答博赞克特》一书，说是“非常机智和巧妙的”。

③ 八开本，第79—80页。

在关于真正汇兑平价的所有计算里，还有其他错误的来源，其中有些是我们现在就要讲到的；所以，除非所有那些事实都摆在我们面前，就不可能完全精确地算出在任何时候以金银汇划和购买汇票汇划之间所存在的实际差额。

我愿意把现在所争论的原理的真伪提交给穆歇特先生经过这样修正的改订的附表去鉴定。那就可以看出，1760 年以来对汉堡的汇价，除去一个例外，任何时期都没有对英国顺转达 7％以上；并且，当读者了解到那个例外发生在银行停止兑现以后难忘的 1797 年时，他就不会对于竟有这样的例外感到惊奇了。在这一时期，我国的通货减少得特别多，银行纸币的流通额少于以前的 10 年。在这种情况下，汇价变得对英国顺转，因而有黄金的大量进口，这完全符合金价委员会的原理，并证明他们所建议的补救方案是有效的。他们说明纸币的大量流通和通货的过多是现在名义上汇价低落的原因，并且他们满怀信心地预料，减少它的数量就会同 1797 年一样使汇价提高，从而使黄金的进口成为有利可图。这种有利的汇价确曾在 1797 年引起大量黄金进口的事实，可以根据间接的资料充分予以证明。外国的黄金在皇家造币厂铸成硬币的数 [170]
额是：

1795 年价值　255,721 镑 11 先令 8 便士

1796 年价值　72,179 镑 14 先令 11 便士

1797 年价值　2,486,410 镑 6 先令 0 便士

1798 年价值　2,718,425 镑 9 先令 0 便士

1799 年价值　271,846 镑 12 先令 8 便士

但有人会问，那些认为一国的汇价不会在任何时期内高度顺转或

逆转的人，又如何能说明对汉堡的汇价会在两三年期间持久地于伦敦有利呢?

博赞克特先生说，[①]在 1797 年和 1798 年期间就是那样的情况，而且他认定贵重金属在平衡汇价方面没有发生什么影响。根据穆歇特先生的修正表(总是要有 1.375%的修正)可以看出，在那些年份里，汇价是于英国有利并涨落于 5.6%—4.3%之间。但我所了解的原理是这样，任何国家都不能在任何时期内有高度顺转或高度逆转的汇价，因为它所假定的是，一方面在国家的货币和金银的储量上有这样的增加，或者另一方面在那种储量上有这样的减少，都会破坏各国通货间自然趋向于寻求的价值的平衡。

这种说法在应用于任何国家的一般汇兑时是正确的，但如果专门分析它与某一国家的汇率，那就是不对的。可能的情况是，它对某一具体国家的汇价可能由于对金银的不断需求而长期逆
[171] 转，但这绝不能证明其硬币和金银的储量正在减少，除非它对其他国家的汇价也是逆转的。它可以从北方进口其向南方出口的金银，它可以从金银比较丰富的国家搜集起来以供给金银比较缺乏或由于某些原因对金银有特殊需要的国家;但并不能由此推断，作为无可否认的结论，认定它自己的货币储量一定会减少到自然的水平以下。例如，西班牙虽然从美国进口大量金银，却绝不会对它的殖民地有逆转的汇价;由于它必须把它所得到的金银分配给全世界不同的国家，它对于它所交易的国家就很少能有顺转的

① 《实际观感》，第 18 页。

汇价。*

如果把这些原理应用于我们对汉堡在 1797 年和 1798 年的汇价情况，我们就会看到，汇价之所以持久地对英国顺转，并不是由于通常所谓贸易差额的结果；不是因为汉堡方面从我国进口商品发生逆差从而对我们负有债务，所以它必须以金银偿付我们，而是由于英国对金银有特殊需要，它能同出口任何其他商品一样有利地出口金银。这种需要的发生有两个原因：第一，我们通货的数额非常低；第二，东印度公司把白银出口到亚洲。 [172]

由于这些原因中的第一个，并由于在那时期已有大量几尼为那些胆小的人从流通中收回以作窖藏之用，我们已经知道外国黄金在那些年里铸成几尼的至少达 5,200,000 镑。这就产生了在造币厂历史上从未有过的对黄金的需求，而这件事情自身就可充分说明何以会有高的汇价和长期继续不变的原因所在了。这是证明一种最令人满意的理论的真理性的实际例证。

但此外还必须加上由东印度公司的出口所引起的对白银的需求。从送交金价委员会的会计报表(第九种)中可以看到，由该公司为其本身以及为私人出口的外国银币总额如下：

1795 年………………达…………………151,795 盎司

1796 年……………………………………290,777 盎司

* 赫斯基森先生曾以很大的才能评论了这少数的交易，即以金银进行的比较不多的交易，并且认为那些交易主要限于以金银矿的产品分配给使用金银的不同国家。①

① 《关于我国通货贬值问题的说明和研究》，伦敦默里书店出版，1810 年，第 49—50 页。

1797 年……………………………962,880 盎司

1798 年……………………………3,565,691 盎司

1799 年……………………………7,287,327 盎司

从这时起出口到东印度的白银就大为减少,现在已几乎完全停止。由此可见,高的汇价之后总是紧跟着有非常大量的金银进口,当那种需求停止的时候,汇价就恢复到自然的水平。在进一步检查这一报表时,还可看到汇价按银行纸币增加数额的比例下降,在
[173] 1801 年对英国的逆转达 11%以上;同时金价涨到 4 镑 6 先令,超过法定平价达 10%以上。*

必须承认,从 1766 年 9 月到 1767 年 9 月汇价继续持久地对英国顺转达 7.4%到 6.8%;从那时到 1768 年 9 月一般地说也还是继续顺转在 3%以上;但当时欧洲的局势究竟有什么情况使英国有利于成为代理人,从汉堡搜集金银以供应其他某一国家,现在

* 金勋爵根据印度公司为了东方居留地而需要白银的情况,令人满意地说明了[①]对汉堡的汇价长期于我国有利的原因。布莱克先生在他最近出版的一本书[②]上评论了金勋爵对这一问题抱有的他称为“错误的意见”;并且说,“金银的出口会同任何其他商品的出口一样受到影响,如果当时在任何两地金银的实际价格上有这样的差额,以致运送金银变得有利可图的话;这种情况当汇价在平价时常会发生”。但我要说,当汇兑在平价时,这种情况是永远不会出现的。如果当时的汇兑是按平价计算,只要买一张汇票就可以不花任何费用在伦敦得到同一数额的金银,谁还会花 4%或 5%的费用把金银从汉堡运往伦敦呢?

我很高兴,类似我所表示的意见也为博赞克特先生所主张(第 12 页)。“在国际收支逆差的情况下,在这种逆差能为黄金的出口所调整以前,汇价的低落一定会达到这个限度(贵重金属从一国到另一国的运送和保险费用)。”

① 《论限制银行兑现的影响》,第 2 版,1804 年,第 55—59 页和 153—162 页。

② 《关于汇价变动的原理及通货贬值现状的研究》,伦敦劳伊德公司出版,1810 年,第 35—36 页。

是没有必要加以研究的。关于这一点，我可以充分肯定，如果一切情况都清清楚楚地摆在我们面前，问题就可能得到满意的解释。

但不管有没有解释，它都提供不出有利于博赞克特先生的理论的证明（就理论来说，博赞克特先生所掌握的同委员会的一样多）；它只证明贵重金属可能在向一处出口时从另一处进口；这在 [174]
委员会的理论上不仅容许而且是需要的。要提出任何证明以有利于博赞克特先生的理论，就必须证明贵重金属的进口比它们的出口有持久地更大的比例；不仅从一个地方，而且从各个地方合并起来也是如此。

下面的探讨可以在一定程度上说明使博赞克特先生陷于错误的事件：穆歇特先生的附表是在比较了白银与金条的相对价值之后计算出来的。但金条的价格一般要比金币每盎司差 2 先令或 3 先令；所以，如果进口的黄金以再出口为目的，真正的平价就会按计算是根据金币或金条作出而相差 2%—3%。*

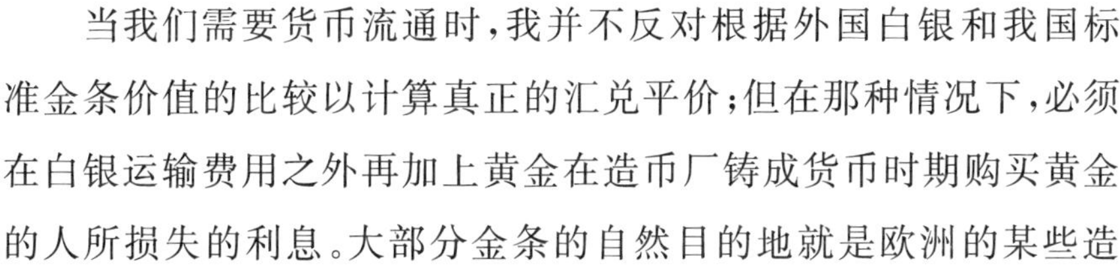

当我们需要货币流通时，我并不反对根据外国白银和我国标准金条价值的比较以计算真正的汇兑平价；但在那种情况下，必须在白银运输费用之外再加上黄金在造币厂铸成货币时期购买黄金的人所损失的利息。大部分金条的自然目的地就是欧洲的某些造

* 穆歇特先生的计算所假定的是，黄金和白银的相对价值在两个国家是相同的，黄金和白银都是属于一个形态，即都是铸成条子的。但一个外国人决定他还是出口黄金到我国还是以汇票方式汇兑，主要是看金币的价值，所以金币在英国的价格必然要在他的计算之内。参考一下《金价报告》第六件附录就可看出对欧洲大陆的黄金交易大多数限于金币。在 1810 年 3 月以前的 15 个月里，私人金商通过英格兰银行金银业务局成交的全部金条销售数额没有超过 60,867 镑的价值，而同一时期金币销售的数额则达 683,067 镑。

[175] 币厂，因为只有在金币状态黄金才能给其所有者产生利息。所以，在把一国通货的价值同另一国金银的价值作比较时，我们不可撇开进口国家金币的价值略高于金条这一因素而不予考虑。由此可见，如果汉堡商人欠英国商人一个金镑，并拟将足够购买一个英镑所含黄金数量的白银运往英国，他在黄金铸成金币以前是无法清偿他的债务的。因此，当他考虑究竟是购买汇票合算还是运送白银合算时，除了其他费用外，他还必须算进在他把硬币偿还债权人以前他应得的利息。

这种利息的损失，金价委员会曾估计为1%。①

如果这些原理是正确的，那就必须在穆歇特先生的表上作一些修改，即当我们需要金银以铸造硬币时在对汉堡的有利汇价上比我们所已说过的再减去1%，并在需要金银作再出口之用时再减去2%—3%。还必须指出的是：各国黄金对白银的相对价值是经常在变动的，虽然在所有国家总是趋向于价值的均等；作为我国通货是否贬值的试金石，金银的高昂市价比低落的汇价是一个更可靠的标准*。

---

* 我曾在《关于欧洲一些主要银行的制度》② 这本法文小册子上看到，在某一时期汉堡银行由于垫付的黄金太多曾不得不停止兑现。我没有查到这究竟发生在哪一年。显而易见，这种情况一定已经对汇价发生某种影响，——如果说它就发生在1766—1767年③，这也不是不可能的。

① 《金价报告》，第12页。

② 《关于欧洲一些主要银行的制度的研究，特别关于法国的银行，及其章则、管理、资产和信用》，蒙勃里昂著，巴黎，1805年，第23页。

③ 事实上汉堡银行确曾在1766年停止兑现，并于1767年12月9日由汉堡参议院议决恢复。参阅泽特贝尔：《汉堡银行》，载《国民经济季刊》，1866年，第3卷，第42—43页。

第二节　对巴黎的汇价

在这样探讨了博赞克特先生对金价委员会就汉堡汇价所作的 [176]
结论提出的反对意见之后，我现在要进而研究我国与巴黎的汇价方面在博赞克特先生看来同我正在维护的那种原理不相符合的事实。

在我们分析对汉堡的汇兑平价时，据以计算的原理是简易的，对巴黎就不然。困难的原因在于——法国也同英国一样有黄金和白银两种金属在流通，二者在各种偿付上都是法定货币。

在我以前的出版物[①]上，我已尽力说明在我看来是金银在同一国家流通且同是法定货币时确定衡量价值的标准尺度的原理。

利弗普尔勋爵曾以为[②]黄金成为衡量我国价值的标准尺度是由于人民对黄金的没有定见的偏好；但我认为可以清楚地证明的是，那是完全由白银的市场价值相对于黄金而言大于法定的比例这一情况造成的。这一原理不仅为那位勋爵最充分地承认，而且得到他最精辟的阐释。

造币厂会把一盎司黄金铸成 3 镑 17 先令 10½便士的金币， [177]
他们也会把 15.07 盎司的白银铸成同一数额的银币。那么，既然金银在法律上同样可以用来清偿 3 镑 17 先令 10½便士的债务，银行或任何个人究竟凭什么决定拿一盎司黄金而不拿 15.07 盎司白银到造币厂去铸币呢？唯一的考虑就是他们的利益。如果

① 《黄金的高价》，见本书第 68 页及以下几页。

② 参考本书第 69 页。

15.07盎司白银能比一盎司黄金用较少的钱买到，就会铸造银币；反之，如果一盎司黄金能比15.07盎司白银用更少的钱买到，那就会把黄金送进造币厂去铸造金币。

在第一种情况下，白银将成为衡量价值的尺度，而在第二种情况下则为黄金。但由于这两种金属的相对市场价值经常受到变动，黄金或白银可能会交替地变成衡量价值的标准尺度。在国王威廉的朝代重铸银币以来，一盎司黄金的价值几乎总是少于15.07盎司白银，因而从那时期起黄金就成了我国衡量价值的标准。1798年银币的铸造完全为法律所禁止。在那项法律仍然有效的时期，不管两种金属的相对价值如何变动，黄金必然是标准尺度*。

不管哪一种金属是衡量价值的标准尺度，它也会调节对外国的汇[178]兑平价，因为汇票的支付就是要用那种金属或代表那种金属的纸币的。

在法国也有两种金属在流通，并且两种都是不限定数额的法定货币。法国硬币中黄金对白银的相对价值在大革命以前是15比1(《金价报告》，第59号)，现在是15½比1；但从格雷富尔写给金价委员会的信(第56号)里我们知道，在1785年曾有过改变，即从一马克[①]黄金所铸成的路易金币数额从30增至32。所以，在

* 国王第39号敕令宣布，凡超过25镑的数额，除了按每盎司5先令2便士的价格照重量计算以外，白银不得再作为法定货币，因此，金价委员会[②]也同赫斯基森先生[③]一样把黄金当作衡量价值的标准尺度。但如果银价低于其法定平价，因而在其相对于黄金的法定价值以下，这项法律就不会能阻止银币的铸造。例如在1798年，当银价为每盎司5先令，白银对黄金的相对市场价值为1比15.57，因而白银有利于铸成货币时，从造币厂初出厂的新银币还是可以不限于任何数额作为法定的货币。

① 欧洲往昔的重量单位，约等于8盎司。——译者

② 《金价报告》，第10页。

③ 《关于我国通货贬值问题的说明和研究》，第6页。

1785 年以前黄金在法国造币厂的价值一定是在 14 比 1 左右。价值的标准在英国从黄金变为白银，又从白银变为黄金，由于同样的原因，在法国也会有同样的改变。当黄金对白银的相对价值在 14 比 1 以下时，黄金在法国就会变成衡量价值的标准尺度，因而对英国的汇兑率就会根据两国金币的比较加以估计。当这种比例在 14 比 1 以上和 15.07 比 1 以下时，黄金会变成英国价值的标准，白银则变成法国价值的标准，而汇价也就会依此计算。然后就会根据英国黄金和法国白银的比较把平价规定下来。当相对价值在 15.07 比 1 以上时，白银就会同时成为两国的价值标准。那时汇价就会以白银规定。但在 1785 年以后，当这两种金属在法国的法定价值发生变动，而与英国的法定价值差不多相等时，两国的汇兑平价就会或依黄金或依白银计算。

我已经说过①，单是以汇价对平价的差额与贵重金属从一国到另一国的运输费用作一比较，并不足以证明这种交易是有利可 [179] 图的，我们还必须考虑到金银在其所运往的国家内的价格是什么，或为了获得金银以铸成货币所需要的费用是多少。在我们这个国家是不征收铸币税的。如果拿一盎司的黄金或白银送交造币厂，就可以收回一盎司铸成的货币。所以一个进口金银的人在外国取得金银而不是在英国取得货币所经受的唯一不便，就是它停留在造币厂时期的耽搁。金价委员会曾把这种损失估计为 1%。② 所以，如果硬币没有减轻，通货没有过多，1%似乎就是英国硬币高于

① 本书第 167—168 页。

② 《金价报告》，第 12 页。

金银的自然价值。但按照斯密博士所说,除了停留在造币厂时期所损失的利息外,法国的铸币税达到不少于8%的数额。我们还根据他的说法知道,并没有因此产生什么明显的不便*。[①]所以,一盎司的金币或银币在法国要比一盎司黄金或白银的价值高出8%。这些事实所造成的结果是,除非金银进口的利润不仅相等于
[180] 其进口的费用,而且还另有8%的利润,就不会有金银进口到法国,因为汇兑平价的计算不是根据在流通中被实际当作硬币的价值,而是根据其作为金银的内在价值。**

为了使这一点显得格外清楚,让我们假定,1767年对伦敦的汇价像博赞克特先生所告诉我们的那样,于法国有8%的利益,同时对汉堡的汇价则于伦敦有6%的利益,并且从汉堡运送黄金到巴黎的费用不超过1.5%。他问,如果在巴黎偿付债务,从汉堡运

* 在写了上文以后,我曾看到录自1803年《世界通报》[②]的一段引文,从那里似乎可以看出法国的铸币税是:

1726年	对黄金 $7\frac{9}{16}$%,	对白银 $7\frac{4}{11}$%
1729	〃 $5\frac{3}{16}$%,	〃 $5\frac{7}{16}$%
1755	〃 $4\frac{1}{16}$%,	〃 $3\frac{10}{11}$%
1771	〃 $1\frac{4}{7}$%,	〃 $2\frac{7}{9}$%
1785	〃 $2\frac{9}{17}$%,	〃 —

并于1803年对黄金定为$\frac{1}{3}$%,对白银定为$1\frac{1}{2}$%。

** 只有法国的通货保持在适当的水平时,黄金的价格才会继续低于法定价格8%,正如黄金的价格会同样地继续低于并确实继续低于英国的法定价格一样。当金价在3镑17先令6便士时,英国的通货有点高于它的水平,因为每盎司4便士是不足以补偿造币厂内耽搁时期的损失的。由此可见,这里所主张的原理只有在通货不过多时才会发挥充分的效力。

① 《国富论》,第Ⅳ篇,第vi章,第iii部分;坎南版,第2卷,第53页。

② 《国家公报或世界通报》,1803年3月29日,第28卷,第842—844页,报道达恩在法制委员会的一篇演讲,其中有这里转载的附表。在李嘉图的手稿中,有这篇演讲的李嘉图的亲笔摘要。

送黄金去+不是会比汇票的汇兑省钱12.5%吗？我的答复是否定的，因为当黄金运达巴黎时，必须或者把它铸成货币或者作为金条出卖。如果铸成货币，就必须以8%付给造币厂，如果作为金条出卖，它就要比法定价格少卖8%‡。因此，即使所有其他的计算都是正确的，利润也会从12.5%减少到4.5%。但其他的计算却并 [181]
不是正确的，因为还要根据上面已经说过的一些原因进一步加以扣除。

如果记住这些原理，我相信就会看清楚，在1764年到1768年这4年的大部分时期以及在博赞克特先生所提到的所有其他时期内，对巴黎的汇价是有利于英国的。

我在这里不能不指出，如果一个英国商人居然认真地相信有可能在和平时期的4年之间从汉堡出口黄金到巴黎，在支付了各项费用之后，还能得到10.5%—12.5%的纯利，那是一定会引起惊

+ 由于白银是汉堡的通货，英国的债权人有资格从汉堡运到巴黎去的，应该是白银而不是黄金。

‡ "在法国，铸币要扣去8%的铸币费，这不仅用来抵偿铸币的费用，而且对政府提供小额的收入。在英国，由于铸币不必负担任何费用，通行的硬币就绝不会比它所实际包含的金银量有大得多的价值。在法国，既然你为铸工付了费用，铸工就提高铸币的价值，正如铸工会增加金银器皿的价值一样。所以，含有一定重量纯银的一笔数额的法国货币要比含有相等重量纯银的一笔数额的英国货币具有更大的价值，必须用更多的金银或其他商品来购买。因此虽然两国所通行的硬币都是同样接近各该国造币厂的标准，一笔数额的英国货币很难买到含有同等数目盎司纯银的法国货币，因而也很难买到这一数额的法国汇票。如果在购买这种汇票时，除了足以偿付法国铸币费用的数额以外，不再另外付款，两国之间的实际汇价也许会与平价相符，它们的债权和债务也许可以相互抵偿，而所算定的汇价则大大有利于法国。如果付出的数额小于此数，实际的汇价就可能有利于英国，而所算定的汇价则有利于法国。"——《国富论》，第Ⅵ篇，第iii章；坎南版，第1卷，第442页。

讶的；这样一种利润，由于收到得很快，会使任何从事这种营业的人在他所使用的资本上每年赚得100％的纯利；而且这是在稍有小小涨落就会被一伙以精明出名的人所注意并引起最大规模竞争的交易中发生的。无论是谁，要是比较了汉堡汇价和巴黎汇价的计算而看不出那些计算不正确以及事实不应像所陈述的那样，就很像一个专讲事实而绝口不谈理论的人。这种人绝不会仔细地查核他们的事实。他们是轻信的，并且必然是这样，因为他们没有引
[182] 证的标准。那两套假定的事实，即一方面是汉堡汇价的事实，另一方面是巴黎汇价的事实，是绝对矛盾的，是互相排斥的。这样一些事实居然被提出来要否定一种公认为合理的理论，是偏见的力量胜过睿智的可悲例证。

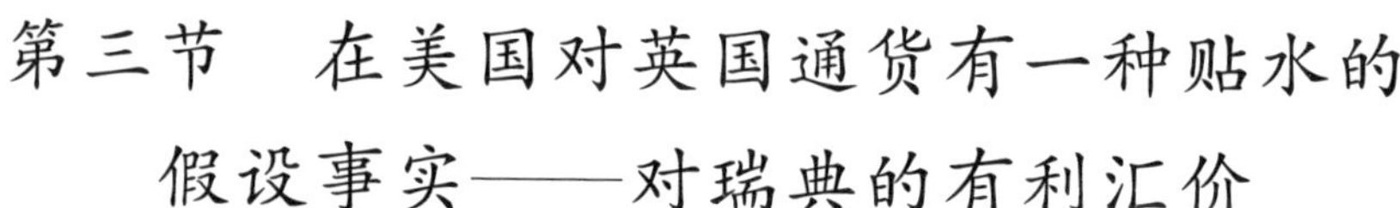

第三节　在美国对英国通货有一种贴水的假设事实——对瑞典的有利汇价

我想要对其发表一些意见的第二点，是最初由格雷富尔[①]先生说到而现在又由博赞克特先生提出来的问题。我指的是据说在美国有过以硬币对英国贬值的通货支付的一种贴水。我已十分仔细地考查过这一事实，它在我看来似乎是很明显的：第一，给予对英国的一张汇票的称作9％贴水的那种代价，实际上是3.25％的折扣；第二，按照这一代价，汇款比以购买汇票的美元运往国外的办法较为省钱。

① 见其对金价委员会的证词，“记录”，第71页，博赞克特的引文见第20页。

对美国的汇兑平价是以美元计算的;平价被称为一美元合 4 先令 6 便士,因此 444.4 美元应该含有 100 英镑同样多的纯银。但事实并不是这样。按照美国造币条例的规定,一美元应该重 17 本尼威特 8 格令,比英国的标准银要差 8½ 本尼威特;因此按我们的标准银计算,一美元的价值只有 4 先令 3¾ 便士。按照这个价值,463.7 美元才是兑换我们英国银币 100 镑的真正平价;但我们是在比较美国的美元和英国的金镑,所以在所指的时期,即 1809 年 5 月,按美元与黄金的相 [183]
对价值计算,100 英镑的真正平价是 500 美元。可是,对伦敦 100 镑的汇票,那年在美国按 109 镑的最高汇价购买,并没有付出多于 484 元的数额;所以这是以低于实际平价 3.25%的价格买进的*。

我们应该想到,禁运的法律在那时候是执行得十分严格的,邮船的船长在被准许启航以前,必须宣誓说他们船上没有硬币;有一次,其中有一位船长曾被迫重新卸去他走私装到船上的硬币。与此同时,保险费也很高,对少数突破禁运的船只所付的保险费为 8%,因此保险商也得到保证,不会因船被美国政府捕获而遭受损失。除了佣金、运费和其他费用以外,8%的保险费连同 3.25%买进汇票的实际折扣,也许不会低于那时在我们纸币方面所存在的折扣很多;因此我们贬值的纸币不是用美元的硬币并付以贴水买进的,而是按折扣并按其实际价值买进的。

但我们又听说①,对瑞典的汇价是于英国有利的,并且听说瑞

---

* 按照威廉斯先生的证词②,流通的美元重量不会超过 17 本尼威特 6 格令,这就会使真正的平价略低于 4 先令 3½ 便士;并且根据埃德关于钱币的书③,美元要比标准低 11 本尼威特,其所含纯银不会多于 4 先令 2¼ 便士的英国标准银币。

① 博赞克特,第 20—21 页。

② “证词记录”,第 141 页。

③ 《对各国金银币的考察》,埃德著,伦敦理查德森书店出版〔1808 年〕,第 8 页。

典通货的管理办法完全与我们的相类似,即在汇价不利时,瑞典银
[184] 行就不再发行硬币。毫无疑问,两方面是完全一致的,因此它们也产生相似的后果,两国通货的贬值需要采用同样的补救方法。这种补救方法就是出口硬币或减少银行的纸币以减少流通媒介的数量。如果对瑞典的汇价像所说的那样于伦敦有 24%的利益,这不过是证明不能兑现的纸币在瑞典的过多部分比在英国的来得大。*

第四节 金价委员会关于汇兑平价所作陈述的分析

现在我已经探讨了博赞克特先生关于汇价问题提出的每一事实或假设的事实,以期证明金价委员会所申述的原理,即证明对外国汇价的变动在任何时期都绝不会超过贵重金属的运费和保险费用;并且也已证明,那位作者要使我们得出的结论是不能为他的事实所支持的,因为这些事实正像我认为的那样,没有一件与金价委员会的原理有什么出入;我还必须请求允许我指出报告本身的一个错误,博赞克特先生以为一切补救的方法都可以稳稳当当地拖延下去这一意见,就是以那个错误作为根据的。

博赞克特先生说①,"由此可见,即使完全承认金价委员会所

* 但在我们能承认对瑞典的汇价于伦敦有 24%的利益以前,我们必须知道究竟黄金和白银在瑞典是否都是法定货币,如果是这样,究竟这两种金属在瑞典造币厂所定的相对价值是什么。我怕这种有利的汇价有一部分是可以用黄金对白银的相对价值的提高来说明的。

① 《实际观感》,第 14—15 页。

主张的全部原理及其对现有情况的应用，在提出报告的时候和在此以前的 3 个月期间外汇汇价比低落的自然限度大约还低 2%。 [185]

“或许可以认为，这一问题作为具有全国意义的实际问题，已经完全解决了。至少没有必要采取匆促的补救方案，即使金价委员会的一般推论的正确性在充分研究以后是应该加以肯定的。”

他们告诉我们，当汇价被承认为非常低落时，如果迫使银行实行兑现，那一定会带来最危险的后果；我们必须等到汇价比较有利的时候；当它被认为已经在其自然限度的 2%以内上升时，我们又想等一下，因为它已不再是个具有全国意义的问题。根据这样的推论，可以看出其动机在于**无限期地**拒绝恢复银行的兑现。我衷心希望不会有人去听从这种错误的推论，希望我们最后还会正视我们面临的危险，冷静地进行分析和果断地作出决定。

穆歇特先生的修正附表所据以构成的原理，已在《金价报告》中被最充分地接受，并作了最正确和扼要的陈述(第 10 页)。①

“如果一个国家使用黄金作为衡量价值的主要尺度，另一国家则用白银，那么，要估计那两个国家之间任何特定时期的平价，就不能不考虑到在那时期黄金和白银的相对价值。”

此外，金价委员会在他们尽力找出我国与汉堡之间的实际平价时，经常记住这一原理，这可以从他们向某某先生提出的问题中看出来(《报告》，第 73 页)。② 某某先生也完全承认这一原理，但 [186]
当他被要求“说明他如何应用那些一般概念以陈述例如英国和汉

① 八开本，第 23 页。

② 八开本，“证词记录”，第 78 页。

堡间的汇兑平价时”，他回答说，“以黄金的铸造价格3镑17先令10½便士作为它的价格，再拿汉堡的黄金按我们称为平价的价格即每一德克特合96斯泰弗计算，然后再把55盎司的标准金化为等于459德克特，这样就得出一英镑等于34席林3½格罗申的弗兰德斯币的汇兑平价：一德克特含有金23½开”。

但这里只字没有提到金银在市场上的相对价值，从这个回答中得到的唯一内容就是34席林3½格罗申的弗兰德斯金币相等于一英镑的黄金；并且这一计算与凯利博士的计算(《金价报告》第59号)相符的地方非常有限。如果在伦敦购买一张34席林3格罗申的汇票的人能在汉堡得到34席林3格罗申的金币，这也许真正可以称作平价，但他只能得到34席林3格罗申的银币，这比34席林3格罗申金币的价值要差8%。金价委员会提出的问题实际上是：多少数量的汉堡通货含有用一个英镑金币所能购进的同等数量的纯银？

在提出报告的时期，问题的回答应该是37席林3格罗申的弗兰德斯币；所以37席林3格罗申是当时真正的汇兑平价。如果委员会按照这一平价而不是以34席林3格罗申计算，他们在报告中就不会说对汉堡的汇价并没有对英国逆转达9%以上，而是差不多达17%；这样，博赞克特先生就不会有机会说，即使承认委员会的推论，这种弊害的严重性尚不足以使立刻的干涉成为必要的了。

第三章　探讨博赞克特先生在对金价上升到平价以上即证明通货贬值这一结论所作的想当然的驳斥中提出的所谓事实

第一节　对上述结论的否定意味着不可能把英国的硬币熔化和出口——这是谁也不会为之争论的一种不可能

委员会第二个命题的合理性也曾为博赞克特先生所否定。他 [187]
曾这样说过:“黄金的价格绝不会超过法定的价格,除非用以支付其价格的通货贬值到黄金的价值以下。”但委员会的原理并非完全是这样。在适当地加以陈述时,他们的原理并不是说,黄金作为商品不可能上涨至其作为硬币的价值以上,而是说它不会继续这样上涨,因为硬币的可以变换为黄金就很快会使它们的价值达于均衡。委员会所用的语句是这些:“你们的委员会认为,在英国通货以黄金为基础的健全和自然的情况下,不论世界其他部分对黄金所增加的需求有多大,也不问是由什么原因发生,任何增加的需求

都不会在相当长的时期内在这里产生黄金的市场价格猛涨的影响。”①在我看来，要使这一说法成为不言而喻的命题，只要承认那项禁止把金币变换成黄金的法律是不能顺利地执行的就行了。

所以，我本来料想，凡是否定他的真理的人都会坚决地认为，
[188] 这项法律对于他制定时所抱的目的是具有充分效力的；他还会提出种种理由以证明他所采取的这个看法是正确的。但要为这样一种意见寻找根据，却很不容易。从洛克的时代起直到今天，我还没有在任何地方看到对这种事实有什么争议。所有的作者都毫无区别地承认，当硬币作为金银的价值高于其作为硬币的价值时，没有任何惩罚能阻止其为人所熔化。

洛克把禁止熔化和出口硬币的法律称作“用篱笆围住杜鹃的法律”②。斯密也说，“不管政府怎样预防也不能加以阻止”。③ 在这个问题上我们还有注重实践的人的言论根据：

当 1795 年黄金价格上涨至每盎司 4 镑 3 先令或 4 镑 4 先令时，银行的董事在把情况报告给皮特先生以后说，“我们的几尼可按每盎司 3 镑 17 先令 10½ 便士的价格买进，这就清楚地表明我们是有担心的理由的；我们完全有必要把那些事实报告给财政大臣”。④ 那么，除了担心会向银行挤兑金币以便把它熔成金块而外，还有什么可担心的呢？当 1797 年上院委员会询问纽兰德先生，⑤

① 《金价报告》，第 4—5 页；重点是李嘉图加的。

② 《略论减低利息和提高货币价值的后果》，第二版，伦敦，1696 年，第 24 页。

③ 《国富论》，第Ⅳ篇，第 vi 章，第 iii 部分，第Ⅱ卷，第 52 页。

④ 《上院机密委员会关于英格兰银行的报告》，1797 年（1810 年重印），第 84 页。

⑤ 同上，第 40 页。

"如果现在有新的铸币,你是否认为许多新币会被熔化和私下出口"? 他回答说,"这完全取决于黄金的价格"。在这同一委员会里,纽兰德先生还被问起,"防止铸造伪币,是否比有利于出口黄金时防止硬币的熔化和出口更为困难"? 回答是,"我根本猜不出你如何能防止这两种情况中的任何一种"。

这些不过是可以提出来以证明每逢金银价格涨至硬币价格以 [189]
上时人们会把硬币熔成金银这一事实的少数几个意见。然而,我最后还要提到博赞克特先生本人的意见。他在讲起金价委员会时说,"他们没有说到黄金的价格,没有疑问,当银行能充分控制汇价时,预料金价是会回跌的;虽然洛克先生和其他许多作者都已清楚地指明,任何国家的硬币只有在国际贸易和收支的总差额不是逆差时才能保持在国家之内"。[①] 但在汇价低落的假设情况下,除了硬币作为金银的较高价值以外,还有什么东西能把我们的硬币从我们这里拿走呢? 如果金银能按法定价格买到,谁又会出口硬币呢? 因此,硬币所以被熔化和出口,就是由于它们作为金银的较高价值。

但金价委员会并没有以陈述一种差不多不言而喻的主张为满足;他们曾查考事实并明确地断言,[②]在重新铸币以后的 24 年期间,标准金条的黄金价格,除了从 1783 年 5 月到 1784 年 5 月这一年是每盎司 3 镑 18 先令外,从没有高于每盎司 3 镑 17 先令 10½ 便士。银行董事在 1795 年 10 月写给皮特先生的信上确实告诉我

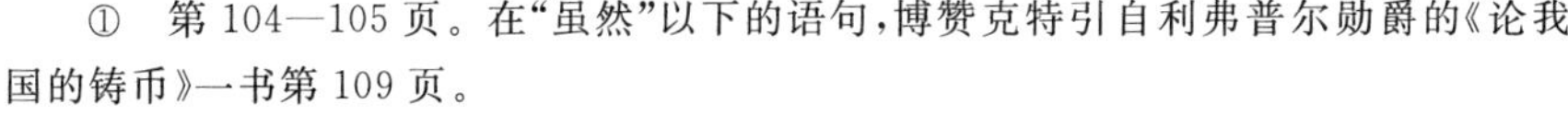

① 第 104—105 页。在"虽然"以下的语句,博赞克特引自利弗普尔勋爵的《论我国的铸币》一书第 109 页。

② 《金价报告》,第 7—8 页。

们,黄金的价格那时高达每盎司 4 镑 3 先令或 4 镑 4 先令,委员会报告的情况也是以此为根据的;并且纽兰德先生在 1797 年对上院委员会陈述,英格兰银行往往不得不以高于法定的价格购买黄金,
[190] 有一次并曾以 4 镑 8 先令的高价由他们的一位代理人在葡萄牙买进了小额黄金。*

这些就是博赞克特先生据以推翻该原理的仅有的事实。公众是不了解价格的情况的,在任何一览表上都没有记录下来,并且是由一个未曾以妥善管理业务见称的公司提出的,而这些价格却要被当作适当的市场价格;他们还要根据这样的例外来推翻以正确的理论为基础的、被实行家所承认的、为经验所证实的意见。

* 纽兰德先生所说银行曾以 4 镑 8 先令购买黄金一节,似乎是在 1795 年,很可能是在 10 月。当上院委员会问他这件事情发生的时间时,他答道,"我相信银行以大约每盎司 4 镑 8 先令的价格购买黄金的事大约在两年以前;数额不大,由于价格高昂,很快就停止收购。那时银行以为从葡萄牙收购黄金是有利的,但他们的代理人在 4 镑 8 先令的价格以下就收购不到"。①

纽兰德先生是在 1797 年 3 月 28 日说这番话的。

银行不是不可能常常以高于法定的价格买进外国的黄金,同时他们也可以按较低的价格买进不能用以出口的金条。他们也许会自己夸称,由于不收购英国的黄金,他们会减少熔化几尼的诱力;同时他们已经减少的储量也需要他们作库存的补充。这一意见很可以从《金价报告》附录第 19 号报表的分析得到证实。在那里可以看出,从 1797 年到 1810 年在皇家造币厂用以铸币的黄金价值数额是 8,960,113.11 镑,其中只有 2,296,056 英镑是用英国黄金铸造的,其余的 7,044,282 英镑是用外国黄金铸造的。②也可以看出在 1804 年以来,有 1,402,542 英镑曾以外国黄金铸造,而没有一个几尼是用英国黄金铸造的。在这整个时期,市场上外国黄金的价格一直高于英国黄金的价格。所以,英格兰银行既然是把黄金送进造币厂的唯一进口商,不是很可能会受我所假定的那种政策的指导吗?

① 《上院委员会报告》,1797 年(1810 年重印),第 40 页。

② 按照所指的附录,后两个数字并非代表铸成货币的黄金数额,而是代表造币厂所收到的黄金数额,这可以说明总额不符的原因。

有没有事实可以证明这些价格曾继续了哪怕是一星期之久呢？如果我们查考一下价格表，我们将看出，在 1795 那年的 7 月，金价的行情据说是 3 镑 17 先令 6 便士，12 月份的行情也还是 3 [191]
镑 17 先令 6 便士，而在其间的 4 个月则没有标出行情。博赞克特先生难道认为：一方面，通过把硬币送去熔化就可以按 3 镑 17 先令 10½便士的价格买到黄金；另一方面，像 4 镑 4 先令这样的金价还有可能维持下去吗？难道他这样相信社会各阶级的自制和美德吗？如果他是如此，为什么他们现在又是不可信任了呢？竭力主张不要兑付硬币的借口是什么呢？当然是说现在的汇价和现在的黄金价格有利于出口和熔化金币，所以也许会发生每一几尼都离开我国的危险。但当你告诉我们说，金银和硬币并无联系，“英国黄金和外国黄金并无接触点时”，[①]就不会再有任何人特别喜欢占有金币的危险，因为单纯为了流通起见，银行纸币即使不是更方便，也至少是同样方便的。

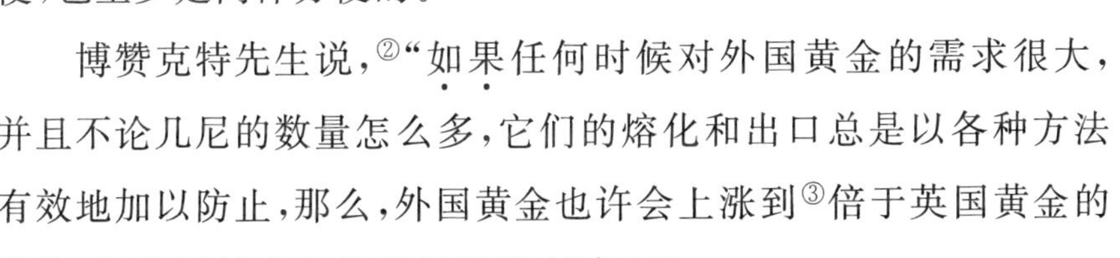

博赞克特先生说，[②]“**如果**任何时候对外国黄金的需求很大，并且不论几尼的数量怎么多，它们的熔化和出口总是以各种方法有效地加以防止，那么，外国黄金也许会上涨到[③]倍于英国黄金的价格，但几尼的内在价值仍旧没有减少”。

我也可以用博赞克特先生评论金价委员会使用“如果”一词时所说的话，即**你们的“如果”是一个伟大的和事佬**，[④]来评论这同一

① 尚有“实质上”几个字，见博赞克特原著，第 31 页。

② 《实际观感》，第 31—32 页，重点是李嘉图加的。

③ 在博赞克特书上无“上涨”二字。

④ 博赞克特，第 99 页。

个词。但上面所说的并不是我们的实际情况;这项法律是不能有效地实施的。所以那个议论对我们当前的问题并无用处。

但这项法律如果能有效地实施,也会带来最残酷的不公平。为什么持有一盎司金币的人不能同一盎司未铸成货币的黄金持有
[192] 人从其财产价值的提高上享受同样的利益呢?他是否应该因为在黄金上印有戳记就必须忍受由于新矿的开采或任何其他情况而使其黄金价值低落的一切损失,却得不到由于黄金价值上涨而带来的任何利益呢?这种对个人的不公平并不能为社会所得到的丝毫利益所补偿;因为如果自由容许硬币出口,当我国通货的价值已上升到它的真正金银价值时,这种出口就总会停止,而各国的通货正是永远按照真正的金银价值来规定的。

尽管有这项法律存在,在限制银行兑现条例实施以前及嗣后的短时期内,我国通货的价值就是如此。如果那项最失策的法令予以废止,它就必然会重新确定它的价值。要是把你的通货的价值提高到它的适当水平,你就肯定能够维持价值不变。最坏的政策莫过于比如说强制地保持 1,000,000 镑来执行 800,000 镑完全足以执行的任务了。

第二节 根据其他国家(不算英国)的通货减少或增加一半这一假定所能得出的结论

让我们假定,各国的流通只是用贵重金属来进行,其中英国所占的份额是 1,000,000 镑;让我们再假定,除了英国以外,各国通货的一半突然立刻取消,英国是否还能继续保持它原有的1,000,000

镑呢？它的通货与其他国家的通货相比是不是要相对地过多了吗？举例来说，如果一夸特的小麦在法国和英国的价值都与铸成了货币的一盎司黄金相等，岂不是现在半盎司就能在法国买到那 [193]
么多的小麦，而在英国还继续有一盎司的同等价值吗*？在这样的情况下，我们能用什么法律阻止小麦或其他某种商品（因为都会同样受到影响）进口到英国来并阻止金币从英国出口吗？如果我们能够，并且金银的出口是自由的，黄金也许会上涨100%；由于同样的原因，如果汉堡的35弗兰德斯席林从前是与一英镑价值相等，现在只要17½席林就可以达到那个价值。如果只有英国的通货加上一倍，其影响也会完全相同。

再假定情况相反，所有其他国家的通货都同从前一样，而把英国的通货缩减一半。如果造币厂的货币铸造还是照现在的步调进行，这里商品的价格岂不会大为减低，以致它们的低廉程度足以招徕外国的买主，并且这种情况还会继续下去，直到各国通货的相对比例重新恢复为止吗？

如果把货币减少到它的自然水平以下会引起这样的影响，并且政治经济学的最有声望的作者都一致承认会有这样的后果，又

* 商品的价格会按货币增加或减少的比例而涨落，这我认为是无可争辩的事实。博赞克特先生在承认[①]金银矿的发现对价格的影响时表明，他对这一问题没有像英格兰银行总裁所抱有的那种怀疑。金价委员会询问这位总裁，“你是否认为流通媒介的大量减少不会在任何程度上增加其对其他商品的相对价值，并且它的大量增加也不会有提高商品在交换这种流通媒介时的价格的任何趋向呢”？他回答说，“这是个众议纷纭的问题，我自己觉得没有能力作明确的答复”。[②]

① 见后面引文，本书第206—207页。

② 《金价报告》，“证词记录”，第187页。

[194] 怎么能理直气壮地硬说货币的增加或减少对外汇的汇价或金银的价格不发生什么关系呢?

要知道,不能兑换硬币的纸币在其影响方面与金属的通货并无任何不同,即使在严格执行禁止硬币出口的法律的情况下也是如此。

现在假定发生的是第一种情况,同时我们的通货全部由纸币构成,那么汇价岂不会下跌,金银的价格岂不会像我所说的那样上涨吗?由于我们的通货在世界市场上已经不再与它所代表的金银具有同样的价值,它岂不会贬值吗?贬值的事实是无法否认的,不管银行的董事怎样对公众保证,他们除了真诚交易的良好票据以外并没有贴现其他的票据;不管他们怎样说他们从来没有强制把一张纸币投入流通;不管他们怎样说货币的数量并不比过去一直流通的数量更多,只不过适合已经增加而未减少的商业的需要*;不管他们怎样说,黄金的价格在这里固然倍于法定的价值,在国外也是同样高或者更高,因为根据我们把一盎司黄金送往汉堡,再把它的售价用可以在伦敦以银行纸币支付的票据汇回这一点,就能得到证明;也不管他们怎么说,他们纸币的增加或减少不可能影响
[195] 汇价或金银的价格。所有这些,除了最后一点,也许是正确的,但是

* 因此英格兰银行就不能根据他们自己的原理坚持那种最错误的意见,认为如果他们的发行量过多,货币市场上的利率就会受到影响,因而会使他们的纸币回到他们那边,因为照这里所假定的情况,世界货币的实际数额既然正在大大减少,他们就一定会说利率将普遍提高,因而他们可以增加发行的数额。如果在斯密博士精辟的阐述[①]以后,还必须以更多的论点来证明利率完全取决于资本的数额与运用资本的手段的关系,而完全与流通媒介的充足或缺乏无关,那么,我想就可以此作为例证。

① 《国富论》,第Ⅱ篇,第iv章;第Ⅰ卷,第335页。

否有人会拒绝承认通货贬值的事实呢?我所列举的各种征象,还能来自我们的通货相对过多这一原因之外的任何其他原因吗?除了减少通货的数量以提高其价值,使其与别国通货的价值相等,或者增加贵重金属以减低别国通货的价值,使合乎我国的水平以外,还有其他办法能使我国的通货恢复它的金银价值吗?

为什么银行不可以在 3 个月的短期内把他们的纸币数量缩减两三百万来作一番试验呢?如果对金银的价格和外汇的汇价不发生影响,那么,他们的朋友也许可以夸下海口,说金价委员会的原理是空想理论家的乱梦了。

第三节　欧洲大陆金价的小额提高完全由于白银对黄金关系的改变

但据说[①]黄金的价格在欧洲大陆涨得甚至比这里还高,因为它在我国为 4 镑 12 先令时,在汉堡可以卖到 4 镑 17 先令,相差 5.5%。这话重复说了多次并且是完全错误的,所以也许应当加以具体的分析。

当一盎司黄金在我国可按 3 镑 17 先令 10½ 便士买到,而黄金对白银的相对价值为 15.07 比 1 时,它在欧洲大陆也差不多卖到同样的价钱或 3 镑 17 先令 10½ 便士的银币。例如,在汉堡我们付出一盎司黄金,可以得到 136 弗兰德斯席林 7 格罗申,这一数额的白银与我国的 3 镑 17 先令 10½ 便士标准银币含有同等数量 [196]

① 博赞克特,第 24 页。

的纯金属。

从那时期以来黄金在我国已涨了18%，现在是每盎司4镑12先令，并且据说用以支付金价的4镑12先令是没有贬值的。但由于黄金在国外比在这里多涨5.5%，它在那里一定比它卖136席林7格罗申时要高23.5%，所以我们不免要料想，我们现在在汉堡可以把它卖到167弗兰德斯席林；但事实是怎样呢？据说我们在汉堡卖4镑17先令的那一盎司黄金，实际上至多只能卖140席林8格罗申，仅仅涨了3%；并且出卖黄金的人还是因为金对银的相对价值从15.07比1提高到现在约16比1才获得这一数额的。固然，当一盎司黄金在汉堡卖3镑17先令10½便士或其等价物136席林7格罗申时，英国的通货没有贬值；所以那个数额只能买到在伦敦支付3镑17先令10½便士的汇票；但现在英国的通货是贬值的，在汉堡的汇价估计为28或29而不是37弗兰德斯席林，所以一英镑的真实价值140席林8格罗申，或比136席林7格罗申高3%的价值，这时将买到在伦敦以银行纸币支付4镑17先令的汇票；这样，黄金在汉堡并没有涨到3%以上，但英国的通货与汉堡的通货相比则已跌了23.5%。

为了进一步证实我的说法的正确性，即并非黄金在世界的一般市场上涨了16%或18%，而仅仅是在英国用以计算黄金价格的纸币跌了价；我还要补充说明，1804年黄金在汉堡、荷兰和英国的最低价格，以及1810年在这些国家中每一国家的最高价格，借以
[197] 确定以每一国家通货衡量的黄金价格的实际增涨额。这种资料是由格雷富尔先生提供给金价委员会的，其编号为56。

	最低价格	最高价格	
汉堡	1804 年——97⅜	1810 年——101	涨 3.75%
荷兰	1804 年——392¼	1810 年——406 7/16	涨 3.625%
英国	1804 年——4 镑	1810 年——4 镑 13 先令	涨 16%

但在汉堡和荷兰，由于那里的通货是白银，黄金不仅可以涨 3%，甚至还可以涨 30%，而并不能证明通货的贬值；它只能证明黄金对白银相对价值的增进。但英国的金价是以金币或以代表金币的银行纸币计算的，即使上涨 1%也不能不证明其为金币或纸币的相应的下跌。* 这个看法也同样可以应用于博赞克特先生① 所提到的、似为他自己所了解的事实，即在两年的时期内，黄金价格在汉堡的变动不少于 8%。

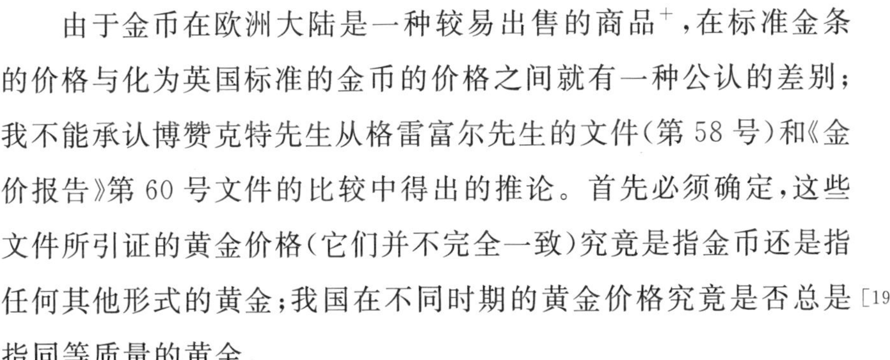

由于金币在欧洲大陆是一种较易出售的商品+，在标准金条的价格与化为英国标准的金币的价格之间就有一种公认的差别；我不能承认博赞克特先生从格雷富尔先生的文件（第 58 号）和《金价报告》第 60 号文件的比较中得出的推论。首先必须确定，这些文件所引证的黄金价格（它们并不完全一致）究竟是指金币还是指任何其他形式的黄金；我国在不同时期的黄金价格究竟是否总是 [198]
指同等质量的黄金。

博赞克特先生认为，“从格雷富尔先生提供委员会的计算看来，来，在1810年的春季，英国标准重量的一盎司黄金在汉堡值4镑

* 博赞克特先生② 曾指出这一说法是极端理论性的，但我以为这是非常正确的，所以我不揣冒昧，跟着金价委员会使用这个说法。

\+ 参阅本书第 167 页注释。

① 《实际观感》，第 26 页。

② 同上，第 31 页附注。

17 先令英币；价格为 101，汇价为 29 席林。这时，伦敦黄金的最高价格是 4 镑 12 先令，也就是要比汉堡的价格低 5.5%”。读者必须记住，这里所说的 4 镑 17 先令，像我已经解释的那样，是指银行纸币而言。但我不能承认这个说法是绝对准确的。这里按 4 镑 12 先令的价格买进一盎司黄金的出口者，至少要等 3 个月才能收到 4 镑 17 先令，因为黄金在汉堡卖出以后，这种汇兑所用的汇票是有两个半月的支付期限的；所以减去这一时期的利息以后，他实际上所得到的利润只会有 4.25%；但由于运送黄金到汉堡去的费用照证词所说为 7%，①这时用汇票的方式汇兑还可以节省 2.75%。

博赞克特先生说，我国黄金价格在 1809 年 6、7、8、9 月和 1810 年的春季都是 4 镑 12 先令，在所有这些事例中，这种价格所购买的黄金都是同样的质量；即使我们承认他的说法完全确切，他所得出的是在 1809 年那些月份里黄金的出口除去各种费用外还
[199] 可有 5.5%的利润这一结论，也不能为事实所证明。博赞克特先生②认为，“如果价格在 101 席林和 29 席林时，从此地出口黄金到汉堡可以有 5.5%的利润；因此，价格在 104½（1809 年 6、7、8、9 月在汉堡的价格）和 28 席林时，就有 12.5%的利润；或者可以说，除去运输的费用以后，在这里按每盎司 4 镑 12 先令的价格买进黄金是比按汇价行市买进汇票更可节省 5.5%的一种支付手续”。像我已经指出的那样，当汇价是 29 单位而汉堡的金价是 101 单位

① 按照戈尔斯密德的证词（“记录”，第 115 页），所有一切取费包括风险和运费在内是“4%—7%”；按照某某先生的说法，是“1.5%—2%”，再加“大约 4%”的保险费，“记录”，第 84 页。

② 《实际观感》，第 24 页。

时，买进黄金比汇票的汇兑要贵2.75%；因此，在28席林和104½时，它只是便宜4.25%。

这些事实证明，当1809年6、7、8、9月在汉堡的汇价为28席林金价为104½时，真正的汇价是于汉堡有利的，而在1810年春季则其有利程度要低得多，以致不能弥补进口黄金的各项费用。

至于说到汉堡汇价未变而金价上涨的情况，如果这里的金价也有相应的上涨，这就是自然可以预料的结果。随着英国通货与黄金相比发生贬值的程度，它就会在汉堡值更少的席林，除非汉堡黄金价值的上升会使英国的金镑有较大的价值以抵消这种贬值。

汇价还会随着贬值的英镑价值上发生的种种变动而有所变动，同时汉堡的黄金价格却继续不变。

博赞克特先生[①]说，"从《金价报告》附录里英格兰银行金银业务局的第7、8号报表来看，1809年在金银业务局所进口和存储的 [200]
黄金总额仅值520,225镑，在同一时期从金银业务局交付出去的黄金数量价值为805,568镑，其中只有592镑是不能出口的。

"所以，进口的数量与进出口数额和流通媒介的数额相比，就足以证明黄金的比较缺乏这一假定是有根据的；黄金交付数额的超过其进口的部分也足以证明对黄金有着异乎寻常的需求。"

他在这里所坚持的事实本身，对于我们现正讨论的问题不会有什么重要的意义；但据我看来，博赞克特先生所谈起的那种报表上的说明，并不能保证他得出的结论是正确的。

交付数额的超过进口数额，并不能证明对黄金存在着异常的

① 《实际观感》，第32—33页。

需求,这可以从第 7 号报表的下列附注得到说明。那较大的数额就是从这报表上摘录下来的。

> “附注——以上所说的黄金数额是在上述时期作为私商的卖出和买进而通过金银业务局的,但那些黄金在该局可能不止通过一次[①],因为卖主究竟从哪里得到他的黄金,一般都无资料可考。”

在第 8 号报表里所说的进口数是从事国外贸易的进口商实际存储的数量,只能收到一次。除了这一反对意见外,这些说明也不是可供比较的适当主题,因为第 7 号报表做到 1810 年 4 月 18 日为止,第 8 号报表做到 1810 年 3 月 30 日为止。

博赞克特先生接着说,“这些事实在其中显得很重要的观点,
[201] 就是把进口的或交付出去的黄金数额与根据黄金涨价而认为贬值的纸币数额放在一条可以比较的线上。在一年内所交付的黄金总数约计 200,000 盎司,每盎司涨 12 先令就等于 120,000 镑或 130,000镑;这个数额被假定为我国总数可能达 30,000,000 镑或 40,000,000 镑的纸币贬值 12%或 13%的明显迹象”。“我们很快就可以预料有人会对我们说,银行纸币的价值已经增加,因为用以制造它们的纸张比以前贵一些了”。[②]

银行纸币的价值并不取决于买卖黄金的交易次数,而是决定于纸币与其所代替的硬币在实际上的比较价值。

---

① 重点是李嘉图加的。

② 博赞克特在其第二版删去了这一句。

既然承认[①]一家政府银行可能强制纸币流通，虽然我们的英格兰银行是不会强制的，博赞克特先生除了比较纸币的价值与金银的价值以外，又将如何计算这种强制流通的纸币的贬值呢？他会认为有必要去研究一下一年里所交易的数额究竟是只有 100 盎司还是有 100 万盎司吗？如果黄金不是测定贬值的试金石，什么才算是呢？既然以贴水购买几尼是一种犯罪的行为，我们要能够掌握使这些先生满意的唯一试金石，即商品的两种价格，一种以几尼计算，另一种以银行纸币计算的价格，看来是不可能办到了。即使在那种情况下，他们还可能强辩说，使几尼的价值提高的是国外黄金的缺少。

第四节　对洛克先生关于 1696 年重新铸币的理论所委诸的失败

博赞克特先生[②]正确地说，“洛克先生的理论类似现在抱定的主张。他确曾十分肯定地认为一盎司银币的价值不会少于同一标准的一盎司白银”。现在金价委员会认为[③]，在英国通货的健全状态之下，一盎司黄金在任何时期内不会比 3 镑 17 先令 10½ 便士或一盎司的金币具有更大的价值；但这两种意见都尚未被发现有不正确的地方。从国王威廉朝代重新铸币所希望发生的影响没有成为事实，并不是因为听从了洛克先生的意见，而是因为没有听从 [202]

① 见本书后面的引语，第 206—207 页。

② 《实际观感》，第 35—37 页。

③ 《金价报告》，第 4—5 页。

他的意见。他的理论没有失败，因为他不能相信“白银的价值变得大于标准价格或法定价格”（如果以银币计算那是不可能的），而且因为他的建议没有被采纳。

洛克先生曾经建议，银币应该成为通货的唯一固定的法定标准，几尼应该在各项支付上按其黄金的价值流通。在这样的制度下，一个几尼会按金银相对价值的所有变动而变动；在某个时候它可能值 20 先令，而在另一时候可能值 25 先令；但与洛克先生的原理相反，几尼的价值最初是定为 22 先令，后来又定为 21 先令 6 便
[203] 士，而它作为黄金的价值则大大低于此数*。同时，由于金币定值过高这一原因，银币按其低于白银价值的价值在市场流通。因此可以预料，金币将被保留下来，银币则将绝迹于流通。如果几尼的通货价值曾经降低到它的以白银计算的真正市场价值，银币的出口本来就会立刻停止，而事实上这就是最后采取的补救办法。1717 年当那时的造币厂厂长牛顿爵士被问起这个问题时，他报告说，“银币出口的主要原因，就在于 1 几尼当时虽按 21 先令 6 便士流通，但根据市场上金银的相对价值，一般顶多只值 20 先令 8 便士，虽然它的价值有时发生变动”。“他因此建议，应该从几尼的价值上减去 6 便士，以减少出口和熔化银币的诱力，但为了使黄金具有它通过欧洲贸易和汇兑而应该达到的与英国银币的同一比例，

* 也许可以说，虽然几尼在法律上不得按 21 先令 6 便士以上的价值流通，但它们在 1717 年以前一直没有被宣布为法定货币；因此债权人在收受债款的偿付时没有按那定率接受几尼的义务。但如果政府收受税款时照那样的价值收受，则其影响与议会以法案通过它为法定货币时差不多是一样的。

他承认应当从几尼的价值上减去 10 便士或 12 便士”。* 如果金银在市场上的相对价值发生很大变动，要使它们与法定的比例相符，那么，即使没有政府的干预，也是会产生同样的效果的。

利弗普尔勋爵在谈到 1696 年的重新铸币时，表达了与博赞克特先生截然不同的意见；——他绝不认为那种措施已“使全国陷于我们现在仍旧感到苦恼的失望和困难，并承担将近 3,000,000 英镑无益的消费”①，而是认为，“尽管这笔费用很大，我国政府和人民在重铸新币完成以前每天继续忍受的损失也足以证明为了改进 [204]
而承担的几乎任何费用都是正当的”。②

博赞克特先生在第 34 页上说，自从国王威廉铸造新币以来，白银的价格从未低于法定的价格，这话并不十分正确。参考一下穆歇特先生的表就可以看出，在 1793 年和 1794 年它曾低达 5 先令 1 便士，在 1798 年曾跌到 5 先令，这就是我所已经指出的禁止铸造银币的法律之所以产生的理由③。**

* 利弗普尔勋爵写给国王的信。④

** 在此书付印后我看到博赞克特先生的第 2 版已改正了这一疏忽。

① 博赞克特，第 36 页。

② 利弗普尔勋爵，第 76 页。

③ 见本书第 170 页。

④ 《实际观感》，第 82 页。

第四章　探讨博赞克特先生对国际收支差额有利于大不列颠这一说法所提的反对意见

[205] 在剖析了博赞克特先生认为在反对委员会关于"通货贬值的事实可以根据金银的市场价格与法定价格的比较加以估计"的意见方面十分重要的那几点以后，在我相信已经阐明并无其他单独的试验标准使我们能够判断我国纸币状态是否健全以后，我要进而探讨金价委员会引起争论的第二个主张，即"就根据海关的进出口统计所能得出的任何推论来说，汇价的情况应该是特别有利的"。

博赞克特先生特意参考了很多文件，以证明委员会不但在出口余额的计算上犯了数达 7,000,000 镑的错误，而且还犯了为数更大的其他错误；并且证明，事实上他们关于去年汇价的状况应有利于我国的意见毫无确切的根据，对欧洲大陆收支差额的实际数字也是非常巨大的。

由于我只想维护委员会的原理，由于这些事实对于那些原理无关紧要，我对于委员会或博赞克特先生的说法究竟是否正确，都不拟加以研讨，而是决定对他所坚持的事实表示让步，虽然他要证
[206] 明所有那些事实是有困难的。

我国国际收支已有逆差，我以为这是不容否认的。实际汇价的状况充分可以证明这一点，因为那种状况确实表明究竟金银是从哪一国家流出的。但如果博赞克特先生曾经告诉我们，我们究竟用什么办法去偿付他所坚持的那种很大的逆差，这也许会使那些要想明确了解这一困难问题的人感到一些满足。他是否推测到这种逆差实在是用我们储存的黄金去清偿的呢？难道我们通常保有这样大量的未加使用的金银，使我们能够年复一年地偿付这种逆差吗？

我们自己没有金银矿，如果我们确实没有金银，我们就必须从国外购买；但银行纸币对于这方面是不会有什么用处的。如果以银行纸币计算的黄金价格是每盎司4镑或每盎司10镑，我们的黄金数量不会有丝毫的增加，因为黄金只能靠输出货物去换取。例如，如果我们要从美国得到黄金，我们就必须用货物去购买。在那种情况下，就我国的全部贸易来看，我们在欧洲的一笔债务是靠输出货物到世界的其他部分这一办法来清偿的，并且不论收支的差额有多大，最后必然是以我国人民劳动的产品去支付的。汇票绝不能清偿一个国家对另一国家的债务；汇票只能使英国的债权人在其居住的地方从对英国负有债务的人收到一笔货币；它们只能做到债务的移转而不能清偿债务。对黄金的需求能使其价值提高（如果假定我们的债权人除黄金外一概不肯接受），这是谁也没有否认过的。所以，如果货物已经变得非常低廉，这本来就是这种原因的自然结果。但是，即使我们假定黄金是储存在英国的，以银行纸币购买黄金的价格怎么会提高的呢？ [207]

名义价值的提高是骗不了黄金的卖主的；究竟他按3镑17先

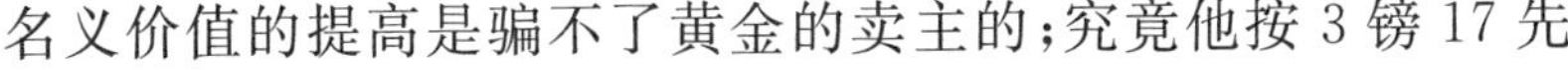

令 10½便士还是 4 镑 12 先令卖出，对他无关紧要，如果这两个数额都能使他得到他最后打算以黄金交换的商品的话。如果 3 镑 17 先令 10½便士的银行纸币在购取他要购买的商品时能与 4 镑 12 先令具有同等的价值，那么，按这一价格就可以与按另一价格获得同样多的黄金。可是能够否认，减少银行纸币的数额可以提高它们的价值吗？如果是这样，那么，银行纸币的减少又如何能阻止我们在国内外获得我们现今根据一种虚假的名义价格所获得的同一数额的黄金，以清偿我们国外的债务呢？

博赞克特先生说，[①]"当我们在毫不有利于我们制造商的条款下不得不甚至从我们的敌人那里接受谷物，并给予运送谷物的中立国以代价的时候，李嘉图先生告诉我们，[②]为了支付我们可能进口的谷物而出口金银和商品，这件事终于完全变成了一个利害的问题，如果我们拿出谷物[③]去交换货物，那必定是出于选择，而非出于必要。他告诉我们，即使为了预防饥荒，我们进口的货物也不应多于我们出口的货物，除非我们有过多的通货"。

照博赞克特先生的口吻，仿佛全国人民是作为一个团体集体地进口谷物和出口黄金的，他还说那时这样做是为饥饿所驱，并不反映出即使在以上所假设的情况下，谷物的进口也还是个人的行

[208] 为，并受所有其他门类贸易的动机的支配。用来使我们从敌人那里收受谷物的强制手段，究竟达到什么程度呢？我认为只有对那种商品的需要才使它成为有利于进口的物品；但如果这是像我们

① 《实际观感》，第 47 页，重点是李嘉图加的。

② 《黄金的高价》，见本书第 65 页。

③ 博赞克特把"硬币"误引为"谷物"。

可以十分肯定的那样出于两国之间自愿的而不是强迫的买卖，我就确实还要坚持认为，即使我国饥荒盛行，我们也不会以黄金给予法国以交换谷物，除非出口黄金于出口商有利，除非他在英国卖出谷物时所得的黄金比他为了购买谷物而不得不付出的黄金来得多。

博赞克特先生以及他所认识的任何商人会根据任何其他的条件以黄金去进口谷物吗？如果没有一个进口商会这样做，那么，除非黄金或其他某种商品在这里比较低廉，又怎么能把谷物输入我国呢？就那两种商品来说，这些交易不是可以肯定地表明黄金在法国较贵，正如可以肯定地表明谷物在英国较贵吗？

既然博赞克特先生的说法里没有什么东西能使我改变我的主张，我就必须继续认为，决定黄金出口的是利害关系，并且只是利害关系，这种关系也同样地支配着所有其他商品的出口。博赞克特先生在认为这个意见有点浮夸以前，如果运用像论证一类的东西来证明其确为浮夸，那本来就会搞得很妥当；并且，如果他哪怕在 1810 年才解释了他何以要支持桑顿先生于 1802 年提出的、其正确性于 1809 年受到怀疑的那个原理，他本来就不会伤害他的事业。

金银不会被出口，除非我们事先已经为此而进口了金银，或者除非我国国内流通的某些情况已使金银变得低廉或对我们用处减少。如果米兰的种种法令、禁运条例、绝交法案等等影响到商品的出口，它们也就会影响商品的进口，因为任何国家都不能长期继续 [209]
买进，除非它也能够卖出东西；特别是英国，因为由于纸币的充斥，它已使贵重金属完全绝迹于流通。

博赞克特先生告诉我们，“如果通货贬值到黄金的价值以下，它就是绝对地而不是相对地贬值，所有的汇价也必同样感受这种贬值的影响”。（第 20 页。）对极了，所以，如果博赞克特先生能表明**世界上任何一个国家**，其通货既未减轻也未贬值，而其汇价的有利于英国却超过运输金银的费用，那么，他本来就已胜利地驳倒委员会的意见了。

我认为，论述这一问题的一些有能力的作者，最近对于货币的出口以及由于纸币流通而增加的通货对金银价格所产生的影响，采取了错误的见解。

布莱克先生说，[①]“我所遇到的所有研究政治经济学问题的作者似乎都相信，当汇率离开平价超过运输金银的费用时，金银将立刻转移；错误是由于没有充分区别**实际**汇价和**名义**汇价的影响而发生的”；并且他用了许多篇幅来证明，纸币流通量的每一次增加，即使在大部分通货由贵重金属构成时，也会使金银的价格按其他商品相同的比例而提高；由于外汇汇价将在名义上依同等程度低落下去，金银的出口就不会有什么利益。赫斯基森先生[②]在第 27 页上也表示了同样的意见。

[210] “如果一国的通货一部分为金币，一部分为纸币，流通的数额由于纸币部分的增加而加了一倍，则其对国内各种物价的影响将与前一情况相同”（商品价格的上涨）。“但黄金作为一种**商品**，在这样一个国家并没有因为通货的增加而比世界其他部分更为丰

① 《关于汇兑行情的研究》，第 52 页。

② 《关于我国通货贬值问题》。

富，它对其他商品的相对价值将仍然不变；同样作为一种商品，它的价格将与其他商品的价格依同一比例提高，虽然在硬币的状态，因为它的单位名称是由法律规定的，它只能按那单位名称流通。

“当纸币在任何一个国家这样增加时，金币的出口将因而发生；不是因为黄金作为一种商品在这样一个国家与其他商品相比变得较多和价值较低；而是由于这样的情况，即它作为通货的价值仍然同从前一样，而那种通货所含有的黄金的价格则与所有其他商品的价格共同提高。”

如果流通的货币全部都是纸币，那我就会完全同意这些作者的意见，即对于黄金作为一种出口商品的价值的影响将同他们所描述的一样。但如果当时的通货或者全部是金属货币，或者一部分是黄金一部分是纸币，则黄金的价格就不会由于纸币的增加而提高。

如果一部分包含黄金一部分包含纸币的通货由于纸币的增加而有所增加，则全部通货的价值都会减低，换句话说，就是以金币或纸币计算的商品价格都会上涨。同样的商品在纸币增加以后可以买到更多盎司的金币，因为它能交换更大数量的货币。但尽管有法律上的防止，这些先生并没有否认可以把硬币改变为黄金的 [211]
事实。那么，是不是因此可以得出结论，金币的价值和黄金的价值将很快地接近于完全相等呢？如果一种商品由于纸币的发行能卖得更多的金币，它也就能卖得更多的黄金。所以，所谓黄金和商品的相对价值在纸币增加以后会与纸币增加以前相同的说法，是不可能正确的。

在黄金构成一部分通货的国家，由于纸币的发行黄金的价值与各种商品相比有所减低的情况，最初是只以那个国家为限。如果这样的国家是隔绝的，与任何其他国家都没有商业往来，黄金价值的这种减低就会继续下去，直到黄金制品对黄金的需求已经把它的全部硬币从流通中收回为止，并且到那个时候，才会看出纸币价值与黄金相比有了明显的贬值，不管那时纸币的流通量是多少。

当黄金已经全部收回，对黄金制品的需求还在继续时，黄金很快就会涨到纸币的价值以上，并很快就会取得在增加纸币发行量以前一直存在的对其他商品的相对价值。那时金矿就会提供所需黄金的数量，而纸币则将继续长期地贬值下去，在这段时期里，这种国家即使有金矿的话也不会开采，因为黄金的低价会使金矿方面所用资本的利润减低到其他商业利润的水平以下。等到利润的这种均等确立起来，黄金的供应就立刻会恢复正常。这些就是与

[212] 其他国家没有商业往来的国家发行大量纸币可能产生的后果。

但如果所假设的国家是同英国的情况一样，与其他各国都有往来，其通货的过剩部分就会被硬币的出口所抵消；如果那种过剩的通货不超过流通中很容易为那些规避法律的人所搜集的硬币，通货的贬值就不会发生。

假定英国有金块状态的黄金1,000盎司，又有硬币状态的黄金1,000盎司，其时它与外国的汇价同汇兑平价相合，这也就是说，当时国外黄金的价值正与此地相同，因而既不能有利地出口也不能有利地进口。

再假定英格兰银行这时发行另外代表1,000盎司黄金的纸币，并且这些纸币是不能兑换硬币的。如果它的黄金在纸币发行以后还能保持其在发行以前相同的价值（这就是争论之点），怎么

还会有一个几尼出口呢？既然这里黄金的价值还同以前一样高，因而与国外的价格一样高，谁还会不顾麻烦和风险，把几尼运到大陆以换取它们作为黄金的价值呢？人们不会在国内熔化硬币，把它们作为黄金出卖，直至黄金的价值在其与各国黄金的相对价值上、因而在这里对各商品的相对价值上都减低很多，以致只够偿付运输的费用；换句话说，就是直至汇价低落到仅足偿付这种运输费用的价格吗？按照那种价格，这 1,000 盎司全部都会立刻消失，如果还有任何部分继续保持流通，它的价值也不会低于同等重量的黄金。我一直认为法律对于阻止出口是没有效力的，如果还有人 [213]
硬说法律是能够严格执行的，那么，即使所增加的通货是金币而不是纸币，那种论点也会同样可以应用。

所以，看来很清楚的是，第一，在一部分为金币一部分为纸币的通货上再增加纸币时，黄金并不一定会与其他商品上涨到同一程度；第二，这种增加将造成实际汇价而不是名义汇价的低落，所以黄金会被运出国外。可是，再回过头来谈谈博赞克特先生的意见。他说，①“那三个命题”，即我一直在评论的那些命题，“似乎是由委员会和该会报告所根据的一些理论的作者提出来的，以便诱使人们承认我国纸币的贬值是由于不可能以其他方法说明汇价低落和金价提高的必然结果。这可以称为消极的论点”。

但就我个人作为被非难的作者之一来说，博赞克特先生的话是不正确的：这些命题中的第三个不是我在哪个时候提出来的。我国国际收支的差额究竟是顺差还是逆差这一事实，据我看来在

① 《实际观感》，第 48 页。

证明我所主张的理论方面是没有什么关系的。究竟我国的出口或进口是否包括一部分黄金，对这一问题丝毫不发生影响。可以十分肯定地说，不论我们自己还是外国人，都不是按所含黄金的价值来估计我们的通货的。为什么我们的通货要比美国、法国、汉堡、荷兰等等的通货更降低到这种价值以下呢？答案就是，因为那些国家没有一个国家的纸币是不能随持有人的意愿换成硬币的。

第五章　探讨博赞克特先生用以证明英格兰银行无权强制银行纸币流通的论点

现在出现在我们面前要加以讨论的是第四个命题："银行在限 [214] 制兑现的时期握有限制银行纸币流通的绝对权力。"

很难断定究竟博赞克特是否认为，即使是强制的纸币流通，也会产生降低汇价的影响；他非常自信地断言，汇价和银行纸币之间是没有关系的。如果英格兰银行真正成为博赞克特先生在什么地方使用这个名词时所说的那种意义下的政府银行；如果他们垫付为一年的服务所需要的全部货币；如果他们把纸币的数额从20,000,000镑提高到50,000,000镑，这样一个银行还不能被公正地说是在强制纸币流通吗？纸币的这种强制流通的影响，难道不会使他们的纸币贬值，金属价格提高，外汇汇价低落吗？纵然政府对银行的纸币提出保证，它们的最后支付能力谁也不会表示怀疑，难道这些影响不会同样发生吗？难道单是流通的充斥不会引起贬值吗？或者还能硬说，只要保证可以得到最后的补偿，纸币的充斥就不会引起贬值吗？我认为这种浮夸的命题是得不到支持的，因而必须承认单是纸币的充斥就足以引起贬值，尽管纸币发行者有多么雄厚的基金。那么，既然随着强制纸币流通而来的这些征兆

[215] 这时是如此昭明较著而无可否认，既然这些征兆不能以任何其他方式从理论上或经验上加以说明，我们还不能理所当然地怀疑，在现有体制下的英格兰银行并不像他们的朋友要我们相信的那样缺乏强制流通的权力吗？我们的本意并不是要用强制流通这些字眼来谴责银行离开了他们通常在发行纸币时所具有的那种慎重；我们的意思只是说，限制兑现的条例使他们能在流通中保持很大的一笔纸币数额（姑且认为那时还有硬币在流通），超过了在不实行这一条例时所能维持的数额。我认为正是这种多余的数额才恰恰产生那种仿佛由政府银行强制公众接受时所能产生的同样的影响。所谓发行的纸币不超过商业需要这种辩解是没有分量的，因为为此而需要的数额是无法确定的。商业上的需求是根本满足不了的，同一部分的商业可能动用1,000万镑的流通媒介，也可能动用到10,000万镑；其数量完全取决于它的价值。如果金矿的生产力大10倍，同样的商业就会动用10倍的货币。这一点博赞克特先生是承认的，但他否认银行的发行和新金矿的产品之间有什么类似的地方。

关于这个问题，博赞克特先生发表了如下的意见：①

“李嘉图先生②曾经把停兑时期的英格兰银行就其发行额的影响方面来说比作一个金矿，在已经足够的流通媒介之外又把金矿的产品投入流通，就是一种超额；它具有公认的影响，使现有的
[216] 媒介贬值，或者换句话说，就是会提高它通常所交换的各种商品的

① 《实际观感》，第51—53页。

② 本书第58页。

价格。但李嘉图先生没有说明比较的实质问题，为什么金矿的发现会产生这种影响。它会产生影响，因为金矿的业主会对任何劳务分配黄金，没有任何约束要再给予持有人以替代黄金的一个同等的价值，也没有任何意愿或方法来收回和消灭他们所已经发放出去的东西。由于流出量逐步增加，它们就超过流通的需要；黄金作为黄金来说对持有人是不产生什么利益的，他不能以金为食，也不能以金为衣；要使它有用，他必须拿它换取立刻有用的东西，或换取能产生收益的东西。对各种商品和不动产的需求，因而还有它们以黄金衡量的价格，也就上涨；并且只要金矿继续生产，就会继续上涨。在我所假设的情况下，不管发放出来的是金矿的黄金还是政府银行的纸币，都会同样发生这种影响。所有这些我都明确地承认；但在这一切说明里面，没有一点是与英格兰银行的发行相类似的。

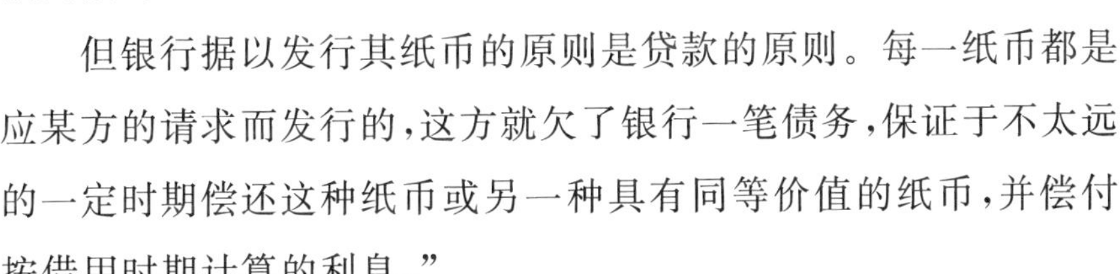

但银行据以发行其纸币的原则是贷款的原则。每一纸币都是应某方的请求而发行的，这方就欠了银行一笔债务，保证于不太远的一定时期偿还这种纸币或另一种具有同等价值的纸币，并偿付按借用时期计算的利息。”

现在假定这金矿实际上就是银行的财产，甚至就在他们自己的房基上，他们把它所生产的黄金铸成几尼，并于他们贴现票据或贷款给政府时，他们只是付出几尼而没有发行纸币；试问除了他们的金矿缺乏更多的生产力以外，还有什么其他的因素限制他们的发行呢？如果金矿是国王、一帮商人或单独个人的财产，情况在哪 [217]
一点上会有所不同呢？博赞克特先生承认那个时候货币的价值会下跌，并且我认为他也会承认，货币价值的下跌将恰恰与其数量的增加成比例。

金矿的矿主将怎样处置他的黄金呢？那一定是他自己用来生息，或者它最后会跑到能这样利用它的人手里。这是它的自然归宿；它也许会经过100个或1,000个人的手，但最后还是不能以其他方式加以利用。现在如果这金矿把货币的数量加了一倍，它就会按同一比例降低它的价值，对它的需求也就会加上一倍。原来只要求借款10,000镑的商人，现在将需要20,000镑；究竟他仍旧向银行借10,000镑，再从货币最后归宿的人那里借10,000镑，还是完全向银行借20,000镑，对他来说是无关紧要的。这在我看来是完全相类似的，是不容争辩的。不兑现纸币的发行受同一原理的指导并带来同样的影响，正仿佛同银行是金矿的业主，只发行黄金的情况那样。不论黄金增加多少，借款人由于黄金价值低落，将把借款增加到相同的数额；而这同一原理对纸币也是同样适用的。如果货币贬值得很充分，就会有多少数量被吸收多少数量，不管银行自己用纸币实际购买商品，还是给那些将使用纸币的人的票据贴现，那都不会有丝毫的差别。

如果我们承认博赞克特先生所说的通货流通只能吸收一定的数额而不能更多，那就会产生他所讲的那种结果；但我并不认为会
[218] 有找不到有利用途的过剩额，因为如果找不到，它就必然会回到银行以支付已经贴现的票据，或者会使人们不再向他们提出达到这一数额的垫款申请。

如果发出的货币不管如何充足，都能保持它的价值，那也许会有这样的结果；但由于它一经投入流通，就开始贬值，要求有额外数量的用途就会把它保持在流通之中。

让我们回过头来再谈谈在一个全部使用金属通货的国家由于设立一家信用可靠的银行而可能产生的影响。

这样一个银行会贴现票据并对政府垫付款项，正像我们现在的英格兰银行一样；如果现在博赞克特先生所竭力主张的原理是正确的，他们的纸币必然会一发行就回到他们那里，因为金属通货在以前既已足够我国商业的需要，就不会再使用额外的数量。但这是违反理论和经验的。银行的发行不但同现在这样会贬低通货的价值，而且同我在第 197 页上所力图说明的那样，会同时贬低金银的价值；这又会诱使金银出口，而通货的减少将使它恢复原有的价值。银行还会发行更多的纸币，而且必然会产生同样的影响，但是，如果能有效地执行禁止货币出口的法律，就无论如何不会造成这种过剩，使纸币的任何持有人会把它们送回银行以偿还他的借款。其所以需要货币，就是因为它可以有利地被出口，而不是因为它不能被吸收到流通中去。但让我们假定有一种使货币不能有利地被出口的情况——让我们假定欧洲各国都用贵重金属以进行它们的流通，每一国家都根据英格兰银行同样的原理同时设立一家银行——它们能不能各自在金属通货上再增加一部分纸币呢？它 [219]
们能不能持久地把纸币维持在流通之中呢？如果可能的话，问题就结束了，这样就可以在原已充足的流通中再增加一部分通货，而不必促使纸币回到银行以偿付到期的票据。如果说它们不能，那我就要请教经验，要求说明银行纸币原来是怎样产生的，它们怎么会持久地继续流通的。

要从各方面探究一家银行的创设、一座金矿的发现和我们英格兰银行的现状之间的类似之处，我会认为是困难的；但我可以完

全肯定，如果银行董事提出的原理是正确的，那就没有一张银行纸币会持久地继续流通，美国金矿的发现也不会给英国的通货增加一个几尼。根据这种体系，所增加的黄金就会发现流通的数量已经足够，容纳不下更多的黄金了。

除了真实的交易以外拒绝贴现任何票据，这个办法也不能有效地限制流通；因为，虽然董事们有着我们绝不能加以容许的区别这类票据的方法，一大部分可能加入流通的纸币固然并不超过商业的需要所能使用的数额，却大于能继续留在流通渠道而不贬值的数额。大家都知道，同样的1,000镑在一天之内可以解决20笔真实的交易。它可用于支付船价；卖船的人又可用它偿付制绳索的人；——他又可以付给俄国的麻商，其余可照此类推。但其中每

[220] 一笔既然都是真实的交易，每一方可能都开出了票据，而银行可能照章一一加以贴现；因此也许会有20,000镑加入流通，以履行相等于1,000镑的各项支付。我知道像博赞克特先生所引用的斯密博士的那个意见，似乎是赞成他的看法的[①]；但那位有能力的作者在其著作的不同段落，并在博赞克特先生引文出处的那几页里就宣称，“能够很容易在任何国家流通的每一种纸币的全部，绝不会超过它所替代的黄金和白银的价值，也不会超过在没有纸币时原来流通的通货的价值（假定商业还是同以前一样）。”[②]

我们不可以使我们的通货接受这样的检验。如果我们的通货照它现有的数额是由黄金和白银构成，不管怎样严厉的法律也不

① 博赞克特，第63—64页，引自斯密，第Ⅱ篇，第ii章；第Ⅰ卷，第287页。

② 《国富论》，第Ⅰ卷，第283页。

能使它继续流通;有一部分就会熔化和出口,直到它降低到合理的水平为止。到了那个水平就不可能再迫使其出口。在这种情况下,我们就不会再听到国际收支对我们逆差,也不会再听到有出口黄金以换回谷物的必要了。这就是任何熟悉斯密博士著作的人绝不会怀疑的结论。但如果情况不是这样,如果欧洲大陆竟采取一种荒谬的难以实行的政策,想要再购买他们手里已经太多的东西,那么,即使把我们的通货减少到发现美洲以前所保持的水平,究竟会对我们产生什么样的恶果呢?难道这不会是国家的收获吗?只要同样商业的周转能以较小数额的黄金进行,多余的黄金就可有利地用来换回更有用和更有助于生产的商品。如果纸币的流通也按同样的比例减少,难道银行现在所得到的利润不会归那些看来 [221]
格外有权取得这种利润的人享受吗?

要是真存在着博赞克特先生所提到的[①]不愿到银行贴现的趋向,这倒是公众的幸事,——因为如果没有这样一种牵制,就很难说银行纸币到这时候已经增加到多大的数额了。事实上,对于所有那些已经考虑过这个问题的人来说,在知道了银行的董事公开宣称作为他们调节发行额的指针的原理以后,我们的流通还只限制在这样适度的范围以内,倒是一件令人惊奇的事。

① 《实际观感》,第 57 页。

第六章　关于铸币税原理的意见

[222] 斯密博士虽然赞成收取小额的铸币费用，但对于收取巨额铸币税所能带来的弊害，他是充分了解的。

铸币取费所不能有利地超越的限度，就是把金银铸成硬币时发生的实际费用。如果铸币取费超过这些费用，铸造伪币的人就会靠仿造硬币而获得利益，虽然他们实际上也会使它们具有法定的重量和标准；但即使在这种情况下，由于在流通额中所增加的货币超过了商业的正常需要，这就会减低那种货币的价值，当硬币的价值超过金银价值的部分并不多于伪造的实际费用时，伪币制造者的行业就会停止。如果公众能得到保证在流通媒介上不会有这种不合法的增加，那么，铸币的取费再高，政府还是可以很方便地索取的，因为铸成的货币总会按同等程度超过金银的价值。如果铸币取费达到10%，金银就一定会低于法定价格10%；如果取费为50%，硬币的价值也就一定会超过金银价值50%。由此可见，虽然一定重量的金银绝不会超过一定重量硬币的价值，一定重量的硬币却可以按照铸币的全部取费在价值上超过一定重量的金银，不管取费多大，只要能有效地防止以非法手段仿造硬币而使货币增加起来。并且也可以看出，如果不能防止，那么，等到伪币制造者已经给硬币的数额增加很多，以致它的价值与金银相比低至

实际负担的造币费用时，他的行业也就会立刻停止。这些原理的 [223]
正确性可以从那对银行纸币获得价值的情况进行的分析得到证明。一张银行纸币的内在价值不会超过印制纸币的纸张。我们可以把它看作是造币取费很重，达到它的全部价值的一块钱；但如果公众得到充分的保证，不会由于发行者的轻率或由于制造伪币者的不法手段而使这种纸币有大量的增加，它们一定会在贸易的普通活动中保持它们的价值。

只要这种货币保持在一定的限度以内，就可以给它作为通货的任何价值；3镑17先令10½便士可以值一盎司的黄金，这就是它原来发行时所定的价值，或者它也可以减少到半盎司的价值；如果从事发行的银行有独占的特权以取得造币厂铸成的货币，那就也许可以使他们的3镑17先令10½便士的纸币具有相等于1、2、3或任何数额盎司黄金的价值。

这种货币的价值一定完全取决于它的数量，在我们所假设的情况下，银行不仅会有限制纸币数额，并且也会有限制金属货币数额的力量。

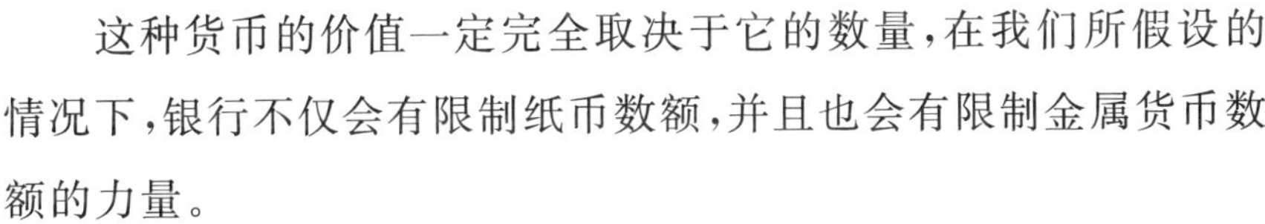

我以前已经竭力说明，在建立银行以前，用作货币的贵重金属必然按世界各国的贸易和支付所要求的比例在它们之间进行分配；不论用于通货的金银的价值如何，各国同等的要求和需要会使分配给每一国家的数量不致增加或减少，除非各国间贸易的比例经历某种变动，使不同的分配成为必要；英国或任何其他国家也许 [224]
会用纸币代替金银作为货币之用，但这种纸币的价值必受制于在假定没有纸币的情况下所曾流通的具有金银价值的硬币数额。

按照这一观点，任何一国的纸币代表一定重量的金银，这在商业和支付仍旧不变时是既不会增加也不会减少的;3 镑 17 先令 10½便士的硬币或纸币可能代表一盎司黄金,或者由于某种内部的规定,也许是 4 镑 13 先令才代表同一数量的黄金;但这样代表的黄金的实际数额,在相同的商业和支付的情况下永远是一样的。

假定英国的份额总共是 1,000,000 盎司,如果用一项能够有效地执行的法律,以防止硬币熔化和出口的办法,强使 1,500,000 盎司的硬币加入并保持流通,或者如果银行利用停止兑现的法律能在流通数额中维持代表 1,500,000 盎司金币的纸币,这样的 1,500,000 盎司在通货价值上不会超过 1,000,000 盎司;因此一盎司半的铸成硬币的黄金或代表这一数额的银行纸币,不会比一盎司黄金买到更多的商品。另一方面,如果政府要收取 50%的铸币费用,或者如果银行的发行量大受限制,而其时该行又有造币的独占权利,以致其纸币的全部数额并不超过按照法定价格应可代表 500,000 盎司黄金的数额,那么,500,000 盎司的通货就可以与一个例子里的 1,000,000 盎司和另一例子里的 1,500,000 盎司有同样的流通价值。

[225] 从这些原理得出的结论是,除非由于货币过多,不会发生贬值;不管一种铸币变得如何重量不足,它也会保持它的法定价值,这就是说,它会代表它应当含有的金银的内在价值而流通,如果它不是过分充斥的话。所以,认为重 5 本尼威特和 8 格令的几尼不能与重 5 本尼威特或更轻的几尼共同流通,是一种错误的理论。由于它们的数量可能非常有限,其中的任何一种实际上都能代替相等于 5 本尼威特 10 格令重的价值流通,所以就不会有诱力要把任何一种从流通中收回;能保持它们流通,那将有一种实际的利

益。固然，那些轻重的几尼实际上很少能逃避熔炉，但这完全是这种通货因银行发行过宽或伪币制造者的技术所能投入流通的伪币供应很多而有所增加的缘故。

我们的银币现在按高于其白银价值的通货价值流通，因为尽管伪币制造者还有利润可得，他们所供给的伪币还没有充斥到足以影响银币价值的地步。

在 1696 年重铸新币以前，金银的价格没有涨到根据当时通货重量不足的状态所能料想到的高度，这种事实也必须根据上述那个原理才可加以说明；数量没有按质量减低的同样的比例增加。

也可以从这些原理推论，在以黄金为价值尺度的一个国家，黄金的价格（如果当地的法律并不禁止黄金出口）绝不会超过它的法定价格；它低于法定价格的部分绝不会比铸币的费用多；这些变动完全取决于按该国贸易而分配的硬币或纸币的供应量，换句话说，除通货过多以外，任何因素都不能把金银的价值提到法定价格那样的高度。当然，如果该国的任何一股势力有权随意增加纸币，同 [226]
时又有恃无恐地不必兑换它的纸币，那么除了发行者的意愿以外，就没有其他的东西可以限制金价的高涨了。

第七章　探讨博赞克特先生对英格兰银行的货币流通节制着各地方银行的货币流通这一命题所提的反对意见

[227]

博赞克特先生企图否定的下一个命题，就是金价委员会用以描述下列意见的命题："地方银行纸币的流通取决于并且比例于英格兰银行的发行额。"

也有许多从事实际工作的权威拥护这个原理的正确性。看来异常不幸的是，博赞克特先生挑选出来的金价委员会的原理，简直没有不为那些对这些问题的意见深受尊重的注重实践的人所证实。认为汇价的变动在任何时期都不会超过委员会所说明的限度，这一向是而且现在仍然是最精明的注重实践的人的意见。

认为金银的价格在健全的通货制度下不会长期高于法定价格这种说法，也已得到同一方面的充分证实，而现在所讨论的命题也不是没有得到同样的肯定的。赫斯基森先生[①]就已经利用银行总裁支持这一命题的正确性的权威意见，因为银行总裁在其对委员

① 《关于我国通货贬值问题》，第 35—36 页。

会的证词中(第 127 页)①曾说,“地方银行由于未能按照英格兰银行的原则调节它们的发行额,可能发行过多的纸币;但据我看来,这过多的部分刚存在到相当程度,就立刻会被它自己的活动所纠止,因为当这些纸币的持有人发现由于发行过多以致其价值减低到或可能减低到平价以下时,就会立刻把它们送回到发行的银行; [228]
因此,虽然平衡也许会暂时稍稍受到扰乱,却不可能有很大的、持久的过多发行,因为从道理上说,银行纸币的流通量一定总是在公众的需要中找到它的标准的”。苏格兰银行的吉尔克里斯特先生对委员会说,“如果英格兰银行准备限制他们的发行额,苏格兰各银行当然也会觉得有必要减少其发行额”。他认为,“英格兰银行的发行额是这样地对苏格兰各银行的发行额发生作用的。如果苏格兰各银行的发行额超过了它们应对英格兰银行发行额保持的比例,就会有人要求它们对伦敦按较低的汇率开发汇票”。(第 114 页,附录)②汤姆森先生是一个地方银行的负责人,也是委员会的委员。有人问他,“现在各地方银行是根据什么标准调节它们纸币的发行额的”?他回答说,“根据银行纸币的充足或缺乏”。③“那么,它们的发行额同英格兰银行的发行额保持一定比例,是吗”?他答道,“我看是这样”。

博赞克特先生说,④“委员会没有明确规定他们使用通货过多这一名词的意义”。他接着说,“所以我假定,他们在《金价报告》中

---

① 八开本,“证词记录”,第 187—188 页。

② 同上,第 162 页。

③ 同上,第 163 页。“记录”上实际写的是“英格兰银行纸币”。

④ 《实际观感》,第 75 页。

是照斯密博士使用这一名词时的含义，指超过我国的流通所容易吸收或使用的数量而说的”。在另一个地方他又说，[①]“由于事实还至少并不明显（我指的是纸币超过全国所能容易吸收和使用的程度），作证的义务似乎是在委员会方面”。

我以为这并不是委员会使用过多这一名词的意思，按照那个
[229] 意思，在银行并不实行兑现的时期，就不可能有过多的问题，因为我国的商业能够很容易地使用和吸收银行投入流通的任何数额。正是根据对过多一词的这样的理解，博赞克特先生才认为通货是不可能过多的，因为我国的商业不能很容易地加以使用。按照英镑贬值的比例，对英镑名义数额的需要也会增加，而这较大数额的任何部分都不会过多，正如以前的较小数额并不过多一样。因此，所谓过多，委员会一定是指实际使用的数额与英镑恢复其黄金价值时可能使用的数额之间流通量的差额。这是比乍看起来更有重要意义的区别，并且博赞克特先生分明也知道，我所用的字眼正是这个意思。他曾十分恳挚地把我在一段看来有点含糊的文章里的意思表达了出来；他做得非常出色，并且完全了解我用一种过多的流通[②]这些字眼的意义。他对这段话发表意见说（第 86 页），“如果采用这种解释，那就差不多用不到去探求和查问纸币过多的事实了；我们必须满足于承认从其影响得来的有过多事实存在的证

① 《实际观感》，第 83 页。

② “李嘉图先生说，‘流通绝不会过多’，照我的了解，（因为在这一点上李嘉图先生的文字不像平常那样清楚明了）他的意思是说各种商品的名义价格会按通货增加的比例而上涨，而这种通货虽然具有较大的数量，同各种商品的价值相比却并不较高；因此虽然存在着明显的贬值，没有过多的现象”。（博赞克特，第 85—86 页。）

据，并且我们必须把注意力用来确定完全从流通媒介的增加数额中产生并为它所引起的那种贬值或商品价格的提高”。我确实最坦率地承认，只要金价高涨和汇价低落的情况继续存在，只要我们的金币没有减轻，那么在我看来，即使只有 5,000,000 单位银行纸 [230]
币在流通，也不足以证明我们的通货没有贬值。所以，当我们说到银行纸币有过多的数额时，我们是指银行的发行额中现在能够流通但在通货保有其金银价值的情况下就不能流通的那个部分。当我们说到地方通货的过多数额时，我们是指地方银行纸币中由于它们可以交换银行纸币的价值而现则贬低到这种价值以下，以致不能在流通中被吸收的那一部分。

我认为这种区别就可以答复博赞克特先生的反对意见，因为他说，“但难道由此可以推论，地方银行的纸币如果发行过多，将不受抑制，因为在流通中的银行纸币已经超过地方所能吸收和使用的程度吗？〔”〕[①]如果承认各地的商品价格必然与流通商品的货币的增加或减少成比例地提高或下降，又如何能否认这一点呢？是不是伦敦货币的增加一定只会增加伦敦商品的价格，除非那种货币的一部分能够用于地方的流通呢？反之，是不是只要地方通货增加，而这种通货又不能换成伦敦的通货或不能在伦敦流通，地方的物价就一定发生同样的上涨呢？假如博赞克特先生所说的只有伦敦的通货会增加，伦敦的银行纸币不在地方上通用这种情况是可能的，那么，我们对地方的汇兑就会同对汉堡或法国的汇兑一样，并且汇价也将表明，伦敦的纸币与地方的纸币比较起来是贬值

① 《实际观感》，第 76 页。

的。

如果每一地方银行受到限制兑现法案的保护，不必以他们自
[231] 己的票据以外的任何其他流通媒介去偿付他们的纸币，并且如果这些纸币都分别限定在具体的地区流通，那么，它们与金银相比，都会分别按其数额超过在未受法案保护的情况下本来会在那些地区流通的具有金银价值的货币数额的比例而贬低其价值。一个银行的纸币可能贬值5%，另一个贬值10%，再另一个20%，如此等等。既然现在限制兑现条例只限于英格兰银行，并且所有其他银行的纸币都可兑换英格兰银行的纸币，地方纸币的发行量在比例上就绝不能大于这家伦敦银行的纸币。博赞克特先生以为“在我作出银行纸币的增加必使地方纸币也增加的假定以前，必须表明有某种天然的不可能性在阻碍着银行纸币牺牲地方纸币而增加，反过来也是如此”①。

根据我所已经说过的话，我想应该可以看出，除非伦敦的纸币在原来不容有流通的地方通用，在英格兰银行增加纸币以后居然会不跟着发生地方银行纸币的增加或伦敦纸币的价值与地方纸币比较起来的低落，那即使不是存在着天然的不可能，也至少是存在着**绝对的**不可能。

但这是怎样受到影响的呢？英格兰银行的发行额又怎样促成地方通货的增加呢？吉尔克里斯特先生已经告诉过我们。② 如果把他所假设的情况倒过来，那就成了这样：如果英格兰银行增加发

① 《实际观感》，第83页附注，博赞克特说“李嘉图先生必须”和“在他作出……假定以前”。

② 见本书第217页。

行额，各地方银行也就会增加它们的发行额；既然商品的价格在伦敦提高，而其时地方的物价还是同从前一样，各地方就会需要货币以便在低廉的市场购买货物；为此就需要对地方开出汇票，这种汇 [232] 票卖出时因而会有一种贴水，换句话说，银行纸币将贬值到地方通货的价值以下。等到地方通货提高到伦敦通货的水平，或伦敦通货降低到地方通货的水平，这种需求就会立刻停止。

我本来没有想到这样清楚的一种原理竟还会受到怀疑：我国黄金通货的价值过去调节了全英国英镑的价值。如果由于新矿的发现黄金变得丰富起来，因而有更多的货币用于伦敦的流通，在各地方也必然会有相应的增加以保持价格的均衡。银行纸币现在就执行着同样的任务，如果它们增加了，地方通货一定会参与利用增加的数额，或者各地方银行一定会相应地增加它们的发行额。在这种情况下，不难断定地方银行会作出什么选择。

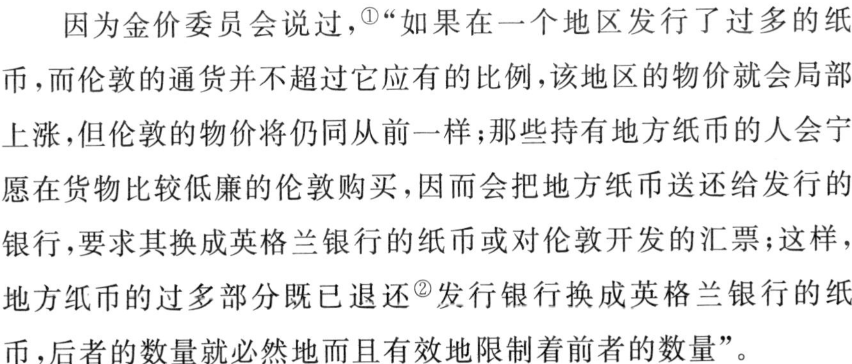

因为金价委员会说过，[①]“如果在一个地区发行了过多的纸币，而伦敦的通货并不超过它应有的比例，该地区的物价就会局部上涨，但伦敦的物价将仍同从前一样；那些持有地方纸币的人会宁愿在货物比较低廉的伦敦购买，因而会把地方纸币送还给发行的银行，要求其换成英格兰银行的纸币或对伦敦开发的汇票；这样，地方纸币的过多部分既已退还[②]发行银行换成英格兰银行的纸币，后者的数量就必然地而且有效地限制着前者的数量”。

博赞克特先生问道，[③]“这是必然的结果吗？在地方纸币确实 [233]

① 《金价报告》，第 67 页。

② 《金价报告》上实际写的是“既已不断退还”。

③ 《实际观感》，第 76 页。

以银行纸币兑付的假定之下，即使承认推论是正确的，难道在承认它们用对伦敦的汇票兑付的条件下也同样适用吗？因为像我们已经表明的那样，这些汇票的兑付是与银行纸币没有什么关系的”。这种结果是确定无疑的。假如地方纸币的过多部分是1,000镑，因而人们就从发行银行要求得到1,000英镑的英格兰银行纸币，把它们送到伦敦去购买货物，这1,000镑不就增加到伦敦的通货中去，同时地方的通货就减少1,000镑吗？现在假定付给地方纸币持有人的不是1,000镑的英格兰银行纸币，而是对伦敦的一张汇票：这同样可以充分地满足他在伦敦购买货物的需要，但一张汇票既然只是要伦敦的A支付伦敦的B的一个通知，伦敦的通货将仍旧同从前一样；但地方的通货却会减少1,000镑。

所以这两种情况的唯一差别就是，在前一情况有1,000镑加到伦敦的通货中去，在后一情况则仍然保持原有的数额。但是，地方银行家由于付出1,000镑的英格兰银行纸币而减少了他为求其机构安全认为必需的储存以后，难道不会指示他的往来户卖出一张国库证券或以任何其他约定的方法把1,000镑的英格兰银行纸币送到他那边去吗？

“如果利物浦的物价比伦敦低，我就会宁愿到那边去买，如果我有太多的银行纸币，我就会把它们送到利物浦去支付货款”，[①]——假如它们也能在那边流通的话。如果能够这样做，利物浦就会与伦敦共同参加通货的增加，但利物浦的银行家也可能

① 博赞克特，第77页。

会找到机会来使利物浦人相信，他的纸币可以同英格兰银行的纸 [234]
币*一样地适合他们的目的；因此他就会把英格兰银行纸币据为己有以替代他自己的纸币，并把它送到伦敦去，这样，英格兰银行的发行额就会增加利物浦的通货；所以，博赞克特先生所谓[①]“这种发行额可以限制但绝不会增加利物浦各银行的通货一先令”的说法是错误的。由于委员会曾经“把地方银行纸币是建筑在英格兰银行纸币基础上的上层建筑这一点看作是不言而喻的道理”，博赞克特先生便问道，[②]他们是从哪里知道这一点的呢？他接着说，“他们从萨默塞特郡一个有经验的大银行家斯特凯先生那里知道，他的银行是根据它们在伦敦所拥有的可以偿付纸币的资产，其中包括股票：国库证券和其他可以变换的证券，来调节它们的发行额的，而与它们所掌握的英格兰银行纸币或硬币的数量没有多大关系，虽然它们经常保存一定数量的英格兰银行纸币和硬币以应付偶然的需要。[③]但这个证词有什么内容可以被认为是同意他们所谓银行纸币能产生或限制地方纸币的意见呢？”

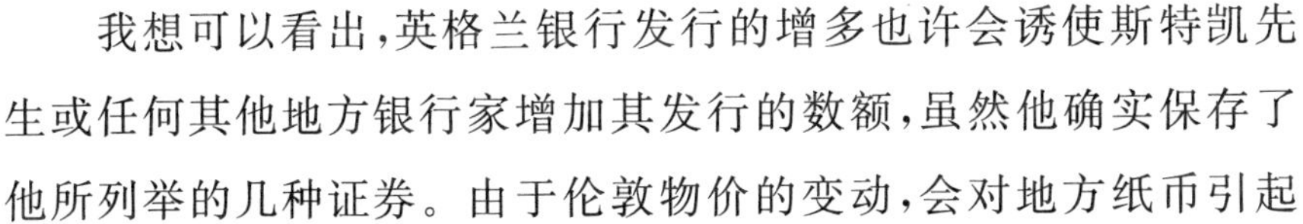

我想可以看出，英格兰银行发行的增多也许会诱使斯特凯先生或任何其他地方银行家增加其发行的数额，虽然他确实保存了他所列举的几种证券。由于伦敦物价的变动，会对地方纸币引起

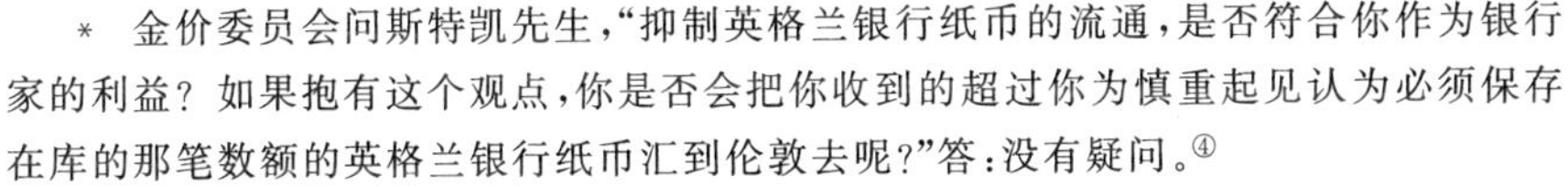

* 金价委员会问斯特凯先生，“抑制英格兰银行纸币的流通，是否符合你作为银行家的利益？如果抱有这个观点，你是否会把你收到的超过你为慎重起见认为必须保存在库的那笔数额的英格兰银行纸币汇到伦敦去呢？”答：没有疑问。[④]

① 《实际观感》，第 77 页。

② 同上，第 78 页。

③ 李嘉图在这里删去两句。

④ “证词记录”，第 212 页。

这样一种需求，使地方银行家能以他的纸币换得对伦敦的汇票。
[235] 用这些汇票所换来的钱，他可以占有较大数额的股票、国库证券等等，而基础既已加强，其上层建筑也就可以进一步增高。

金价委员会绝不会认为苏格兰银行在 1763 年由于开出对伦敦 40 天期的汇票而减少其通货时，首先在该行伦敦往来户的手里实际储存了银行的纸币。如果有这样的情况，他们可能立刻会用苏格兰的银行纸币来收回他们自己的纸币。不是这样；苏格兰银行所处的情况正像斯特凯先生描述的那样；他们在伦敦有某种证券，可以授权他们的往来户及时把证券换成货币以支付他们的汇票。这样，伦敦的货币从 A 转到 B 的手里，而苏格兰的纸币就被收回了。

第八章　探讨博赞克特先生认为农业歉收和重税是价格上涨的唯一原因，过多的流通额并非原因这一意见

博赞克特先生在他自以为已经指出了委员会的论点不足以证明银行通货过多以后，提出积极的论点以证明它并不过多。这些论点的根据，就是由连年农业歉收所引起的物价上涨和课税加重的原因。他引用了[①]斯密博士的一段话以支持这个意见，而这段话在我看来却正是赞成我对那问题所坚持的意见的。 [236]

斯密博士说，[②]“如果一个国君以法律规定其税收的一定部分应以某种纸币缴纳，他就会给这种纸币以一定的价值，即使它最后的清偿和收回完全取决于这国君的意志。如果发行这种纸币的银行很当心地经常把纸币的数量保持在略低于照此方式易于使用的水平，则对这种纸币的需求也许会使它甚至产生一种贴水，也就是使它在市场上比它所代表的金银数量卖得更多一些”。

博赞克特先生问道，由于每年税收的数额远较银行纸币的数

① 《实际观感》，第 86—87 页。

② 《国富论》，第Ⅱ篇，第 ii 章；第Ⅰ卷，第 311 页。在引文中略有不确切处是博赞克特的，李嘉图未予改动。

额为大，纸币怎么会照此原理贬值呢？可是，斯密博士在哪里讲到过每年的税收数额呢？人们也许还可以振振有词地说，纸币的数
[237] 额应该同两三年的税收数额比较才行。据我了解，斯密博士的意思是，如果纸币的数量不超过在纳税上所能全部和唯一使用的数额，它就不会贬值；他绝不会提出像博赞克特先生硬说他主张的那种夸大其词的命题。根据斯密博士这一准则来检查我们的纸币流通，就应当可以证明每天税款的缴纳相等于流通中全部纸币的数额。按照博赞克特先生对这一段文字的解释，由于缴纳国库的全部数额是76,805,440镑，银行纸币在超过这一数额之前就不会变得过多或贬值。在读这一段文字的时候，谁会相信这是斯密博士原话的明白无误的意义呢？

当博赞克特先生谈到[①]曾经有人对银行纸币付过贴水的时候，我认为他的意思是指以黄金或白银支付的贴水；我想不到贴水还有其他概念，但博赞克特先生所说的贴水似乎指的是对纸币付以较它们自身更为贬值的证券，如国库证券或银行本票。既然这两种证券都可以在未来的某个时期以银行纸币支付，这就可能在某些场合比那为当前使用所需要的、可以充分说明人们取舍原因的纸币具有较低的价值。法国革命时期以土地为担保所发行的纸币打50％的折扣，可能就含有像博先生所假设的那种贴水。

关于银行纸币在实际数额上与其所必须执行的任务比较起来的很小增加，承蒙博赞克特先生告诉读者的证明之一，[②]就是在

① 《实际观感》，第87页。
② 同上，第90页。

1793年以来通货数额的增加是3,000,000镑,而单是对政府所缴纳的款项就增加了60,000,000镑以上。

在这计算中,地方通货增加的数额完全没有提到。我不久将尽力指出,我们并不能够必然地由此推断,税款数额的大量增加会使通货的增加成为必要,除非同时有商业和贸易的增加。 [238]

目前我将限于指出,如果博赞克特先生曾就1793年到1797年作一比较说明,他本来就可能看到有理由来怀疑他在这个问题上理论的正确性了。在那4年里,税款一定有很大的增加;所以,按照博赞克特先生的原理,流通的媒介也应该有所增加,但看来事实并非如此。在硬币的流通额上不可能有任何很大的增加;恰恰相反,从1797年和1798年的大批铸造来看,1797年的金属通货水平一定是非常低的。还可以从送交上院委员会①的报表上看到银行纸币的流通额在1793年为11,451,180镑,1796年它从10,713,460镑变动到9,204,500镑,并且1797年的总平均额,即使在限制兑现以后,也没有超过1793年的数额。

银行纸币在1803年的流通数额差不多是18,000,000镑。在1,808年没有多于此数;但谁也不会否认,在那5年里我们的税收和支出一定有了很大的增加。由此可见,尽管一国的税收可以有很大的增加,流通的媒介却并不一定有相应的增加。

博赞克特先生指责委员会没有充分考虑到税收对商品价格的影响;在那指责里面还含有他们把商品价格的上涨完全归因于通货贬值的意思。如果委员会曾经向我国人民坚持希望通货的改革 [239]

① 《上院委员会报告》,1797年(1810年重印),第96页。

可能把商品的价格减低到它们在限制兑现以前的水平，那他们就确实是很值得谴责了。贬值对物价所产生的影响已经得到十分确切的说明，其数额相当于黄金的市场价格和法定价格的差额。委员会说，[①]一盎司金币的价值不会低于一盎司同一标准的黄金；所以，谷物的买主付出一盎司金币或 3 镑 17 先令 10½ 便士，应该可以与付出一盎司黄金得到同样多的那种商品。现在，由于 4 镑 12 先令纸币的价值不超过一盎司黄金，对买主来说，既然他的购买是以纸币而不是以保有黄金价值的硬币偿付，物价就实际上提高了 18%。所以，18%就相等于纸币贬值所引起的物价的上涨。所有超过这种上涨的部分，都可以追溯到税收的影响，商品的愈益缺乏或那些喜欢从事这类研究的人所认为满意的任何其他原因。

博赞克特先生关于税收及其对流通媒介数额的影响所提出的理论是非常奇怪的，它可以证明即使注重实际的人有时也想偏离实践和经验的稳重道路，满足于最荒诞的空论，做着最虚幻的迷梦。

[240] 博赞克特先生说，[②]自从实行限制兑现的法案以来，大不列颠物价的提高有两个原因。第一，“1800 年和 1801 年谷物贸易的变动情况和因此而产生的缺乏”；第二，“1793 年战争开始后税收的加重”。

谷物的缺乏及其进口所必需的费用，一定已经引起物价的若干上涨，这是我十分愿意承认的。但这是一个不言而喻的命题吗？

① 《金价报告》，第 4—5 页。

② 《实际观感》，第 92 页。

所谓税收的影响就是以课税的全部数额提高商品价格，这种说法难道像博赞克特先生所断言的那样，①是政治经济学的一条原理吗？难道可以由此推论，由于 1793 年以来税收已经增加到 48,000,000镑的巨大数额，那全部的数额就一定已经对商品价格的上涨发生作用，因而仅仅这个事实就可以说明 1793 年物价上涨 50%的原因吗？难道因此可以说，除了股东以外，每一个人都有能力为他自己补偿他所缴纳的税款的损失吗？

举例来说，不论是对消费品课的税，还是像所得税、各种估值税以及其他二十种可以列举的税，难道都没有区别吗？难道它们都会引起商品价格的上涨吗？难道除了股东以外每一个纳税人都能摆脱这种负担吗？如果这个论点是正确的，那么税收的全部负担似乎完全落到股东的头上了；1793 年以来，总数已达53,000,000镑的每年所增加的全部数额一定是从他们的腰包里拿出来的了。他们的纳税照这比率一定已经超过他们的收入，因为它们超过了国债的利息。我认为这并不是一种很正确的学说；如果是正确的话，那就不会使股东特别喜爱那种财产。根据这样的原理，战争就 [241]
绝不会使人贫困，而征税的来源也就永远不会枯竭了。

可是在我看来，可以使人信服地肯定的是，无论所得税、各种估值税或其他许多税收都丝毫不会影响商品的价格。

如果消费者在他购买商品的资财已被税收大加削减以后，还要在那些为他的舒适所必需的商品上付出额外的价格，那他的处境倒确实是不幸的。

① 《实际观感》，第 94—95 页。

如果所得税能公平地加以征课，它就会使社会的每一成员仍旧处于他原来所处的同样的相对地位上。各人的支出必然会依其纳税的数额而减少；如果出卖货物的人要想提高其商品的价格以摆脱纳税的负担，购买货物的人也可会根据同样的理由希望买得便宜些。这些互相冲突的利益将恰恰彼此抵消，因此价格就不会发生变动。同样的看法也可适用于各种估值税以及所有其他不是对商品征课的税。但如果税收征课得不平等，如果某一类行业负担的税收特别重，那个行业的利润就会降低到商业利润的一般水平以下，而那些从事这种行业的人就会或者改行去从事较为有利的行业，或者提高他们所经营的商品的价格，使它能产生与其他行业相同的利润率。

对商品的课税肯定会依课税的全部数额提高纳税商品的价格。这样一些商品的价格可以被认为分成两部分：一部分是它原始的和自然的价格；另一部分是为了获得消费商品的许可而缴纳的捐税。如果这种捐税又加在一种商品上，而个人对那商品的消
[242] 费同他的收入成严格的比例，那么除了被课税的商品以外，其余的都不会上涨；但如果不成这种比例，那些纳税多于其公平份额的人就会要求提高他们所卖商品的价格，而在得到这种价格以后，公众又会处于他们原来所处的同样的相对地位。

如果捐税不是课在商品上，每一个人对商品所付的钱不超过原始的价格，并是他直接缴税给政府以获得消费这种商品的许可，那就完全会同各种估值税一样，只会在某些商品的价格上有部分的上涨以补偿不平等现象，而那种不平等现象是每项捐税必然会有的，不管立法机关抱有多么良好的愿望。

如果关于捐税影响的这一见解是正确的，那么由此可以推断，博赞克特先生的估计，即认为在 1793 年以后由于捐税而实际增加于商品价格的有 48,000,000 镑，并且这种增加数将足以充分说明商品价格上涨的原因，而不必从流通媒介的贬值上去找原因等等的说法，乃是一种错误的理论，是既不为理智也不为或然率所支持的。

从这些说法，博赞克特先生又推断出另一种结果，即：从 1793 年以来，各种商品的价值已经提高了 48,000,000 镑，而通货只增加了 3,000,000 镑，因此这种增加不能称为过多*。

虽然我在上文已对博赞克特先生作了让步，说是我们某些捐
税将使商品的价格上涨，但看来并不一定由此可以推断，需要有更 [243]
多的货币来流通这些商品。

政府以税收的形式得到的货币数额，是从在另一情况下本来会用于消费商品的一种资金中得来的。

税收愈多，人民在消费上的开支就一定愈少。如果我的收入是 1,000 镑，政府要我缴纳 100 镑的捐税，我就只会有 900 镑用来支付我一家需用的必需品和舒适品。如果政府索取 200 镑，我就只会有 800 镑用来满足这些方面的需要。但是，由于政府和我实际支用的货币数额不会超过 1,000 镑，我想就并不需要增加新的流通媒介，即使捐税达到每人收入的 50%。如果这种捐税课在面包上，因而劳动的工资有所提高，捐税最后就会落到所有那些消费人们劳动产品的人身上。究竟这些消费者曾直接把捐税缴纳国

* 如果我们把地方通货的增加合并到这 3,000,000 镑上去，并记住博赞克特先生如此出色和清楚地阐明的在使用流通媒介方面的节约情况，我就会觉得，即使承认博赞克特先生所鼓吹的一切事实，流通媒介还是按不相称的比例增加了的。

库，还是让它经过那时它会采取的迂回路线，对他们来说是不会有什么实际的区别的。

也不会需要任何增加的数额。政府每天会收进一部分税款，不论那是付给收税官还是付给收税员的，并且收税的费用在这一情况和在另一情况完全一样。不论政府支出多少，那种支出总会使人民的消费依同一数额减少；同样数额的商品还会在市上流通，同样数额的货币会适应商品流通的需要。

这一推断所根据的假设是：人民非常谨慎和相当富裕，足以从他们每年的收入中缴纳各项捐税，没有被诱惑被迫减少他们的资

[244] 本以满足政府的要求。但如果资本减少了，产品的总额也会减低；如果以往为产品流通所必需的货币仍保持同样的数额，它就会对货物具有较大的比例，因而可以预料商品也会涨价；但我们不应当忘记，一国的货币数额是受它价值节制的，在这一事例中，既然它的价值有所减少，它同其他国家的货币比较之下就会变得相对地过多，因而这过多的部分就会出口。

当我们谈到谷物缺乏从而引起谷价上涨时，我们自然就可以得出结论，由于谷物的价值加了一倍，我们必须要有加倍的货币价值才能使它流通，但这并不是明显的或必然的。如果必须要有加倍的货币，也就应该有同等数量的谷物按平时价格的倍数出售——但谷物价格之所以加倍，是因为它的数量减少了。

如果一国的商业增加，这就是说，如果通过储蓄它能增加它的资本，这种国家就需要增加其流通媒介的数量；但无论如何，通货总应该能保持它的金银价值；这是我们赖以得知通货并不过多的唯一可靠的试金石。

第九章　探讨博赞克特先生认为恢复兑现会造成祸害的意见

总起来说，博赞克特先生相信，[①]兑现的恢复将带来很多祸 [245]
害，他不能预料在汇兑行情上会有任何改进，或金价会因通货的减少而低落，除非减少我们的进口和增加我们的出口。

但在我看起来很清楚的是，银行纸币的减少大概会降低金银的价格并改进外汇的汇价，而丝毫不会扰乱我们现有进出口贸易的常态。它也不会使我们能按不同于现在实际进行的方式出口或进口黄金。我们对外国人的交易还会完全同从前一样，我们只会拥有一种名称相同但价值较高的货币；原来向汉堡汇划的每一贬值的英镑，按 28 个弗兰德斯席林的汇率计算，只能买到 104 格令的黄金，而我们的英镑在恢复其 123 格令的真正黄金价值以后，就可以按 34 席林的汇价汇划给汉堡。但是，这样表现为于我们有利的 6 席林差价，只是表面上的和名义上的利益。没有比那种把这差价当作任何实际利益的想法更错误的了。

如果由于银行纸币减少，它们的价值提高到黄金的价值以上，

---

① 《实际观感》，第 102—103 页。

那我们就会妨碍实际的汇兑行情;我们会扰乱进出口贸易现有的平衡;我们会引起金银的进口,或者用商人的话来说,就是会有国际贸易的顺差。

如果博赞克特先生对于我们事务的见解确实是正确的,那我
[246] 们就会有黯淡的前景。既然不能不维持巨大的国外支出“以进口我们必不可省的物品”,而对方愿意接受的代价又只是黄金,那我们就差不多可以算出,由于缺少这项最重要的商品,进出口的竞争一定会在什么时期告一段落。为了支付他所计算的那样巨大的国际收支差额,我们在这国家还找不到可供一年之用的黄金;如果我们的货物在任何地方都换不到黄金,我们的状况一定是多么绝望!

但就我这方面来说,我并没有这些忧虑。我相信我们在国外的开支既不是以黄金偿付,也不是以汇票偿付,——最后还必定是用我国人民勤劳的产品去清偿的。

我担心地注意到的,只是人们对我们现行通货制度的一种盲目的顽固坚持的态度,——这是一种正在逐渐毁损我们资财的制度,用委员会的话来说,①其麻烦和祸害,“如不加制止,过不多久就一定会在那些仍怀疑它们存在的人的思想上造成实际的信念;但即使它们累进增加的可能性比较小,议会的正直和荣誉却不打算让这伟大商业国家超出亟需的时间再继续实行一种缺乏自然遏制或控制的通货制度,这种制度现今维持着货币的价值,并依靠那种共同价值标准的持久性把握着人与人之间对货币契约和证书的

① 《金价报告》,第74页。

真实的尊重和信任”。

是否可以容许我们希望，一个开明的委员会这样可喜地已经开始的工作，也就是明智议会将有所成就的保证呢？

附　　录

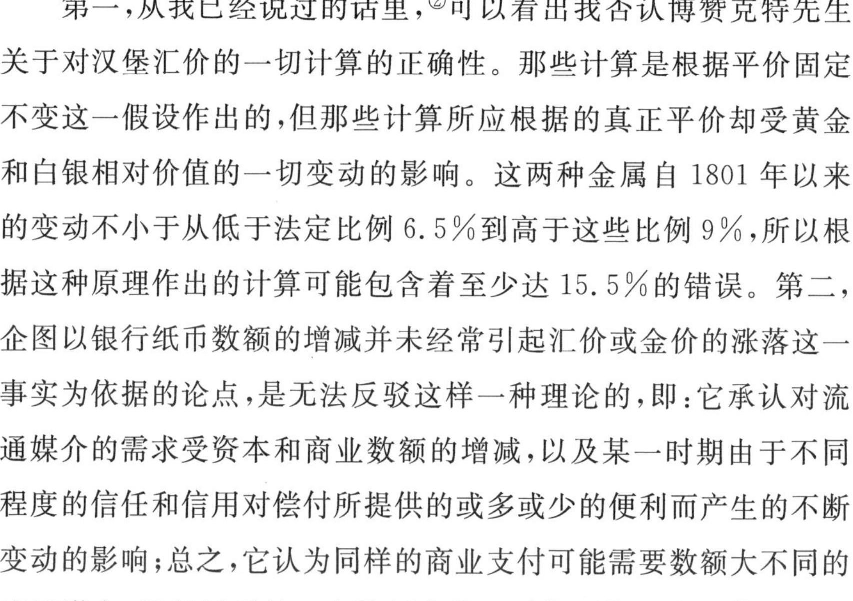

[247] 在以上各页付排以后，我读到博赞克特先生附在他的小册子第 2 版[①]上的补充意见。对这些意见我只要略评数语。

第一，从我已经说过的话里，[②]可以看出我否认博赞克特先生关于对汉堡汇价的一切计算的正确性。那些计算是根据平价固定不变这一假设作出的，但那些计算所应根据的真正平价却受黄金和白银相对价值的一切变动的影响。这两种金属自 1801 年以来的变动不小于从低于法定比例 6.5%到高于这些比例 9%，所以根据这种原理作出的计算可能包含着至少达 15.5%的错误。第二，企图以银行纸币数额的增减并未经常引起汇价或金价的涨落这一事实为依据的论点，是无法反驳这样一种理论的，即：它承认对流通媒介的需求受资本和商业数额的增减，以及某一时期由于不同程度的信任和信用对偿付所提供的或多或少的便利而产生的不断变动的影响；总之，它认为同样的商业支付可能需要数额大不同的流通媒介。银行纸币的一个数额在某一时期可能照我所使用的这

① 《实际观感》，“修订第 2 版，另有补编”，1810 年。补编也曾另以小册子出版，标题为《对于金价委员会报告的实际观感补编》，伦敦，理查德森书店出版，1810 年(共 24 页，即全书第 2 版，第 111—134 页)。

② 见本书第 160 页。

个词的含义[①]来说是过多的，因而是贬值的，但在另一时期，除了 [248]
它的价值临时超过它所代表的黄金价值而发生的影响以外，也许还几乎不足以应付它必须履行的偿付。所以，博赞克特先生对地方纸币流通量的计算所根据的理由究竟是否正确，无论加以承认或否认都是没有用处的。照我看来，那些事实都与我们目前争论的问题无关。不管纸币是 2,500 万还是 10,000 万，我认为它的过多是同样可以肯定的，因为我知道，只有发行过多或对纸币发行者缺乏信心（我可以断定这在目前并不存在）这个原因，才会产生我们长时期*亲眼看到的那种影响。

博赞克特先生已经把他希望根据他新近提出来的事实所作的推论归纳为四个问题；[②]他认为按照委员会阐明的原理是解决不了这些问题的。我希望我已经表明，他的那些事实远不足以证明他所据以论断的各点，并且我认为，即使完全按照委员会的原理来 [249]
替他解决各个问题，也不会太难。

第一个问题是，“汇价的低落从 1790 年至 1795 年平均 6% 的利益到 1795 年和 1796 年的低于汇兑平价 3%，其时银行纸币的

---

* 博赞克特先生说我就银行纸币折扣问题使用了“长时期”这个词[③]是不正确的，因为穆歇特先生的表上所指出的极为不利的汇价在 1809 年 12 月我写文章以前并没有超过一年。在说起银行纸币的折扣时，我们应该曾经想到一年是一个长的时期，但由于我经常主张黄金的高价是我用以证明纸币贬值的最信赖的试金石，由于黄金的价格大约有十年之久没有降到法定平价以下，我以为我根据我的原理得出的结论的正确性是不容置疑的。

① 参阅本书第 218 页注②。

② 《补编》，第 129—130 页。

③ “我可断言，李嘉图先生在 1809 年写文章时所说纸币久已过多的意见是不正确的”。（《实际观感》，第 10—11 页。）参阅《黄金高价》，本书第 55 页。

平均流通额为 1,100 万,可随时兑换硬币,而在 1797 年和 1798 年汇价平均高于汇兑平价 11%,其时流通纸币增加到 1,300 万,而且是不能兑换硬币的"。

读者会看到,这问题在我的著作里已经得到了解决。他对汇价的说明是不正确的,谁也没有否认汇价可以由于很多原因上涨或下降。

我已经证明,[①]1797 年和 1798 年造币厂对黄金的需求以及东印度对白银的需求自然影响了汇价,而且没有被纸币的过多发行所抵消。当时需要黄金来补充银行的枯竭的库存,因此没有把它投入流通;增加的 200 万银行纸币仅能用以填补货币的窖藏所造成的真空;所以那几年通货并没有实际的增加。

第二个问题是,"在 1800 年和 1801 年,汇价下降到低于汇兑平价 6%,金价高于法定平价 9%,其时的银行通货却在 1,500 万以上,而从 1803 到 1808 年的 6 年间汇价平均涨到超出平价 3%,黄金则差不多合于法定的价格,其时增加的通货这到 1,700 万至 1,800 万"。

除了不同程度商业和信用的影响以外,还应当记住,当我们的通货包括一部分金币一部分纸币时,增加的纸币发行对汇价和金价的影响,在相当的时期以后,受到硬币出口的矫正。我们已经有
[250] 一段时期看不到利用那种方法了。

第三个问题是,"汇价从 1808 年 7 月的高于平价 5%降到 1809 年 6 月的低于平价 10%,而在这两个时候的银行通货数量则相同"。这个问题是容易解决的。博赞克特先生说 1808 年 7 月和 1809 年 6 月的银行纸币的数额相同,我可找不到他所根据的文

① 见本书第 165—166 页。

件。但即使承认这是正确的，它们难道是适当的比较对象吗？一个时期是刚在支付股息以后，另一个时期是刚在其前。1809 年 1 月和 7 月在支付股息以后银行纸币的增加额至少达 2,450,000 镑，次年的 1 月则为 1,878,000 镑。

我不想说一天或一个月的发行额会对外汇汇价发生什么影响；这种影响可能需要较长的时期才能看出；在这种影响能够发生以前，一段间隔的时期是绝对必要的。那些反对委员会的原理的人却并没有考虑到这一点。他们断言那些原理是有缺点的，因为没有立刻看出它们的作用。但关于 1808 年和 1809 年银行纸币流通的事实究竟是怎样呢？关于它们的数额，1808 年送交给金价委员会的报告只有 3 份。如果我们把它们与 1809 年同一时期的报表数字作一比较，我想读者就会同意我的意见，认为这些事实倒是可以证实委员会的原理，而不是好像有所分歧。

1808 年银行纸币数	1809 年银行纸币数
5 月 1 日……17,491,900	5 月 1 日……18,646,880
8 月 1 日……17,644,670	8 月 1 日……19,811,330
11 月 1 日……17,467,170	11 月 1 日……19,949,290

说到第四个问题，即“美国独立战争时期商品价格逐渐提高 [251] 时，所流通的是金币，而 1803 年到 1808 年的 6 年中汇价于我国有利的问题”，哪里有人争论过，除了货币的贬值以外就没有其他原因可以说明商品价格的上涨呢？我所主张的一点是，当作为通货标准的黄金的价格随着商品价格上涨时，通货就贬值到这种上涨的数额。在美国独立战争时期，商品价格的上涨没有引起金价的上涨，所以不是由通货的贬值造成的。

我们现在第一次发生怀疑，博赞克特先生在其著作中竭力反对委员会的原理，是否真正与他自己的原理有分歧。他现在告诉我们，不是理论有错误，而是“必须先证明事实然后才能加以推究”，[①]“即使毫无保留地承认所假定的原理是正确的，也不会丝毫减低那些事实的重要性”。[②] 这样的声明能与博赞克特先生的结论相一致吗？金价委员会所提出的某些原理如果是正确的，就足以证明通货有贬值的事实。博赞克特先生说，你们的原理好像是讲得通的，而且似乎得到理智的认可，但这里有事实可以证明，它们是与过去的经验相矛盾的；他还根据佩莱的话说，[③]“当一个定理提请数学家考虑时，他所做的第一件事就是用一个简单的事例来加以考验，如果考验的结果不对，他就可似断定这论证里面一定
[252] 有错误”。“公众必须照这方式去对待这个报告，使它的理论受到事实的考验”。那么，博赞克特先生所说[④]“即使毫无保留地承认所假定的原理是正确的，也不会丝毫减低他在上文提供给公众的那些事实的正确性”，又怎么能前后一致呢？

如果一方面承认委员会的理论是正确的，另一方面博赞克特先生的事实又是正确的，其结果将怎样呢？或者博赞克特先生应该与委员会的意见相一致，或者他的事实完全不适用于这一问题。另外还有一个结论，但这结论我不想说是博赞克特先生得出

① 《补编》，第 115 页。

② 博赞克特实际上说的是，“我在上文提请公众考虑的那种事实的重要性”。(《补编》，第 113 页。)

③ 《实际观感》，第 4 页。

④ 《补编》，第 113 页。

的;——一方面可以有一种理论,另一方面又可以有种种事实;两方面都正确,但彼此不相符合。

至于说到佩莱博士的考验方法,即用一个简单的事例来考验委员会的理论的方法,博赞克特先生也许可以用一千个例子加以考验,并发现那是正相符合的。如果他曾利用他的闲暇和才智来探究符合那个理论的千百个事例的适用情况,而不是去猎取两三个表面上看来是矛盾的例子,并轻信地贸然加以采用,他本来早就可以得出比较正确的结论了。

博赞克特先生[①]怀疑赫斯基森先生[②]如下命题的正确性,即"如果一国通货的一部分(假如这种通货直接地或实际地成了按其单位名称规定的法定货币)贬了值,则全部通货不论是纸币或硬币也一定会同等地贬值"。

博赞克特先生说,[③]"在国王威廉朝代银币的异乎寻常的贬值,并没有使金币贬值;恰恰相反,值 21 个完整先令的几尼却照 30 [253]

个先令流通。"他提出的事实并不能证明赫斯基森先生的原理与经验不符,因为那时金币并不是通行的硬币;它并非直接地或实际地是法定货币;它也未经政府机关按固定的价值估算:它在各项支付上是作为具有众所周知的重量和纯度的一块黄金。如果它依法不能被看作 21 先令以上的减轻的银币,它在硬币状态也就会同它可以交换的 21 先令同样地减轻重量。如果现在把几尼看作一种商品,并且法律也没有不准它熔化和出口,它们在各种支付上也许就

① 《实际观感》,第 117 页。

② 《关于我国通货贬值的问题》,第 vii 页。

③ 《补编》,第 118 页。

会按 24 先令或 25 先令流通，而银行纸币则仍旧保持现有的价值。

博赞克特先生[①]所反对的赫斯基森先生[②]的下述原理，也不是违反事实根据的。这一原理就是，“在一个其通货由金币构成的国家，如果黄金的数量按任何一定的比例增加，其他物品的数量以及对它们的需求还是同从前一样，则用该国硬币衡量的任何一种商品的价值，都将按同样的比例增加”。赫斯基森先生并没有像博赞克特先生所认为的那样怀疑亚当·斯密博士[③]提出的这一原理的正确性，即“在任何国家由财富的增加引起的贵重金属数量的增加，没有减低它们的价值的倾向”；而是说，如果任何一个国家的贵重金属的数量增加了，而它的财富并没有增加，或其时它的各种商品的数量还同从前一样，那么，这种国家的金币的价值就会减低，换句话说，货物的价格就会上涨。博赞克特先生自己在其关于金

[254] 矿的论点中，也承认会有这样的影响。[④]但是，对于这段从赫斯基森先生书上引来的话，我要提出一点反对的意见，因为他接着说，在所假定的情况下，商品的价格会发生上涨(第 5 页)，“虽然国家的硬币实际上并不会有什么增加”。我认为不容争辩的结论是：如果各种商品、对商品的需求以及流通商品的货币都没有增加或减少，价格就一定会继续不变，不管这种国家以金银块状态存在的黄金或白银到底是什么数量*。不必说，这种事例完全是假设的，事

---

* 可以理解，我现在是假设没有增加的或减少的信任在发生着作用，以致给予硬币以减低的或提高的价值。

① 《补编》，第 118 页。

② 《关于我国通货贬值的问题》，第 5 页。

③ 大意如此，见《国富论》，第Ⅰ篇，第 xi 章，第 iii 部分；第Ⅰ卷，第 191 页。

④ 见本书第 207—208 页。

实上是不可能的。在通货具有金银标准价值的国家，金银的大量增加不可能不引起货币数量的增加。

我承认我看到博赞克特先生所提出的下一个论点时是很有点惊讶的，我相信在他的许多读者中间也一定引起过同样的惊异。在他的全部著作中自始至终论证说，银行纸币与金币相比并未贬值，在我国通货一部分为金币一部分为持有人可以随意兑换金币的纸币时，黄金的价格可能已经发生同样的上涨，并且事实上有的时候已经发生过上涨的现象；他否认在出口的黄金和铸成金币的黄金之间有任何接触点，认为正由于没有这样的接触，它的价格才曾上涨。接着，他认真地告诉我们，"在把一些最完善的理论应用于这一问题时，他倾向于这样的信念，即从英格兰银行的偿付新制度充分建立以来，黄金其实已经不再是衡量价值的尺度"。他坚决地认为，"银行纸币在1797年以后无疑地已经成了商业的尺度和 [255]
记账的货币，因此他把人们深为信赖的有关黄金价格的命题，看作是他虽承认其原理却仍怀疑其是否能适用的命题之一"。[①] 银行的董事或其他一些人曾深信不疑地说，虽然承认黄金是标准，但它的高价并不能证明通货的贬值；他们究竟是否乐于维护这种承认委员会的一切主张的原理，那是毋需由我来探究的。实际上黄金已经不再是用以调节我们通货的标准，这是千真万确的事实。这是委员会以及所有那些站在同一方面写过文章的人对现行制度表示不满的根据。

只要货币的持有人没有参考的标准据以保护他的财产，他就

① 这节引文是由《补编》的不相连续的几段话凑起来的，见第119、121、122页。

已经受到损害。他从1797年以来已经受到16％的损失，并且还不能保证不会很快就再受25％、30％甚或50％的损失。谁会同意保有货币或证券，如果它们的利息是按这样的条款以货币付给的呢？只要明确宣布实行这样一种制度，保有这种财产的人为了作好预防的准备，是会不惜任何牺牲的。博赞克特先生在这几句话里已经像所有的作者和理论家在开始讨论这个问题以来所提出的那样，发表了意见，以赞成限制兑现条例的废除。那么，博赞克特先生是否承认，由于它不再是黄金，我们就没有标准了呢？让我们听听他说些什么吧①："如果一镑纸币是**单位的名称**，那当然有人会问，究竟标准是什么？"

[256] "这问题是不容易解决的。但是，考虑到政府和公众之间的交往对总的流通占很大比例，这种标准也许就能在那些交往中找到；并且，把1镑纸币的标准价值想象为33镑6先令8便士的利息、即3厘息的股票，似乎并不比推想这一标准同一种金属有关更为困难；这种金属现在完全不在继续流通，并且它即使作为商品，每年的供应量也没有达到政府一年的国外支出的1/20。"

这样，我们就**有了**1镑银行纸币的标准，这就是33镑6先令8便士的利息、即3厘息的股票。但这利息是用什么媒介支付的呢？因为**那**一定就是标准。33镑6先令8便士股票的持有人在银行收到1镑的银行纸币。所以，按照一个**注重实际的**人的理论，银行纸币是可以估计银行纸币贬值的唯一标准！

一大桶甜酒抽出了容量的16％，把水灌了进去。博赞克特先

① 《补编》，第122—123页。

生企图用以发现掺假的标准是什么呢？从同一桶里抽取掺假的样酒。

他又告诉我们，“如果银行真正拥有大量黄金，或者只达到600万或700万之谱，他们能加以利用的最好方法是收回所有5镑以下的银行纸币，并不再发行这一类的纸币”。[①]

如果这样部分地发行的金币按现有的汇价和金价被出口或熔化，银行家和制造业者又怎样能实行他们的小额支付呢？如果银行不发行小额纸币，而他们又无法以巨额纸币换取几尼，他们就不得不根本停止这种支付了。我对这问题思考得越多，我就越相信，除了减少银行纸币的数额以外，这种祸害实在没有其他安全的补救办法。

① 《补编》，第133—134页。

李嘉图手稿中的评注

1810—1811 年

关于边沁《价格论》的评注

(1810—1811年)

关于边沁《价格论》评注的说明

边沁从1810年12月25日到1811年1月11日关于通货的 [261]
论文曾由杜蒙译成法文。李嘉图对这法文译本作了评注。这些评注在这里第一次发表。

关于这法译本“是否宜于出版”，杜蒙曾和穆勒商量，穆勒就把译稿送交李嘉图，请他阅读和写下他的意见，并要他“写得相当详细”。穆勒在看了杜蒙译稿的第一部分以后，自己的意见是不赞成出版的：“它们是作者的一些松散的论文，未经整理就绪，作者对这问题在彻底探讨以前就不再研究了。”①李嘉图和穆勒似乎都同意劝他不要出版；但由于杜蒙急于想继续进行，他们三人就约定于1月11日在一里村李嘉图的家里会商这个问题；②他们讨论的结果没有见于记录，但最后终于没有付印。③

边沁关于通货的论文是多年以前写好了的。在1801年2月

① 穆勒的信，1811年12月25日，见英文版《李嘉图著作和通信集》第六卷，第14页。

② 见英文版《李嘉图著作和通信集》第六卷，第18—21页。

③ 这一讨论在1822年李嘉图访问日内瓦时又重新开始。关于这点，勃罗格利公爵后来曾对塞尼奥说：“我记得李嘉图和杜蒙之间曾在科佩特有一两天关于边沁的政治经济学的谈话。杜蒙拿出边沁关于这个问题的很多文稿。他的学说几乎没有不被李嘉图反对的，而且照我看来他是反对得很成功的。”（见塞尼奥《在第二帝国时期与梯也尔先生、基佐先生及其他著名人士的谈话集》，1858年3月8日谈话记录，1878年出版，第2卷，第176页。）

25 日，当他写信接洽出版他打算对波伊德新出的小册子[①]所作的答复时，他说通货问题“已经有一段时间占用了[他]很大一部分注意力”，并补充说，“也许有一天”他要专门对这问题写一本“不依时
[262] 间或人物为转移的正式著作”。[②] 两个月以后他似乎把这两个计划并成一个，打算出版一本书，一面评论波伊德，同时又发挥他自己对这问题的见解。在 1801 年 4 月 20 日写给尼古拉·范西塔特的信上，他写道，“在这大约两年的时间里”，他的大部分时间都用在货币的问题上：“我正在编写一本小册子，我想给它加个标题《真正的惊慌》（可以与波伊德先生的标题参照对比，在我看来，他那惊慌虽然也许不是全部，至少在很大程度上是虚妄的），或者可以称作关于货币信用的意见，——它的利益、困难，危险和补救办法。所谓困难，我指的是物价上涨（歉收季节更大的但暂时的影响除外）。所谓危险，我指的是总破产的危险。所谓补救办法，我并不是指禁止纸币的发行，——这是立刻会把危险变成重病的方法。”[③]

关于边沁的这些早年计划，杜蒙后来在他自己译本的导言里说：“作者从事著作的时期是英国处于大惊慌的时期，而这种惊慌是关于歉收、物价高涨和纸币增发的：惊慌是全部原稿的总标题。作者的意图是要证实群众的恐惧是关于物价高涨及无限制地增发纸币所可能招致的金融信用的毁灭。其所以加入惊慌的队伍并增

① 《关于英格兰银行停止发行硬币对粮食及其他商品价格的影响写给皮特阁下的一封信》，瓦尔特·波伊德著，伦敦，莱特书店出版，1801 年。

② 写给皮埃的信，见边沁《全集》，鲍林编，第 X 卷，第 361 页。

③ 边沁《全集》，第 X 卷，第 364 页。

加其恐惧，仅仅是为了让人听他提出的补救的方案。警告是原则，安全是其结果。”①

出版的计划终成泡影，边沁完全抛弃了他关于这个问题已经写好的文章。在 1802 年和 1810 年②之间的某个时候他应杜蒙的要求把他所有的手稿交给了对方，而杜蒙则打算把这堆杂乱的材 [263]
料翻译出来并准备出版，像他对边沁的其他著作所做过的那样。

在较晚的一个日期，杜蒙在其译稿上写了这样一条附注：“这些手稿已被作者完全抛弃，经我要求才给了我。作者告诉我，他在一再的尝试中常常改变意见，又常常恢复原来的意见，并且很芜杂，虽然其结果是有系统的；我于是把它分为三部分，设法找那系统，但其中很多篇章内容重复，所以还得加以选择。”③

当人们对通货问题的兴趣已被金价论争所引起的时候，杜蒙送交詹姆斯·穆勒，再由穆勒交给李嘉图的，就是这部多少还有些混乱的译稿。

李嘉图的评注等于是对这本著作的详细批评。这些评注对于大家已经知道的他当时关于通货问题的见解，并没有增加什么新

① 手稿第 31—32 页。

② 没有直接的证据可以更确切地断定杜蒙翻译的日期。大概是在该时期的早年，这一点是从他沿用边沁的指 1801 年为“现在”（见本书第 261 页）和他所用纸张上的早年透明水印看出来的（1794 年）。至于杜蒙于 1804 年正在翻译边沁的经济著作，这可以从他们在那年的通信中看出，但究竟是翻译这部著作或其他著作，则不能确定。（参阅边沁《全集》，第 X 卷，第 413 页和第 416 页。）

③ 手稿第 35 页。在同一页的较后一个附注是：“我在 1808 年把这些未能令人满意的手稿交给李嘉图，这些英文评注是他写的，但不幸没有参考符号。”这里所指的 1808 年无疑是 1810 年之误，并表明这一附注是很多年以后写的。所谓“renvois”（参考符号）究竟指什么，意义不明；李嘉图的手稿现在看来无论如何是完整的。

的内容，其主要的意义在于它们能表明他早年对政治经济学的其他问题的看法。[①]

杜蒙的译稿连同李嘉图的评注留存在杜蒙的文稿里面，由其继承人杜瓦尔博士于 1870 年送交日内瓦大学公共图书馆保存。
[264] 它的编目为"关于物价高涨和纸币影响一文的资料"，其分类编号为 Ms. D. 50（总目 1495）。

杜蒙的各篇没有总的标题，但在有一处（原稿第 338 页）曾称这部著作为《价格论》。这一著作包括若干单独的章节或命题，每章用单独一叠纸写，各叠张数不同。各章由杜蒙归纳为三部分如下：

第一部分　绪论。财富在其各种变动中的研究，财富的价值及其来源。

第二部分　价格的上涨和纸币的影响。

第三部分　补救方案。[②]

在杜蒙译稿的一、二两部分，李嘉图对其评注各段均在页边标明号数（第一部分为 1—39，第二部分为 1—71），这与他评注的编号是相应的。评注本身是写在别的纸上的。

在每一部分杜蒙对各页、各叠稿纸和各章都没有编号。[③] 本书的各章是照李嘉图评注的次序排列的，这一定是照他收到的原

① 例如参考本书关于工资和价格，第 262 页；关于积累，第 264 页和第 267-268 页；关于效用和价值，第 274-275 页；关于收获递减，第 277-278 页；等等。

② 李嘉图对第三部分没有评注，所以全未印入本书。

③ 在较近期间各页一定已经搞乱，几年以前由于编定页次，这种混乱已经具体化了。

稿的次序。但关于第一部分,杜蒙显然是在较后的时期在印有1807 年字样的透明水印的纸上写了一张编排章次的目录表。[1] 这些号数现在就加在各章标题的前面。

日内瓦的 Ms. D. 50 共有 488 页(其中有 43 页是空白),内容如下:

第1—19 页。李嘉图的评注,包括 14 页四开大小的笔记纸和 5 页 [265]
大页纸。

第20—29 页。关于一本法文政治经济学的一系列英文笔记,这本书是谁写的尚未认出,笔记则为约翰·穆勒青年时代的亲笔,有詹姆斯·穆勒修改的笔迹,写在印有 1824 年字样的透明水印的纸上。(这与杜蒙-李嘉图的原稿并无关系,一定是由于误会而并入的。)

第 30—137 页。第一部分(包括绪言和第二部分的一叠)。

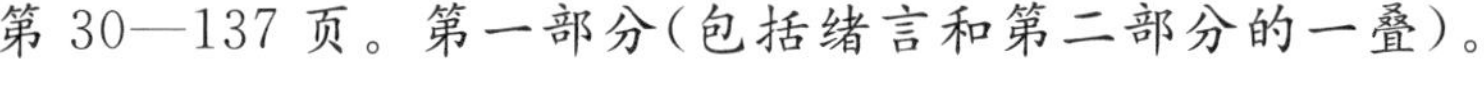

第 138—337 页。第二部分。

第338—433 页。第三部分。

(第 30—433 页都是杜蒙的亲笔,只写一面,用的是英国制的四开纸,印有 1794 年字样的透明水印,只有第 30 页,即有上面所提到的目录表的一页,其透明水印字样为 1807 年。)

第434—439 页。结论(关于边沁的著作)是杜蒙的亲笔,用的是英国制的大页纸,有 1802 年透明水印字样。

---

① 杜蒙在目录表上所定的次序,大体上是与李嘉图评注的编号相一致的。但“货币的增加引起价值的下降”这一节(见本书第 266-267 页),从李嘉图评注的先后看来似乎是在他所看到的原稿的第 2、4 章之间,而在杜蒙的表上则作为第一部分最后单独的一章。

这部手稿的其余部分至第488页为止，包括杜蒙论述不同经济问题的亲笔杂文（其中有一篇专门讨论桑顿的《纸币信用》）。

杜蒙在其译述时所使用的边沁的原稿，在日内瓦的手稿里都没有。但在伦敦的专科大学的边沁手稿里有一些片断：目录里写明为“政治经济学——纸币的祸害；1800年”和“惊慌的补救；1801年”（书目柜III(a)，第84—147页和第148—171页）。[①]

这里采用的排印方法与《李嘉图著作和通信集》第二卷《对马尔萨斯的评注》相同。杜蒙原稿中有关了解李嘉图《评注》的必要
[266] 部分，都以小一号字印在每页的上半部分（删节处以虚点表明）；李嘉图相应的评注则以较大号字印在一页的下半部分。（因此对向的两面作为单独一页看待。）对照的数字保存原来李嘉图注在杜蒙手稿上的样子。脚注内注出的，几乎都是对李嘉图原稿纯属文字上的修正。杜蒙写在他译稿边上有关边沁原文疑难处的注解，已以方括弧插入文内。

* * *

在上一说明及以下的正文已打出校样时，西尔贝纳先生已把李嘉图的评注（连同李嘉图在1811年1月6日写给杜蒙的信[②]）发表于《经济和社会史评论》，第XXV卷（1940年），第195页及以下几页。根据杜蒙所说他在1808年把译稿送交李嘉图这句话，西

① 有一张以“惊慌的补救。目次”为标题的纸上，写明日期为“1801年3月2日”和“1801年10月1日”，还有大概后来才记上的“给杜蒙”的字样。

斯塔克博士又报道说，第一目录柜内有关于惊慌的论文的其他一些片断（第617—626页）。

② 见英文版《李嘉图著作和通信集》第六卷，第20页。

尔贝纳先生以相当长的篇幅在其绪言中发表议论，认为边沁在李嘉图发表任何东西以前，对于引导李嘉图研究货币问题的兴趣上有决定性的思想影响。但是，既然我们从上面(第 265 页附注)已经知道杜蒙说的年份是 1810 年的误写，并且这译稿事实上是在《黄金的高价》出版几乎整整一年以后才送交李嘉图的，这一论点也就失去它的根据了。

1811 年 1 月 1 日李嘉图写给穆勒的一封信，①现已在穆勒和李嘉图的文稿中发现，信中概述了李嘉图在阅读边沁著作时对那本书抱有的看法。

① 英文版《李嘉图著作和通信集》第六卷，第 14—18 页。

目　录

第一部分　绪论。财富在其各种变动中的研究，财富的价值及其来源

第二部分　价格的上涨和纸币的影响

第一部分　绪论

财富在其各种变动中的研究，财富的价值及其来源

导　言——本题的宗旨

目前(1801 年)货币的价值只等于 40 年前的一半，而 40 年后货币的价 1
值将仅为目前的一半。

这两个命题构成本书和指出预防此一祸害的措施的基础。……

---

1. 由于我把过去 40 年货币价值的下跌归之于造币金属的增 [269]
加，所以，除非发现新的丰富的贵重金属矿藏，我就预见不到在今后的 40 年再会有类似的下跌。

这一章的论点是，纸币的增加对于价格的增涨与金属货币的增加有同样的影响。这无疑地是对的，但我们应该记住，要增加纸币，就不能不引起这种货币与贵重金属相比之下的贬值。所以说，纸币充斥的祸害一定可以从商品价格的上涨中看出来，这也许是正确的，——但纸币既然不会比它所代表的硬币价值较低，就绝不会[①]比在没有纸币的情况下的硬币更为充斥。黄金的价值可能受纸币增加的影响，但到了金矿由于利润低减而不再供应通常的数 [270]

① 原来这里写的是“超过所代表的金银而持久地增发的”，后改为“这样地增发，以致持久地”，最后把这几个字也删去了。

2 物价的上涨或货币的贬值是表达同一事实的两个不同方式。

有几个一般的假设来解释物价的上涨——有时候责怪歉收季节，但这仅仅是暂时的影响——更经常的是归罪于赋税，当然这个原因的作用是无可否
3 认的，但是这一原因显然远远不足以解释整个影响，每人均能观察到各种最主要的消费品：小麦、饲草、煤炭，肉铺的肉类并非由于直接税的原因而提高了价格。人们归因于硬币的增加，归因于纸币的增发，而根据我所从事的全部研究来看，正是在这方面确能找出重大的原因，真正的原因以阐明硬币以往的这种贬值并预示着未来的贬值。

4 另一方面，如果有一种情况可以作为全国繁荣的标志，那似乎特别在于货币信用的有利形势，因为这种有利形势表现在纸币的增发。

在这里信誉是基础：实际财富和物质财富是其结果。不论将视线注视着它的起源或者将视线转移到它的结果，这是国家引为自豪的主题。

但是，这一好事并不是单纯的：它掩盖着一种可能压倒好事的坏事，它掩盖着一种危险，这种危险如果一旦发生，无疑地将使这一好事的一切优点黯然失色。

坏处在于一种间接税影响着所有的固定收益，同这一间接税相比较，所有税收加在一起，以及一切称为赋税的，简直算不了什么，正像当人们将战争

量时，它又很快会恢复它的价值。所以，任何纸币的价值绝不会恒久地低于它所真正代表的硬币的价值。

2. 这段话是不是很正确呢？在货币价值继续绝对稳定时，难道不可能有商品价格的增涨吗？

3. 虽然商品本身没有受到任何直接的课税，它们还是可能因税收而上涨的。如果对面包课税，每种商品都会涨价，因为任何商品的生产都是需要人的劳动的。

[271] 4. 由于货币贬值而引起的物价上涨，并不能证明国家的繁荣。

5. 货币贬值的祸害在前一节已有适当的叙述，并且实际上就

所造成的重担与和平所造成的重担相比较时，前者几乎消失一样。

肯定无疑的是，对于国家的一个阶级负担如此之重的这一贬值，其他阶级则从中获取利益。这些阶级当其他阶级不断下降时，它们则沿着幸运的阶梯不断上升。但是这种抵偿不再在好处和坏处中建立平衡，因为看来这种坏处是十分明显地感觉到的，而好处仅勉强地被看到。

至于危险，这是一切可能存在的祸害中最大的祸害了，那就是总破产〔杜蒙的评注："这点将证实吗？"〕：对这样的灾祸，人们无法准确地计算灾祸的时 5
间，但是能够指出灾祸的确实性，如果不采取任何措施去预防它的话。

虽然对于这一在其效果中观察到的祸害很难提供一幅非常骇人的图画，它表现出两种情况。这两种情况当能安定情绪和防止种种抱怨。

第一种情况在于这一祸害不是起因于它的直接祸首，即商人和银行家们的不当行为。对于他们的行为是不能给以任何道义上的谴责的：他们是在法 6
律的保护下进行活动的，无法指责他们的企图打算。……

第二种能减少惊慌的情况，是病情的严重性并不比药物的有效和无害性更肯定些。祸害在于纸币和硬币的无止境的发行，而补救办法则在于无条件限制发行。

在研究这个问题的过程中，除了物价的上涨外，还将证实，由于金属货币 7

是用欺骗手段使债权人丧失他们正当的要求。破产可以说是从货币的贬值开始的；那可能是逐步的贬值，以避免很大的动乱，——它最后的影响是使社会上的一个阶级富裕而牺牲另一阶级。

6. 利用一种其后果为立法机关所料想不到的法律，[①]为自己致富以牺牲你的同胞，难道不是一种不道德的行为吗？

7. 我但愿作者曾确切说明他所谓实际财富的意义。就我对这几 [272]
个字的了解，我想不出纸币怎么会使实际财富增加，而金属通货则不能。

如果他把这一看法只应用于政府的收入，那毫无疑问，以贬值

① 这里删去"于你有利"的字样。

的增加而造成的物价上涨不会使实际财富增加，由于纸币的增发而造成的物价上涨则使实际财富增加。但是由于上述原因，这种增加已不再是财产，只是这种增加比政府用提高直接税获得的一笔款子要方便些。

有一种理由能使我们安心于与无限制的纸币所造成损失同样轻微的实际财富增长的损失，那就是分期偿还基金的作用。用于支付债务，即用于抵偿构成债务的政府年金的每个100万，同样增补进全国资本。主要由收益所负担的、被捐税课征的钱移转给前债权人手里，这些债权人为了从中获取收益必须将它当作资本来运用，或者将它借给那些在这种形式下使用这笔款子的人。

资本的这种流动的效果在于垫支实际财富的生产，使其与需要运用的劳
8 动能力同样持久，与这种能力的运用同样迅速。

富有的或者并不怎么富有的资本家阶级同样将遭受双重损失：一种损失

的通货缴纳的捐税并不由于税收数额增加而有更多的实际价值，因为它们的标准也按同等程度贬低了价值。

8. 还债基金是资本而不是货币，所以不会提高物价。

由还债基金解放出来的资本不是资本的创造，——它只是从缴纳必要的捐税以建立那种基金的人的口袋移转给公共的债权
[273] 人。即使没有还债基金，并且缴纳的人把他们那部分捐税累积成为资本，也会发生同样的影响。① 再说，它的数字数额是无关紧要的，我们必须根据它所能使用的劳动量去判断它的实际数额。② 作者的论点好像是把它当作创造出来的资本。

9. 这里把损失算重复了。

10. 资本的输出同货币贬值有什么关系呢？货币的贬值既不

---

① 这句话是插进去的。

② 这里以“它的实际数额”代替原来的“它”字。

是与有固定收益的人们共同的由于货币贬值的损失；另一种损失是他们特有 9
的损失，即由于构成他们收益的这笔贬值了的货币款额的直接折价。〔杜蒙评注："对于我这点是不容易懂的——这里说的是什么折价？"〕

资本的输出乃是一种补救办法：输出的资本阻止了物价的上涨，因为物价上涨取决于硬币的增发；而输出的资本支撑了留下的资本的价值。因此，
如果资本输出不导致利率的增加，它就是一件好事，利率增加这样的结果是 10
不必害怕的，因为它是这原因以外的影响和甚至没有理由的。

如果人们还考察人口的迅速增长，甚至在战时仍是如此，如果人们观察到这种增长随着它的自然趋势很快发展到超越两个岛屿所能生产的生活必
需品，人们就会承认人口的迁居外国和资本的输出对大不列颠的现状来说是 11
一件真正的好事。

事实上，如果宁可处在逐步繁荣的形势，而不要处在停滞不前或者倒退

会促进也不会妨碍资本的积累。如果资本为了有利的使用而移转到其他国家，那只会起因于与流通手段的价值完全无关的资本积累。

11. 绝不能承认资本的输出会于国家有利。资本的丧失可能 [274]
立刻会把一个增长中的国家变为停滞不前或退步的国家。一个国家只有在它积累资本的时候才是前进的。大不列颠离开其资本不能再有利地积累的一点还很远。我并不是想否认资本家个人会在很多情况下受益于资本的输出，——但英国即使[1]收到它用在其他国家的资本的收益，也还会是一个实际的受害者。

12. 这些意见在我看来实在是[2]似是而非的；但我要毫无偏见 [275]
地尽力注意作者的见解。

---

① 这里以"即使"代替原来的"除非"。

② 这里删去"充分"一词。

的状态，如果说前进比后退，上升比下降要幸福，那么在成功的道路上步伐越慢，越符合健全的考虑。我认为这些并不是我们的投机商人和我们的米达斯(译注：古神话中酷爱黄金的国王)的共同看法，但是越是进行详尽的研究，越会对这些结果确信无疑。

初听起来这些意见是似是而非的——即增发纸币，这一货币的体现者，会使实际财富增加——而金属货币，这个具体的现实，却不会使实际财富增
12 加——而这些唯一有能力增加实际财富的货币恰恰又唯一地能导致破产灾祸。这些对许多读者来说就是新鲜的设想，而当我开始从事这些研究的时候，我自己可能也认为是奇怪的。……

第一章　定义和区别——货币实际财富和货币财富，硬币和纸币

货币一词有几个概念，有必要好好区分。货币一词表明带有标记的金属硬币，它除了在交换各种物品时由一手转到另一手的作用外，别无其他作用。

在另一个可以称为象征性的意义上，它用于象征一切物品的本身，用于象征一切财富。……

这种不幸的转喻造成一些十分严重的错误：由于没有将货币，硬币同财
14 富区别开来，人们都认为增加货币和硬币与增长财富是一回事，并认为只有在增加货币和硬币的情况下才能增加财富；而货币的增加(纸币形式下的增加除外)丝毫也不促进财富的增长，这种货币的增加超越了一定的限度是有

〔13. 要承认这一命题，我感到有很大的困难。〕①

14. 如果不先有贵重金属的增加，就不能增加货币。货币的增加不会带来任何利益，——但由于在它之前必须有贵重金属的增加，并由于那些贵重金属给人们提供金银器皿等等，从而被用来

---

① 这一评注删去，所以在杜蒙的译稿上没有相应的编号。

危险的。

实际财富一词充分地说明它同货币财富之间的区别；但是很不容易去说清楚货币财富不是一种实际财富。它不是完全正确的概念。因为尽管金属货币在货币的形式下除了将它与有用物品交换外，它本身并没有什么用处；而它除了这一大用途外，还具有通过用具和装饰等形式转变为许多用处的能力，没有这样的能力，它就永远无法取得它所有的、用于交换的价值。

第二章 财富的各种变动，它的价值及其来源的研究

国民财富只有联系具有想象价值的物品和过剩的奢侈品的基金才会有巨大的增加。在自己的需要以外去积存单纯的必需品并不是出于人的本性。当爱尔兰的农民为维持其一年的生活而种植了足够数量的土豆时，他还会徒劳无益地去种植更多的土豆吗？毫无疑问他是不会的，除非他预计到出售了 15
多余数量的土豆后，他能获得想要的对他来说并非绝对需要的物品。因此，是由于奢侈品数量的增加而不是必需品数量的增加（而这些必需品并不是急需的）国民财富数量可能增长。

货币的增加引起价值的下降

进入流通的每一笔硬币具有两个相反的效果——在一个意义上它增添了财富，在另一个意义上它减少了财富。它增添了个人或个人组成的一个阶

满足他们的欲望，它们的增加就是人们财富和享受的增加。

我看到这在下一节是被承认了的。

15. 全国的资本绝不会由于奢侈品的增加而有所增益。劳动 [276]
的工资是用于购买必需品的，所以在任何劳动的增加能实现以前，必须先使那些必需品增多起来。

级的财富，而迟早它将减少另一个人或个人组成的另一个阶级的财富。它不仅增添了一个个人的财富，而且给整个共同体增添了财富，因为交换的不论是生产性的劳动，还是生产成品，这笔硬币促使产生了以往不曾存在过的一部分财富。它减少的不是整个共同体的财富而是共同体中的某些阶级的财富，因为在增加硬币的数量时与一切销售物品的价值比较，它减少了本身的价值。在增加前，硬币的原来总量在价值上相等于销售物品的总量。〔杜蒙评注："这个假设证实了吗？人们难道不能认为销售物品的总额在价值上要
16 大大超过硬币的总数吗？在英国总共只有 6,000 万硬币：难道不存着在价值上 3 倍、4 倍甚至可能 10 倍于此数的实际资本吗？"〕在增加之后，增加了的硬币的价值仍然等于销售物品的价值，而前者不可能大于后者，因为不再有东西去交换余额——每一块旧硬币的跌价与新硬币的数量恰恰成比例。

因此，将新的一笔硬币投入流通的个人向硬币总额的所有者课征了与新币数额相等的捐税。

可见，财产的安全可靠性刚刚确立，一个不安全的新因素就出现了，二者似乎是不可分割的。

但是，这种安全可靠性的破坏的特点是：人们可以预见它和调节它。……

值得注意的是这个不安全因素是由增进的安全可靠性所产生的。只有对

---

16. 即使承认被流通的商品在价值上百倍于用以流通商品的货币，同样可以肯定的是，它们价格的涨落将①与货币的增减成比例；因为正是货币的流通速度，使任何一定份额的货币会百倍地相对于同样种类的货物。如果价值 100 万的货物能为 10,000 镑所
[277] 流通，这 100 万货物还是同样相对于 100 万的货币，但这 10,000 镑由于流通速度的关系，将在那市场上抵到一百倍。这一点所依据的假设是，这样的货物只卖一次，但由于它们可以连续出卖，这 10,000 镑的数额如果够用，不仅会流通 100 次；②而且还会按实际

① 这里删去"取决于"一词。

② 这里原为"10,000 镑不仅能代表 100 万的货物而且是一百倍"，后改写。

公正的行政管理部门给以巨大的信任，它才能授权发行纸币，而纸币已如此 17
严重地降低了硬币的价值。

第三章　财富及其各种变动

……………………………………

第四章　一般的收益，特别关于货币的收益

收益一般指的是财产的这样一部分，即周期性地归为一个个人所有的一部分，即使他全部将它消费掉，他仍能期待见到它整个地得到替代。……

资本一词用于表示以往收益中所作的储蓄：这些储蓄是今后收益的来源。 18

根据我们欧洲的气候，每年有它的收获期，而仅有一次。……

这就使在我们这里收益这个词往往和一年的时期相适应，一般指的是年收益。所谓共同体的收益，即它的实际收益，指的是共同体在整个一年期间更新了的那一部分财富。**资本**一词与周期性毫无关系。

人们指的收益，有时称为**实际**收益，有时称为**货币**收益。

销售的次数而增加其流通的次数。

货币由于增加数量而贬值的情况叙述得很清楚，——公众对这问题需要有一些说明。

但我们不应忘记，贵重金属除了作为货币以外还有别的用途。

17. [①]在银行兑付硬币的时期，通货的任何增加都不会持久地 [278]
减低货币的价值，因为这种增加不会持久地减低金银的价值。即使从来不曾有到过银行，那些金属现在也不会有更大的价值。

18. 这位作者认为是增加的重要对象的奢侈品，不会像我已经说过的那样成为未来收入的来源。

① 这里删去“无其他保证”字样。

所谓**实际**收益，我指的是**物品**本身，即个人为了他们的享用而使用或消费的各种物品。

所谓**货币**收益，我指的也是全世界都如此指的，即个人用于购买构成他们实际收益的物品所需的货币。……

共同体的货币收益，除了贮存或者作为货币资本使用的以外，都用于各种不同的购买并构成实际收益所由组成的绝大部分物品的价格。实际收益的另一部分不由货币取得的，不是来源于家庭生产，就是来源于交换，或者是免费取得的。

19 实际收益绝大部分每年被消费掉(即被破坏掉)。

货币收益除了发生事故和遭受少许损耗是不会自行消灭的。它从一手转入另一手，循环地流转。

在比较先进的文明国家里，共同体实际收益绝大部分，通过货币收益的手段(媒介)转到一些个人的手中：每人以货币形式从实际财富中获得他的份额。

一个人可将其货币收益用于五种不同的用途：1. 使用它购买实际收益；

[279] 19. 以下的全部解释非常令人满意，它很正确地说明了价格的真正来源。①

[280] 20. 既然不可能使每一个②人或大部分人都实现其金钱的收益，亚当·斯密的意见就是对的。例如 10 个人从其金钱收益中各节储 1,000 镑，由他们贷放生息或存入银行，这个社会就会因此比以前富裕 10,000 镑货币，但多半不是富裕了 1,000 镑货币，其绝

① 这一评注，李嘉图最初以“是否所有金钱的收益，除去”开始，后即删去，改写为：“我感到难于区别出作者所谓‘金钱资本’的意义，由于同一货币数额可以连续作为很多不同的人的金钱收益，我就不能同意金钱收益乃是构成实际收益的那些物品的价格的本质。假如一个社会的实际收益有 100,000 镑的货币价值，而 1,000 镑就足以流通那种收益，那就可以看出，整个社会会有很多次的 1,000 镑经过他们的手以构成 100,000 镑的收益，那么价格。”这段又删去了。

② 这里删去“任何”，改为“每一个”。

2. 贮存起来；3. 充当资本；4. 存放在出借取利而保留部分自己掌握的保险基金的银行家那里；5. 捐赠或有条件的馈赠。

至于他使用于购买实际收益的部分货币收益，那随着他获得了前者，他就丧失了后者：随着实际收益的来临，货币收益消失了。只有当他付出了先令，他才获得了先令的价值；除去在赊购情况下交付货币要或多或少延迟到收到购买的商品以后。

这一切看起来是相当清楚的。但是亚当·斯密在这个问题上缺乏足够清楚的概念。他自问，收益是什么（由于疏忽，这里漏去了“组成的”——原注），是货币还是交付货币后获得的物品，他在这个难点上困惑不解以致最后 20
结论落在物品上——根据这个判断，当一人得到他的一份货币时，他一点收益也没有，只有当他丧失货币时，他才有收益。按照亚当·斯密的说法，如果一个人把所有的收益都节省不用（那确实不是少见的事例），他就一点收益也没有。这个错误的原因何在？在于对收益这个名词，他不是既不托词闪避也不故弄玄虚地想到他自己的收益和考虑他赋予收益的用途，而是设想一种抽象的、虚构的、缺乏事实的概念。亚当·斯密将浓烟化成了光亮，但有时也把

大部分在借用储金的那些人手里已换成货物。究竟那些节储的人还是直接贷放出去，还是通过存入银行才使他能这样做，都没有关系。要以货币的形式获得金钱的收益，无论如何只有储蓄一法。“按照亚当·斯密的说法，如果一个人能[①]把所有的收益都节省不 [281]
用（那绝不是少见的事例），他就一点收益也没有了”。他会有一种收益，但这将在向他借款的人的手里以商品的形态得到实现。国家的货币只会在很小程度上有所增加，其余的都将完全是商品。

{绝对的收益是由一个人的劳动用另一个人的资本生产出来的，哪一种应该称作非生产性的呢？[②]

① 李嘉图先写“parvienne”，后又改成“parviene”。在杜蒙的手笔里，“parvient”与“parviene”几乎没有区别。

② 这一节插在 20 号和 21 号两个评注之间：它似乎是属于后一评注。

本来是光的说成了烟。

自然收益和议定收益

每年实际收益的总额，首先从起源上看，应是生产阶级的收益和财产。
21 只要收益仍然留在以劳动和资本生产收益的人们手里，我们可以称这种收益为原始的或天然的收益。

实际收益的各种不同货物必须从他们的手中转移到非生产阶级的个人手中。

这样从生产者手中转入其他人手中的原始收益部分可以称为国民收入的抽出部分。

未抽出任何部分以前的总收益我称之为自然收益；为了分配给非生产阶级而抽出的部分我称之为议定收益，这是按照一种先前的协议，生产者必须交给这些阶级的一些个人的部分。

从另外的角度来看，有必要将收益区分为绝对收益和相对收益：凡在共同体财富中不减少同等数量就不会消失的真收益或自然收益，我称之为绝对收益；凡在共同体财富不减少，但是相对于那些得到收益的人说，那部分已消失的收益，我称之为相对收益。

21. 多数的实际收益是从资本得来，而资本则得之于生产阶
[282] 级的储蓄，所以资本一定曾经是收益，但那资本的产物绝不会是收益。如果我从我的收益中储蓄了 100 镑，它在第二年为我产生了 10 镑，这 10 镑是在以前那种状态下从未存在过的新收益。如果再以此数用作资本，它又将产生一笔在这种或任何其他①形态下从未存在过的新收益。

经过这种修改，以它为根据的论点在我看来就是完全正确的了。

22. 〔如果土地、海洋、矿山和人的劳动的产物都不包括在实际收益里，这一意见也许是正确的。一种劳动和另一种劳动一样，

---

① “或任何其他”是插进去的。

绝对收益的来源:1.用于农业的劳动和基金(资本);2.用于矿业的;3.用于捕鱼业的;4.用于机械工艺和美术的;5.用于工厂的。

相对收益或议定收益的变化或来源——

1. 为了使用土地而交付地租的义务。……

2. 借贷货币定期支付利息收益的义务。……

3. 年金。……

4. 构成**劳动工资**的收益,没有先前的任何义务,而是依据个人自由选择和依据能终止和重订各种劳务的协议。——医生、教师、律师和仆人的收益即属于这一范围。

还应附入这一范围的是生产劳动的工资,由于这类劳动生产了构成真实收益实体的许多物品;因为正是由于一项协议,一般地说,每个工人分别地得到他的份额收益。〔杜蒙评注:“依我看来,这点在某些方面是可争议的,而在
另一些方面则是无可争议的。制造呢绒的工人不靠呢绒为生;但是农民却靠 22
土地产品的一部分为生;渔民靠一部分捕捞物为生。——是不是从这些超过他生理需要的部分,他获取相对收益?”〕

其报酬是从那实际收益中抽取出来的。制造业者的工资同土地耕种者的工资一样,不管以什么东西支付,都是从同一来源得来的。〕[1]

273

参阅第 44 号评注[2]

21. [3]这是相当奇怪的。作者的意思是指[4]各种生产阶级在 [283]

① 全节均删去。

② 这一参照不知指何处,因第一部分并无 44 评注,而第二部分的 44 评注则讨论其他问题。可能是第 4 号即第二个 21 号评注之误,见下一附注。

③ 这一误编为 21 号的评注,大概是指边沁所谓相对收益的第四形式,也就是标明 22 号那一节以前的一节。边沁把劳动的工资或其一部分包括在相对收益之内的理由,在杜蒙的译稿上没有说明;杜蒙在这里删去的后面一段里说,这种说明在边沁的原稿上就没有,并作出他自己的推测如下:“**劳动的工资**能够按期偿付,作者说这句话的意思是不是要使劳工遭受奴役呢?”

④ 这里删去“社会”一词。

5. ……由捐税提供的收益……

第五章　财富及其价值的研究

财富和**价值**两词互为解释。为了能够成为财富整体的组成部分，一种货物必须具有一定的价值。财富就是按这一价值的多少来衡量的。

所有价值的基础是物品的效用，人们从该物品作出的用途。没有用途、

24 就没有价值。因此，任何一种财富在生活、防护或享受方面具有用途，这些物品就拥有一种**价值**。

1. 第一种区别表现在用途或直接的内在的价值与间接的或相对的价值之间的区别(subservient)。……

2. 第二种区别是具有一种**基本**和**不变**价值的物品与具有**可变**和**虚构**价值的物品之间的区别。

具有不变价值的物品是食品，衣着、燃料、住宅，特别是低价的物品。具有可变和虚构价值的物品仅包括纯粹享受的物品。

虚构价值是基本价值的巨大的保险基金。一切奢侈品通过交换可以转

再生产时期支付糊口费用以后的纯收益呢，还是指总的产量呢？如果我一方面消费一袋小麦，另一方面能够用我的劳动生产两袋，他把我的收益算作两袋还是一袋呢？如果他的答复是一袋，那么，因为劳动的工资已经扣除，书边 22 号[①]的注解里所表示的反对意见就是很有根据的了。

〔23. 我不能同意这最后一点意见。〕[②]

[284] 24. 我喜欢亚当·斯密在使用价值和交换价值之间所作的区

① 指杜蒙的注解。

② 整个评注删去。在杜蒙的译稿上没有相应的编号。

变为衣食和防护物品……

奢侈是使用收益超出了必需。大量的收益只能在挥霍的情况下被消费掉。在拥有一笔收益和自由使用这笔收益之间存在着不可分割的联系。浪费是一直受到谴责的，对个人有害，就个人对国家来说也是有害的，奢侈就从 25
来不是这样。混淆奢侈与浪费，混淆收益限度内的消费与超出收益限度的消费，企求一切比自己优越的条件，把自己的浪费归罪于他人的浪费，确定哪些应当做或哪些不应当做的准则，趋向禁欲主义和愤世嫉俗，其结果将导致超越社会上一切阶层的水平，导致财产和工业的破坏……。

3. 第三个区别，具有很大的重要性的区别，是使用价值和交换价值之间的区别……。

4. 第四个区别在于内在价值和议定价值之间的区别：物品的价值决定于它的本质，称之为内在价值；当价值决定于明确或不明确的协议，给物品提供它本来不具有的价值，称之为议定价值。

金属货币是属于具有内在价值的物品，因为它所由构成的物体明显地具有各种用途。

纸币是其价值为议定性质的主要物品。

别。① 按照那个意见，效用不是价值的尺度。②

25. 浪费是对一个国家绝对有害的，因为它减少全国的资本，因而也减少其收益和资财；③一个在奢侈品上消耗大量收益的人 [28
不是浪费者，他没有减少国家的资财，而就他来说，只是把资财保持在不增不减的状态罢了。但那些不管收入多大，只要能将它储蓄起来并把它增加到他们的资本上面的人，就对身为其公民的国家增加财富和资源。

① 《国富论》，第Ⅰ篇，第 iv 章；坎南版，第Ⅰ卷，第 30 页。

② 代替原来的“来源”。

③ 这里删去“但如按我们所指的奢侈”。

但是，这种议定价值的来源是什么？难道仅仅是协议吗？……不。凡不具有内在价值的永远不会成为任何议定价值的基础。从什么都没有中是做不出什么的。无中不能生有(Ex nihilo nihil fit)……

如果很小一片没有使用价值的纸却具有很大的交换价值，那是因为这张纸已被当作对持有者所作的承诺，应交给持有者承诺的货币数额。长期经历证实了这种承诺的信用，于是纸币被当作金属的等价物而被接受。

从英格兰银行的情况，我们看到一个简单的例子，在这里当纸币已经不再具有使持有者掌握它金属价值的性能时它却保持了它的价值……。两种价值之间的联系受到中断了，在这种危急时机，一种可以说是奇迹式的协议来给它以新的支持。但是这种协议的基础是什么？那就是认为这种暂时中断的联系很快将重建起来的信念……。

因此，用简单的话来说，事实上作为交换手段，金属货币的价值，它的议定
26 价值仅仅建立在它的日常价值它的内在价值之上。而纸币的价值，虽然由于协议效力而能维持一个时期，则完全建立在承诺所涉及的金属价值的效力之上。

第六章　财富及其来源的研究

一切财富……是土地和劳动即人类的劳动结合的产物……。

运用劳动手段去增加财富，是在于达到一定时间内劳动**量**的增加，或者一定程度的劳动**效果**的增加……。

劳动量或劳动效果的增加可能与**资本**有关——与资本的增加或资本的

---

[286] 26.我很怀疑究竟这是不是贵重金属价值的基础，——我所怀疑的或者毋宁说，究竟这种说法是不是应该有些修改。如果是真实的，则在我们相信银行有偿付能力的时候，纸币一定能保持它的价值，——但目前我们看到的事实恰恰与此相反，尽管对纸币发行的稳定性有着很充分的信心，现在的纸币就有了单单由于发行过多而产生的巨大贬值。

效果有关，即与使用较大的资本或对同一资本作较好的使用有关。

有必要指明哪些是财富的真实来源，以便越来越看到硬币及硬币的增加并非来源之一。这是上面所谈的一个论证。〔杜蒙评注：“这点并不清楚。我到一个贫困的国家，那里有许多人失业，我带去一大笔货币，把它用于开垦一块沼泽地，购买家畜，支付许多工人的劳动，硬币不是财富的真实来源之一吗？在印度发了财的苏格兰人带回了货币资本后，苏格兰的面貌不是改变了吗？在作者对硬币所表现的反感中也有一些使我迷惑不解的地方。”〕 27

关于财富的增加

没有土地，劳动本身不可能产生任何东西。劳动必须或者直接地作用于土地或者作用于原来借土地生存的物品。

根据劳动的概念，财富不会从土地量的简单增加中获得任何的增加。这种土地的增加可以是大量的，而不会产生任何财富的增加。一句话，土地只 28
有当它与使用它的劳动相配合时才是财富的来源。没有这种劳动的配合，土地的占有不能促进通过交换方式转移的财富的增加。

但是，土地的一种新量(扩大部分)在不增加劳动量的情况下可能成为财富的一个来源，如果这一新增加土地由于它天生肥沃，由于气候原因或由于其他情况，使同量劳动收到更大效果，换句话说，对同量劳动提供更多的生产品的话……。

第七章　硬币及其不同的种类

....

27. 这一反对意见似乎缺乏很好的根据。任何一笔带到瑞士去的钱都不会使持款人能排除沼泽地的水而使它变成生产地。这笔钱必须首先用来向其他某一国家购买那些可以增加该国资本和收益的商品。同样的看法也可应用于苏格兰。苏格兰之所以有了改进，不是靠货币而是靠资本。 [287]

28. 在我看来，新土地的占有也许不必再增加劳力就会增加

第八章　纸币及其价值

保证在提出时即能获得货币(硬币)和拥有货币,在完成期待的目的上是一样的……。

在这个基础上,一些银行建立起来:银行制度在欧洲商业国家几乎都比
29 英国得到广泛理解。这些银行设想了一种贮金。在这里收下了货币,不仅点算,还要仔细检验。以成色很好的硬币为基础的纸币必然比较那些以流通中的杂色硬币为基础的纸币受人重视。

在这些银行建立的地方,体现存放银行中货币的纸币数量由于受到被体
30 现的金属货币数量的限制,可能有一种贴水,这种贴水随需要而变动。

在英国,银行不是建立在贮金上,可靠性与纸币优点相比从来不可能是

财富的数额,因为同样的劳力用在加倍于英国现今耕种的同样好的①土地上,会取得较大的收获。这个意见所根据的,是土地的生产力会按使用于土地上面的劳动和资本的比例而逐渐减少这个理论。这里所表示的意见大体上无疑是正确的,但我觉得还需要作一些修改。

我看到这一点在下一节里得到承认。

[288] 29. 英格兰银行作为一个储蓄银行,确实不很像阿姆斯特丹和汉堡银行那样可靠,但在使国家的全部资本发挥有效的作用方面却无限地更为有用。英国的纸币行施贵重金属的职能,而贵重金属的出口是为了换取那些能够更有效地和更有利地加以使用的商品。在荷兰和汉堡,银行的好处首先在于以纸币代替金属,作者对于这一点已有很好的叙述;其次在于有一种不受减轻或损耗影响的衡量价值的划一尺度。

---

① “同样好的”是插进去的。

完美的;但是,为了这种情况作了扣除,那么,考虑纸币的优点而让它具有贴水,安全性是充分的。

如果这一贴水从未存在过,考虑的不是不安全感而是其他原因。那是由于纸币的数额从未被限制过,而在储蓄银行里它必然是有限制的那样。由于 31
人们保证在他提出要求时能够获得与纸币相等的金属货币,因此谁也不能要求任何贴水……。

第九章　一种货币和它种货币间迅速流通的能力

决定这种和那种硬币之间流通的相对条件可以归纳为四个方面:

1. 不论是金属货币还是纸币,它价值的微小性。

---

30. 某某先生对金价委员会[①]说得好,他认为对银行货币的贴水不是对银行货币的额外补贴,因为只是作为衡量通用货币价值 [289]
的尺度,那是固定不变的。

在我看来,作者似乎没有很好地了解欧洲大陆银行货币的性质。

31. 据说银行纸币不能充分加以限制使其能有一种贴水,因为凡是手里有几尼的人都可以在银行按平价买到纸币。这些纸币按平价买卖,乃是对公众的充分保证,如果它们到今天仍然如此,就还会这样。但作者以为银行货币不能在储蓄银行花千分之一的最小贴水买到,那是错误的,我相信在汉堡是可以用金银买到银行货币的。并且金银也不能认为与硬币在彼此相同的重量和标准上具有同等的价值。

---

① “证词记录”,八开本,第 81 页。关于某某先生,见本书第 405 页及以下几页。

2. 可携带性。

3. 可靠性的优点,特别是纸币包括物质价值的不变性。

4. 在纸币的情况下,支付的及时性。

Ⅰ.在这些情况中,起主要影响的是价值的微小性……。

因此看起来,如果人们需要加快流通速度,并由此增加一个国家硬币额的有效能力,只有削减较大价值货币的数额,而增加小额价值货币的数额。

但是这一行动并不带来理想的效果。〔杜蒙评注:由于过分省略,不能理解。〕

小额货币的增加超过交换所绝对需要的比例(即是说为了交换将一个先令换成半便士,将一个几尼换成先令),对加快流通速度与其说是有利,不如说是有害,因为这种增加使之不易于携带。

所以人们可以在一些国家看到贵重的金属货币在交换一种粗重货币时
32 拥有一种贴水。在法国,至于在过去,大宗金子比它的法定等价物银子具有更大的价值。在俄国,银子在兑换铜时往往占便宜,为因铜作为国家矿产物比贵重金属要丰富。

[290] 32. 这可以从法国和俄国的造币厂对于金银的相对价值没有作出正确的决定来说明。

33. 这对于纸币来说似乎并不是必要的,英格兰银行很多年来的纸币就是证明。不管纸币最后清偿的时间多么远,只要它们不是发行过多,它们甚至到现在也还是可以保全它们的价值的。

34. 国库券不能看作纸币。政府可以在某些场合把它们当作纸币用,但用了以后马上就不再执行货币的职能。它们同公债一样不能当作纸币看待。它们绝不能作为偿付的手段从一个人手里
[291] 流通到另一个人手里。拥有国库券的人如果有款项要付,必须先在金融市场上卖掉证券以换取银行纸币,如果市场上缺乏货币,发

Ⅳ.支付的迅速性:这一最后的情况影响着纸币迅速流通的能力。正是由于这一情况,带有利息的纸币的性质(效果——力量,性能)多少受到影响。33

这一原因,从物价方面看影响不容易辨明,因为它与上述其他原因混淆在一起,还由于它本身有变化。在汇票方面,支付的延缓,即流通耽误的原因,与承担支付义务的那方面的支付能力的不可靠性程度有联系。在国库券 34
方面,支付时间虽然比汇票时间较为遥远,通常是在规定的日期进行。在海军债券方面,幸好近来已经不用了,在支付日期方面表现的不可靠性促使在贬值过程中跌价,单这一点已足以阻碍流通使其不适宜于为政府服务。

在国库券方面,本金和利息是一起支付的。在印度公司证券方面,虽然利息的支付比国库券更迅速更正常,但是本金的支付不仅拖延到遥远的时间而且拖延到不确定的时间。这样,宁愿做债务人,他可以随心所欲地去执行还债的权利,而不做债权人,他没有强使付债的权力。

不易辨明这些证券延缓支付对流通的影响的另一情况是数额的大小,印度证券至少 100 英镑,国库券 500 英镑,而且常常是 1,000 英镑——仅此就足够使这一类纸币不能再在社会交易的支付中使用。

然而不应认为这些票据对各种硬币总量进而一般物价不起一种间接的影响。在批发商之间有许多商品交易,通用 100 英镑、500 英镑和 1,000 英镑 35

行国库券只会加重而不会补救穷困。

海军证券从前也有很大的折扣,这是由愚蠢地强迫市场销售所引起的,而不是由于缺乏准确的偿还期限,因为在偿还以前的日子里都有利息,并且也没有人怀疑它们的担保。

印度公债并没有规定偿还的期限,但一般都涨到票面以上,就因为采取了比较明智的推销方法。国库券虽然只对货币支付 5 厘以下的利息,却通常也有 5% 或 6 先令的增涨。

35. 我相信这是一个很大的错误。国库券从未作为货币支 [292]
付,而主要是被银行家或有钱的人买进并保存起来的。没有人能不付同样数额的货币而得到一张国库券。如果一个建筑工人从的证券就像普通银行的钞票使用在社会事务中一样;特别是国库券已成为这类货币的组成部分,即银行家掌握的储备基金以满足那些经常将款额存放在他们手中零星取用的人们所提出的特殊的货币需要。这些证券的法规在一个世纪的经历中如此成功地建立起来,以致尽管这些证券不能见票即付,人们始终确信在首都,在第一流的商人中间能够找到一个为他们准备好的市场。

第十章 保证基金

各种类型的纸币均应凭票即付,因而要求一种保证基金:大量货币经常准备着充当纸币的保证金……。

首先,我们可以看到斯威夫脱关于捐税的"2+2不是4"的话能够用于银
36 行业务的算术上。如果组成现金保证基金的金属硬币总数是纸币的⅓,这种方式下3+3不等于6,而仅是5。〔杜蒙评注:"不理解"〕

英格兰银行的保证基金

英格兰银行的保证基金完全由贵金属组成,部分以英国硬币的形式,部分以金锭或者以其他国家铸造的货币的形式……。

只要英格兰银行适应要求能从铸币厂提取足够数量的现金的时候,尽可

政府收到一张海军或军械证券,在他将其出售于市场之前,他是什么也干不了的。整个交易的结果不就是这样吗?A以其存货供应
[293] 政府,政府以它从B那里借来的钱偿付这些存货,而这是通过A把债卖给B来实现的。它们与公债不同的地方只在于价格的变动要小一些。认为这些证券可以在都市经常找到市场的说法,对公债也是同样适用的。这种或那种的筹款方法是同样有把握的。

36. 我不懂这一节的意思。

[294] 37. 这种按3镑17先令6便士的价格买进黄金并将其铸成

能地保持住金锭，总是符合银行利益的。对应几尼的每一盎司的黄金，银行从铸币厂得到同等重量，即具有价值 3 英镑 17 先令 10½便士的现金。而为这一盎司金锭银行给商人的价格是 3 英镑 17 先令 6 便士。银行把这一盎司交给铸币厂时所得的利润是 4½便士，即 2％强……银行从铸造的货币所得的利润不论多么少，总归是从原先不会带给他们什么的资本上，既不冒险又不费劲即可获得的。这是确实的，如果这一资本处于停滞状况，不带来任何利息，那么他们为代替黄金而付给的纸币也不会向他们索取任何利息。有这样的保证他们就能够不必担心地发行无限的数量。如果发行的纸币回到他们手里而换去硬币，他们只需把他们用纸币买进的金锭铸造相等的（硬币）；
随着他们逐步将硬币脱手，他们收回过剩的那部分纸币。这种活动绝不使他 37
们蒙受损失，而形成了他们的全部利润，因为只对应回到他们手里的纸币他们才铸造新币，而根据所铸造的货币量，他们取得黄金买价和他们收到的几尼价格之间的差额，也就是 2％的利润。

银行的保证基金（片断）

像建筑物同基础相适应一样，随着每一银行家根据一定数量硬币的力量而投入流通的纸币增加，纸币的总数和流通手段也相应增加。

按银行家的估计凡能为他取得现金硬币或者类似的东西，对于他们说将是一种保持较少硬币的手段，或者是按比例数发行纸币的手段，只要他认为

硬币的买卖，对银行来说也许是很不利的，因为他们既以纸币购买黄金，他们就会造成纸币过剩，而人们就必然会把过剩的纸币送回到他们那里来兑换硬币，使他们非立刻准备不可；——另一方面，他们把黄金送交造币厂要隔几个星期才能换得硬币，其中所损失的利息远在每盎司 4 便士半以上。

关于纸币发行过多的影响，我还没有看到作者有什么说明。

4½便士不是对 3 镑 17 先令 10½便士的 2％，而是少于 0.5％。

这样可行而又有利可图。

这样，一家银行（假定是可靠的）的纸币将构成另一家银行发行纸币的基
38 础，甚至是一种非常方便的基础，反过来也是这样：A 持有 B 的纸币，B 持有 A 的纸币，因而在每一次，当建筑物在高度上无限制地发展，而它的基础仍然保持原样……。

省银行的保证基金

〔杜蒙评注：“整章删除，手稿太长——我感觉不出深入研究这一题材有什么重要性……”〕

省银行为发行他们纸币的保证基金是属于完全不同的情况。可以将基金分为两部分，称为**特别**保证基金和**一般**保证基金。

---

38. 我们假定作者所说的是持有人随意可兑现的纸币。如果
[295] 是这样，他的说法是完全错误的。所有的银行并在一起用尽办法也不能使一定数额以上的纸币永久地保持流通。

39. 最近在对金价委员会的证词①中看到，各地方银行都在伦敦存有国库券、印度债券等等，它们于必要时用这些证券很快就能换到②英格兰银行的纸币。也可以证明，它们为了兑换它们自己所发行的纸币，即使不是通常也往往用它们对伦敦代理人开发的汇票来支付款额。地方银行的纸币除了为换取伦敦的通货以外是很少兑换的，但这一方式对双方都很便利。对地方银行来说，因为
[296] 它可以防止有保存大额闲置资金的必要。对于地方纸币的持有人来说，换掉地方纸币主要是为了要在伦敦付款，这样就可以避免承

---

① “证词记录”，八开本，第 162—163、164、212 等页。

② 原为“很快就能把……变成”。

每一家省银行与首都的一家银行保持经常联系：这种联系在许多方面具有一种联合的效果。所谓省银行的**特别**保证基金，我指的是省银行从这家联系银行能够获得和正在获得的各种的援助。

至于所谓一般保证基金，我指的是，省银行除每天支付以外经常保存在金库里的硬币余额的平均数。

人们知道我说的**特别**保证基金与组成伦敦银行的保证基金将是同一性质的……。

国库券，印度公司证券，或者由于他们的面额，或者由于他们价值变化的 39
影响，一点也不适于组成省银行的保证基金。

组成这种基金的，首先是一定数量的有效硬币，英格兰银行发行的 1 英镑和 2 英镑的钞票，以及竞争银行发行的钞票。……

担把银行纸币送到伦敦去的风险。

英格兰银行的储备除了硬币和金银以外还包括汇票和政府证券。地方银行的储备则为政府证券、汇票、硬币和英格兰银行纸币。

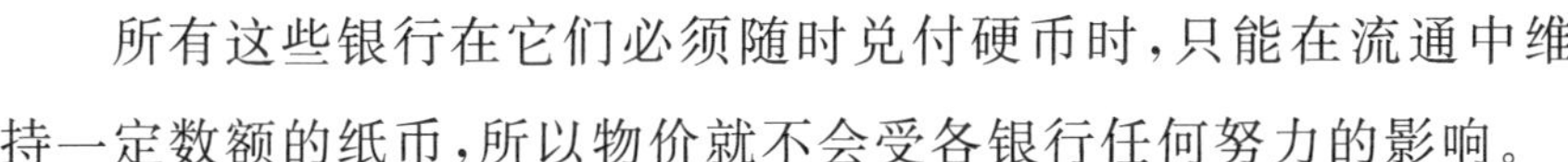

所有这些银行在它们必须随时兑付硬币时，只能在流通中维持一定数额的纸币，所以物价就不会受各银行任何努力的影响。

第二部分

价格的上涨和纸币的影响

引言

这一研究的对象是几年以来有关物价上涨的经常性方面；我指的物价并不是无区别的所有的物价，而只是对于收益的，真实价值发生影响的物价……。

影响收益的价值的物价不是所有物品的价格，而是日常消费品、食品、衣着、燃料和其他物品的价格。

价格变化使收益的价值不受影响或者至少不受直接影响的物品是各类收益的来源，即土地资产，房产，矿山，契约，抵押，公共基金等。

不管这些物品的价格上涨或下跌，一种收益的价值不受影响，如果我有100英镑的年金，只要我不准备出售它，它的价值受着商品的增加或减少的影响；如果我准备将其出售，我获得收益的价值在购买后的一些年份中不因价格增减而增减。

1 同一原因影响收益来源的价格和收益本身的价值，即硬币的数量；但是它还受到另一种情况的影响，即当前财富的价值和未来财富的价值之间的比

---

[297] 1. 如果货币发生贬值，以货币支付的年金的价值也一定会减少。究竟作者以为还有什么其他变动，没有明白地表示出来。①

在这一章里作者没有对我们清楚地说明究竟他用货币或流通

---

① 原句为“但由于货币的增加并不对一国的真正财富有何增益，年金不会受由此产生的任何其他变动的影响”。

例……。

价　　格

一种生产的主要成本(Prime Cost)或者主要货币成本,我指的是进行实际生产花去的各种费用的货币总额包括构成货物的各种材料的费用,劳动过程消费的材料的费用,例如燃料的费用,劳动的费用,使用土地房产的费用,运用设备、工具的费用,即一切用于制造、运输、维护的工具设备的费用……。

对货币主要成本中各种基本费用的数额,人们无法确切地区分,而主要 2
成本能够确切地表现为进行实际产品生产使用的劳动费用。

价格上涨和下跌的原因

在考察物价上涨和下跌的原因时,很重要的是从区别近因和较有点遥远的原因着手;否则一种相反倾向的原因将被放在同一条线上,以致人们一点不能构成明确的概念。

我要说明的:第一轮促使上涨的各种情况,有一些在第二轮却促成下降。
新的硬币流到市场使一切商品比例地涨价;但是这种物价上涨为生产提供一 3
些手段和鼓励,并引进超额的商品,当这一原因有时间发生作用,就形成使商品价格比例地下降的趋势。

影响物价上涨的原因可以区分为二类:1. 影响硬币总量的原因;2. 影响 4
销售货物总量的原因。

媒介这个词的意义是什么。他是否包括对银行所开出的支票、国 [298]
库券、印度债券以及银行纸币和金属货币,我只把后者(银行纸币和金属货币)看作流通媒介,并且我以为这些东西大部分换手的次数要远较作者所设想的为多。

2. 假如在货币的价值方面没有发生变动。

3. 为什么单纯货币的增加,除了减低它的价值以外,还会有其他的影响呢?它怎么会促进商品生产呢?

对影响硬币总量的原因,我指的是一切在当年以收益(为了收益)形式在支出货币总额中造成增加的一些原因。

5 支出总额可能以两种方式增加:1. 由于货币手段的增加,而收入和支出的比例保持原状;2. 仅支出增加,而收益和往常一样。

在收益没有增加情况下这种支出的增加是一种不符合人们习惯安排的事物;这在共同体内只能由于特别的和暂时的情况而发生,例如歉收和战争。歉收主要影响食品的价格,战争,除形成的局部损失外,还影响因它而增加消费的价格,和因为它而进口更费的货物的价格。

6 这两个原因,每一个原因在自己的活动范围内,都足以影响物价的上涨,甚至是相当可观的上涨,而硬币的总数并没有任何的增加。

除了这两种情况,物价只有在国民收入总额中也即是在所有个人的收益
7 总额中,出现一种货币增长的情况下才会上涨,只有货币量有了一种新的增

---

4. 把所有的商品综合起来看,这是对的,——但式样或其他
[299] 原因可能造成对一种物品更多的需求,因而对某一种或更多种其他物品的需求一定会减少。这不会对物价发生影响吗?

作者显然指的是各种商品一起或大部分物价。①

5. 这是否就是假定,未经消费的东西就是储存起来的东西呢?在任何时候收益总是被消费的;不过在一种情况下,消费收益的对象是消耗了的,没有再生产什么东西,②而在另一种情况下,那些对象形成新的资本以促进生产。

[300] 6. 如果商品价格的任何增加是按这里所假设的方式造成的,这一定是由于减少商品的数额,从而使流通商品的货币相对地较多。如果商品还同从前一样,但它们的价格增加了,那就绝对需要有更多的

---

① 这句话是插进去的。

② “没有再生产什么东西”是插进去的。

加或出现一种较快的流通速度时，才会上涨。

事实上，只有他的佃户交给他更多的地租，地主才能对他的消费支出作出惯常的增加；只有当他自己从他的农场获得更多的产品时，佃户才能对地租作出这种增加；而且他只有在他增加这些生产品的数量或增加他从中获得
的价格时，才能得到这一惯常的更大的金额。但是，只有实现了对他生产资 8
本的增加，他才能增加这些产品，而至少在发生了购买者用于这类消费品的货币量有了增加时，物价才能出现一种惯常的上涨，而从购买者本身来说这是以他们收益量的整个增加为前提的。

由此得出结论，从整个来看，我们只应在有效力量的增强之中，即在货币
数量和流通速度之中去寻求物价经常上涨的原因。 9

所以，物价上涨的直接原因是由于消费支出货币量的增加；而这种增加的直接原因是由于生产资本形式的数额的增长。但是，由于相同的原因造成

货币来使商品流通。但如果那是作者所说的大部分的价格，他就错了，因为一种商品的价格提高了，另一种商品的价格也许会减低。①

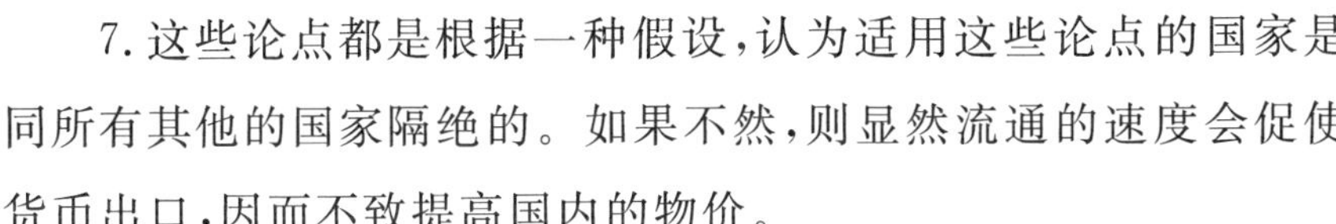

7. 这些论点都是根据一种假设，认为适用这些论点的国家是同所有其他的国家隔绝的。如果不然，则显然流通的速度会促使货币出口，因而不致提高国内的物价。

8. 如果他由于增加资本而能增加其产品，那么，除非这个国家的货币也已增加，这些产品或其他某些商品②的价格一定会下跌。

9. 在这一结论里，如果作者指的是大部分的价格，我完全同 [301]
意，③但也许有一百种物品已经涨了价，而另外一百种却也许由于需求的增减以及对最好的生产方法的了解有所增减而已经下跌。不

① 这一句是插入的。

② 前面七个字是插入的。

③ 这一评注的其余部分代替了“但我完全赞同作者得出这一结论的步骤”。

9½ 销售商品数量比例的增长。如果两种增长同时发生，如果这两种增长不仅是按比例而且是相等的话，显然物价始终维持原来的情况。物价上涨的显明事实是一个证明，而且是一个令人信服的证明，即销售商品的增长与货币量有效力量的增长不是一致的，而这一事实是两种增长差别的标志。

如果从论题的一般看法来说，这一结论是正确的，对它作一番详细研讨时，这一结论更显得正确。在货物制成并被消费者购买前，它曾经经历了许多人们的劳动，新资本在他们之间进行了分配。但是，由于货币一周一周地、

10 一天一天地被支付给工人们，而工人们获得这些货币立即用于消费品的支出，由此而造成的货币额的增加直接地促使物价的上涨，这笔货币在能够引起导致物价下降的销售商品增加的相反效果以前很久就产生了这种上涨。产生这两个相反效果的间隔的时间，因货物的不同而有很大差别。但是清楚的是，物价上涨的效果总是在下降效果之前，而最后结果证明后者超过前者……。

价格上涨的高度

新的硬币能够（正像我们已经看到的）从一种商业途径或非商业途径引进。

但如此，大部分的价格可能仍旧同从前一样，虽然每一个别的物品已由于课税的关系而增涨。

〔9½〕[①]货币不能唤起货物，但货物却能唤起货币。

把各国的收入分为花在消费商品上的和储作未来资本用的两

[302] 部分，是巨大错误的根源，因为它们对价格的影响是相同的。

10. [②]这里再一次假定货币的增加是在货物的增加之前。但

---

① 这9½的号数见之于杜蒙的译稿，而没有出现在李嘉图的手稿上。这里假定为9½号评注的是写在李嘉图手稿上写有后面第23号至第30号各评注那一页的反面，写得很乱，而且没有号数。由于这一评注与正文相合，并由于第10号评注开头用“这里再一次”等语，其含义似相衔接，所以这一假定似乎是有理由的。

② 这里划去“增加”一词。

从非商业途径引进的新硬币并不增添财富总额，其一效果是增加总物价（即影响收益的物价）。〔杜蒙评注：“在其他地方曾说到这种引进由于商业利润等原因增加了财富。”〕

从商业途径引进的新硬币以它的全部数额增加当年的总物价，正像第一种情况那样；但是应该从这一物价的上涨数额中比例地扣除新硬币促使销售 11
商品总额增加后影响物价的数额。

由此，从非商业途径引进新硬币而造成的总物价的增加是没有扣除的，这种新硬币数量就像原来引进的总额一样。举例说如果新基金是原有基金的 1/10，那么造成的物价增加将是 10+1 比 10。

通过商业途径引进新硬币量所造成的总物价的增加不是简单地对比新基金和原有基金总额，而是从总额中减去在同一时期通过新硬币生产性使用产生出的新货物而构成新货物价格的部分。

假定通过这种新资本的生产性使用而形成的销售商品额的增加与资本

我认为，它很少[①]会引起货物的增加，如果确曾引起，那将是在物价找到它们新的水平以前。[②] 这将通过把原来准备用于支付劳动工资的一部分资金暂时变作资本的办法得到实现。

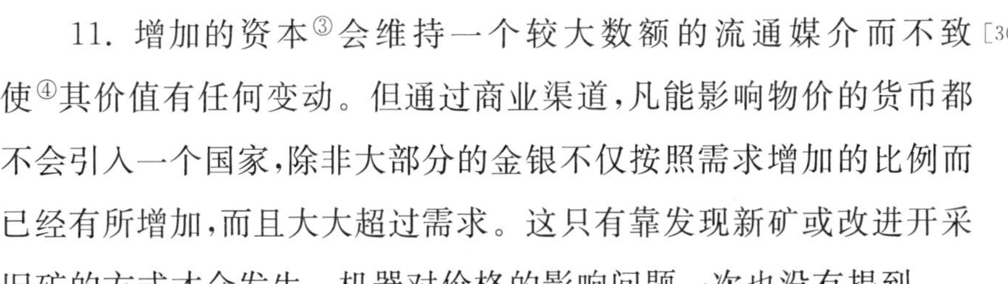

11. 增加的资本[③]会维持一个较大数额的流通媒介而不致 [303]
使[④]其价值有任何变动。但通过商业渠道，凡能影响物价的货币都不会引入一个国家，除非大部分的金银不仅按照需求增加的比例而已经有所增加，而且大大超过需求。这只有靠发现新矿或改进开采旧矿的方式才会发生。机器对价格的影响问题一次也没有提到。

① 代替原来的“绝不”。

② 在原稿上，这句话的后半部分的上面写着“货物的增加是增加货币的唯一正当的理由”，但不知道这原拟作为修正，还是作为补充。

③ 替代“这个说法是否就是以前已经解释过的所谓增加的商业和资本”。

④ 这里划去“它的贬值”数字。

12 一般利润相等，指 15％，那就是说应该从由于引进新资本而增加的总物价中，扣除新资本总额的 15％。

但是这个 15％只应在第一次使用新资本时计算，因为为全部用于生产
13 的第一次支出后，新基金在生产性费用和消费性费用之间按相互比例加以分配。〔杜蒙评注："手稿很模糊不清。"〕

因此，如果硬币总额和收益总额之间的比例是 1 比 3，换一种说法，如果构成全部收益每一块硬币在一年期间三次转手，那么应从新基金总额中扣除的不是 15％而是 5％。〔杜蒙评注："难于理解。"〕

如果新基金是原来基金的⅒，新的总物价将不是 10＋1－1.5＝10.85 比 10（李嘉图纠正为：10＋1－0.15＝10.85）而是 10＋1－0.5＝10.95 比 10。（译注：这里李嘉图没有纠正为 10＋1－0.05＝10.95）。

因此，第一年所作的扣除可以当作以后每年都要发生的，只要增加的基

[304] 12. 和 13. 这个计算在我看来是不正确的，即使正确，那也是很模糊的。① 如果在现有的货物数额上增加 15％，那就需要在原来用以维持物价不变的货币数额上也增加 15％，②事实上这就是这个计算所说明的情况，但作者的结论需要我们承认，货币的增加将激起商品量的增加，——但我不知道根据什么原理能够希望得出这样的结论。

有很多篇幅在我看来是很难了解的。作者在某些地方把货币说成是激发商品生产的资本，在其他地方则又说成是按其充盈程度提高物价的纯粹流通媒介。③

[305] 14. ④只要这 100 万不能进口而没有相应的商品出口，进口货

① 从"即使"起的几个字是插进去的。

② 这句话的其余部分替代原来的"这里的计算需要新资本增加 15％"。

③ 这里删去"我不能认为货币会增加"。

④ 在这一评注的开头，曾有四种另外的写法均先后划去：1."这会是一种课税"；（接下页）

金用同一方式被使用，它总是产生同样的利润。

如果货币总额相当于收入总额，由于增加新硬币造成的货币贬值将简单地与增加的货币相等。只要它没有被相等的销售货物总额的增加所补偿，这一贬值就一直要继续下去。

但是，如果货币总额与收入总额不相等，而只等于 1/3，那么每 1 英镑货币额的增加就产生 3 倍于自己本身数额的物价的上涨，即每年 3 英镑；只要没有少一种与销售物品额成比例的补偿等情况。〔杜蒙评注："我就一点也不懂了。这就是纸币量损益总额。"〕

因此，对每年这样引进 100 万硬币，要征税 300 万。 14

但是，虽然征课 300 万的税金，不应认为整个共同体遭受这笔数额的损失。它既不因引进这笔新货币而更为富有，也不因此而变得更为贫穷。活动的效果是财产的大变动，而不是财产的毁灭。从整个共同体来说，如果每年

币的国家就会由于金银矿的产量增加而有所损失。这也无异于对一个国家课那样数量的税而有利于另一国家。这恰恰属于同样的性质，仿佛像举例来说英国一门制造业的任何改进会使其价值减低一样。由于这种价值的减低，有较大的数量将进口到其他国家。例如，如果这 100 万已经立刻被引进到例如英国来。①

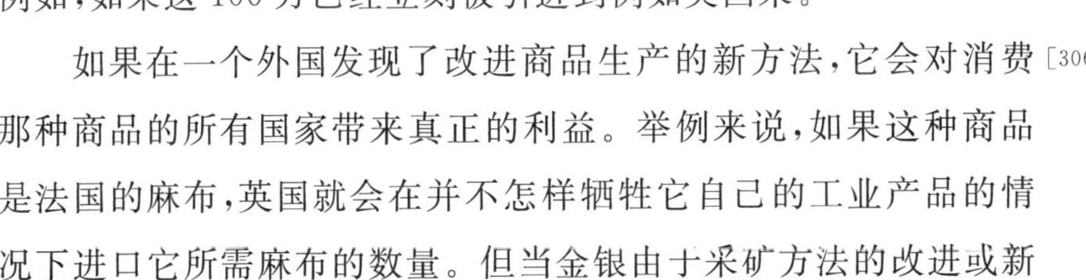

如果在一个外国发现了改进商品生产的新方法，它会对消费那种商品的所有国家带来真正的利益。举例来说，如果这种商品是法国的麻布，英国就会在并不怎样牺牲它自己的工业产品的情况下进口它所需麻布的数量。但当金银由于采矿方法的改进或新矿的发现而成为低廉的商品时，英国就不会得到这样的利益，因为 [306]

(接上页)2. "这是对二者的一种课税"；3. "这种课税将是"；4. "这能叫作一种捐税吗？这将是对原来有钱的人的一种课税，其大部分〔"其大部分"代替"但正是这个"〕的数额会被社会的其他成员所获得"。

① 在原稿上没有写完。

征收 500 万税金转而增加年金的支出，那是没有什么损失的。

价格——货币的衡量

从两年的总物价整个地来看，如果第二年的物价高于第一年的物价，那
15 么第二年提供的或容许的货币量要大于第一年。

价格上涨的数理说明

如果货币能力总额增长了 1/40，而销售货物总量增加了 1/80，这样，在同时既有货币的增长也有财富的增长——这正是事物的自然过程。

16 不论什么财富增长，我们不应将其统统归因于硬币的增长；没有货币的增长，仍然经常发生财富的某些增长。当人们还不知道运用货币信贷和硬币增长很微弱的时候，实际财富和人口一起以一种足够快的速度前进……。

战争对于价格涨落的影响

我们在上面已经说过，战争由于增加了对货物的消费和由于增加了货物进口更加昂贵，而提高了货物的价格。我们将看到战争还具有促使整个物价下降的更为普遍的效果。

在英国的情况，战争在整个进行期间政府年金总额（人们一般但不适当

它所需要的货币量并不是一个固定不变的数量，而是完全取决于它的价值的。

15. 或者是货物的数量较小。

[307] 16. 是否应当怀疑，货币的增加①会以任何方式加速国家的繁荣。根据我已经提出的理由，我想它只会妨碍这种繁荣。

17. 我不能理解，增加产量而不增加货币的数额，如何能使商品的价格提高。在我看来，战争的趋向似乎正与这里所假定的相

① “的增加”是插入的。

地称之为公共基金)持续增加。这种增长只能构成使用于生产企业、制造业、土地的改良等方面资本的相应部分的缩减。但是正如我们上面已看到的那 17
样,在生产企业里这种资本的使用首先开始趋向于使物价上涨,而最后结果则因销售商品的增加而降低物价,由此得出结论,所有生产性资本的减少都具有促使物价下降的趋向。因此,至少在这一方面,不像人们一般地想象那样,战争对物价的影响,在于促使物价上涨,而更多的在于促使物价下跌……。

战争的祸害是如此之众多、复杂、巨大,自然地形成一种倾向,即将人们在战争期间能够感觉到的一切困难都归罪于战争,至少归罪于它而不致陷入 18
一种明显的谬误。但是,不管由它所引起的祸害是怎么大,它不可能同时产生相反的和不相容的效果——在像英国这样国家物价上涨和财富下降的效果是相反的和不相容的。

财富下降是一种祸害,物价上涨是另一种祸害,但是两者是不一致的。

物价上涨是不可分割地伴随着繁荣而来的;但是战争不能产生两个相互 19
排斥的效果,如果它停止了繁荣的发展,它就至少降低物价上涨的速度。

在公债和偿债基金制度下,战争支出可以区分为三部分:第一,出售政府的年息而提高了货币的支出,即在这样条件下垫付货币的个人的支出;第二,每年支付购买者这种年息所构成的费用,即征税支付的费用;第三,用于赎取这些年息的费用,即同一捐税连续征收支付的费用。 20

反,但我认为最正确的意见是,除了通过课税这一手段,它对价格并没有什么影响。[①]

18. 如果物价完全受货币的相对比例的调节,物价的上涨和 [308]
财富的减少之间有什么矛盾呢?在一个同所有其他国家隔绝的国家里,这种影响是无可避免地会发生的。

19. 这不是一个很错误的意见吗?

20. 不是由于同样几种税的继续,而是由于新增加了捐税。

① 这里划去"作者以为我们应该保持相同的"。

由于战争造成的这种生产性资本的缩减，以及它们的非生产性使用（但
21 对保卫国家是必要的）是在财富和物价关系中应该考虑到的主要影响。由捐税支付年息总额扣除自整个共同体各个阶级的总收益的数额等量地加给同一个共同体的一个特殊阶级，即收取年息金或拥有基金的阶级的收益上。

战争具有人们所不能否认的在降低物价中的影响，这就是我称之为收益来源的。政府年息总额增加所起的效果不仅仅降低这些年息的价格，而且降低了印度公司基金的价格，降低了房产和土地的价格。〔杜蒙评注："未见有所缺漏——（战争章）"〕

歉收引起的物价上涨

在硬币总额没有任何增长的情况下歉收在一定时期内提高了一般物价。

为了说明这是怎么形成的，应该首先将物价一般的增长（影响收益的物价）与这个或那个特定物价的上涨区别开来。

一般物价经常性的上涨只有在硬币增长超过销售货物总额增长的情况下才能发生，而不可能由于其他任何原因。

21．我看这并不清楚。年金税多半是从全国的集体收入中抽取的，但它对同一社会的某一阶级的收入并无增益。为我提供收益的资本由于借给政府而归于无效，因而它所产生的收益也就随之丧失，并且，虽然我可以从社会收到我从前所享受的同样收入，减去我负担的捐税份额，——对于整个社会来说，则我所收到的全
[309] 数，连同我的捐税份额也加在上面，就有一种损失。

①匮乏的影响将使物价提高，但当社会的消费并不超过它的全部收益时，它只会把一部分的货币从一种用途而不是从另一用途转移出去。如果我的收益是1,000镑，其中我以800镑消耗于

① 虽然这一段在原稿上作为第21号评注的一部分，可能原来是想作为一个单独的评注，评论下一章（"价格的提高由于匮乏"）开头的一段的。

一般物价暂时性的上涨可能由歉收季节所造成。在这些季节里,农产品异常稀少,购买农产品的价格非常昂贵。结果:购买这些农产品的硬币数 22
额对比用于构成余所有物品价格的数额来说,超比例地增加了。

价格上涨趋向不明确的原因

Ⅰ. 国民节约的增长……

假设节约习惯的增长……。

为了考察在一个共同体内节约习惯产生的效果,看一下个人在特殊情况下所发生的作用。他本来惯常地用于消费品支出的一个几尼,现在他将它投入生产性用途,看一下这一几尼的作用。

1. 他自己采用了一种生产方式来使用它:例如,付给工人们一个星期每天多一个劳动小时。假设工人们在拿到这笔额外收入后就用于消费品上,而他本来可以自己这样做的。

在这种假设中一般物价将无任何变化;但是可能发生的某些物品价格的变化。工厂主将这一几尼去买酒或家禽,而相应地促使增加或保持这些食品

我的家庭,还有 200 镑用以购买从国外进口的原料,那就显然可以看出,如果我为匮乏所迫,不得不再消耗 200 镑以购买消费商品,其他某一个人就一定会得不到那些商品。如果社会的每一成员消费以前同样的东西,就不会有什么匮乏,因为消费还是会同从前一 [310]
样。我说情况将是如此,除非我原来购买原料的 200 镑现在用以从国外获得消费品的增加供应。即使我花了 1,200 镑并要占用我的资本,也会发生同样的影响。

22. 大部分的物价不是在匮乏以后同匮乏以前一样吗?我们 [311]
是否可以同从前一样把大部分的各种商品放在一条线的这一边,把乘以流通速度的货币数额放在线的另一边。这岂不是在任何时候都是物价的调节因素吗?

的价格，工人们将其用于买肉铺的肉或啤酒，对这两种货物造成同样的效果。

但是从另一方面，在物价的总体上的区别是十分明显的：工厂主在喝他
23 自己的酒时既不生产任何东西，也不促使销售货物的任何增多；工人们在喝他们的啤酒时，对销售货物量产生了一种增加，如果有关货币不被工人们接受和支出，这种增加就不存在。

如果他们劳动的产品在他们支出几尼时正准备售出，将在共同体中产生至少多一几尼价值的销售商品，这样**相应地**降低了这种货物的价格。

确实，这种假设几乎是理想的……。

2. 假设第二种情况。在这一情况下，节省的几尼提供给某一个人，他将借来的几尼用于生产性支出。

如果借债人对这一几尼的使用在时间上吻合，也就是说，这一使用正如我们刚才假设的情况迅速地发生，则对物价所起的作用将完全相同。按照最一般的情况，如果借债人，被迫……贮存……，这种延缓造成货币使用上的推后，引起了它的有效力量的暂时减弱。

3. 第三种情况。假设这个几尼提供给某一个人，他将借来的几尼用于消费性支出。

这种研究的结果是有趣的，有教益的，值得注意的。在上述的两种情况下，销售货物总量获得一种明显的增加，这种增加至少首先会促使物价下降。在第三种情况下，初看起来，毫不相似，但是对这一假设作较仔细的考察，就可以发现这是一种谬误。

为了清楚地弄明白这个谬误，假设这笔消费性支出是一种最无益的支
23[*] 出，把他的资本当作收益的浪费性支出，这样是他花去了最后一个几尼。在一个共同体内每年浪费性支出的数额与用生产方式花去的数额相较，有一定固

---

23. 货币会不会按相同的比例增加呢？

[312] 23[*]. 一个几尼的所有者自己把它消耗于酒类或以任何其他无益的方式花掉，还是由他深信不疑地贷之以这一几尼的一个浪费者这样用掉，我看不出其间有什么区别。

定的比例，前者往往大大低于后者，而这一比例并不因一个几尼花于这一用途而不花于其他用途的变动有所增加。这样向一个人借贷后绝不向另一个人借贷。因此，借给浪子并花于浪费的这一储存几尼使另一几尼处于自由状态，并可用于为生产服务。

4. 第四种情况。假设这个几尼被它的持有人存放在一家银行以备不时之需或用于购买某些收益的来源。

在这个假设中，储蓄的效果可能显出与第一种情况或至少与第二种情况相同的优点。进一步地加以观察，将发现它对销售物品总额的增加并没有上述两种情况那么大。它将蒙受两种缩减，一是关于数量上的，另一是关于速度上的。

第一，关于数量上，在前两种情况，整个几尼用于生产性支出；而当这一几
尼存放于银行家时，用于生产性支出的仅是几尼的一部分。银行家不能把他 24
从存款人那里获得的全部借给借款人？他最多只能动用其中的 2/3：他不得不将其中的 1/3 作为保证基金储存起来，应付那些存放货币的人们每日提出的要求。

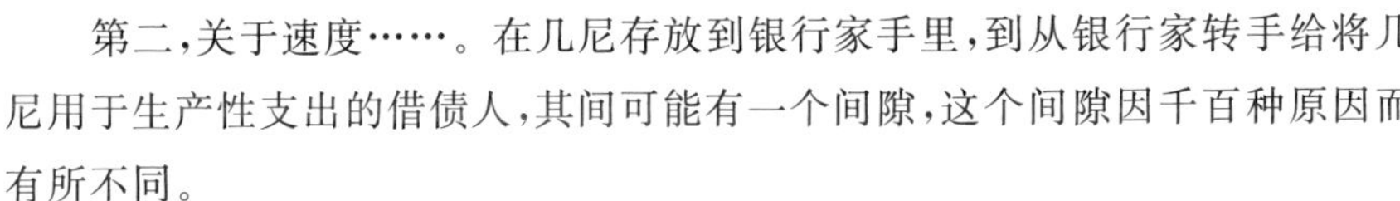

第二，关于速度……。在几尼存放到银行家手里，到从银行家转手给将几尼用于生产性支出的借债人，其间可能有一个间隙，这个间隙因千百种原因而有所不同。

5. 最后，假设几尼不用于流通而在一个不定期内放到并保存在钱柜里……。在钱柜里保存的货币与用于生产性支出的货币相较，起着使物价降低的效果……。

Ⅱ. 国内产品总量增长，而这些产品不按购买和销售商品量的比例进入商业。

Ⅲ. 国内产品总量减少，而这些产品不按购买和销售商品量的比例进入

---

24. 究竟各银行是否保有一定比例的保证金，这是很可怀疑的
问题。如果它们的纸币发行量保持在适当的范围以内，它们的保证 [313]
金就只需很小的数额，反之，如果发行额很大，它们就可能需要保持一个大的比例。

商业。

Ⅳ.通过交换完成的购买对照用货币完成的购买的比例增长……。

Ⅴ.影响收益总额的销售物品量的增长。

这种类型的增长,我举工厂和土地上日益增长的产品为例。

既然用于生产性支出的较大资本是这类增长的直接原因,对这类物价的
25 影响是已经知道了的。虽然由此造成销售物品量的增加,但是这种增加不仅伴随而且先于硬币量相应的增加,甚至在必然要引起物价上涨的、较大的数量增加之前。这就是在相反表象的掩盖下和在销售物品量增加的名义下,事实上货币量的一种增长。〔杜蒙评注:“我不懂……。”〕

Ⅳ.征集或课收实物税……。

Ⅵ.强制流通的货币……。

物价上涨的命题

命题一。在现实过程,发生了物价的显著上涨——上涨的步伐是逐渐的,虽然最近一些年代加快了速度。

命题二。这里所讲的上涨不包括由于歉收等偶然原因而在某些年份出现的那种上涨。

简评。在下述的评价中,人们将注意从上涨中得出结论,即上涨可能是不同原因形成的结果。

如果货币的相对量或流通速度没有增加,那么谷类或其他食物的任何歉收不可能形成一般物价经常性的上涨。所有用于购买涨价物品的增加总额,
26 应该从用于购买其他消费品的支出或从每年收益积蓄投入各种生产性的支出

---

25. 货币的增加先于商品的增加这一原理怎样能始终一贯地得到证明呢?

[314] 26. 我所同意的这一原理不是同我编号为22① 的那一段话有矛盾吗?

① 见本书第297页。

中扣除。如果需要货币的各种销售物品在生产中没有出现经常性的减少，就不可能发生物价的经常性上涨，这里我所讲的上涨是指全部销售物品的总量没有相应货币量的增加。综合起来考虑，除非已提供更多的货币，人们不可能为销售物品付给较多的货币。

命题三。在同一时期内，流通中的纸币量出现显著的增长……。

命题四。然而，在同一时期，金属货币总额也出现了显著的增长。

简评。这种增长是官方文献所提供的事实。在目前时期金铸币量于 27
1801 年总计为 44 英镑。（译注：原文如此。）

这里，现存总额，应减去还炉销熔量或不回流的出口量。

我不认为有任何理由去设想稍多的销熔量或不回流的出口量……。

命题五。不管金属货币量怎样增长，纸币量是二者的总和，结果是在硬币量上作相当可观的增长。

简评。既然物价不多于也不少于支付的货币额，因而承认在某一时期出现了一般物价的上涨，用另一种说法，就是承认硬币的增长。但是，由于这不 28
是这类或那类硬币，而是构成物价的所有类型的硬币，一切在金属货币的上涨中没有发生的，应该都归因于纸币的作用。

命题六。在上一个世纪最后四十年期间，期末的物价上涨为期初的一倍。

命题九。贬值对这类收益（人们称为固定收益的）价值的影响，是实际上对这类收益征税虽然间接的……。

命题十。征自固定收益持有人的这种间接税不论在财政或在其他方面对政府都不产生任何利益。 29

27. 这是无论如何不能承认的。

28. 减少商品的数额与增加通货的数额产生同样的影响，所以物价的提高不但足以证明通货的增加，也足以证明货物的减少。[315]

难道课税的影响应该完全不加考虑吗？

29. 如果政府对人民负有债务，它就会深受货币贬值的好处。

命题十二。在同一个四十年期间,实际财富总量发生了非常大的增长;
30 实际财富是指除了货币外的一切类型的财富……。

命题十三。超过实际财富增长所平衡的货币量的增长是物价经常性上涨的唯一有力的原因……。

命题十四。货币量的全部增长超过销售物品所完成的增长,可以认为存
31 在着一种促使物价上涨的过剩,并由此引起与物价上涨相适应的从对固定收益课征的间接税的增长,和破产危险的增长……。

纸币影响的命题

32 第一个命题。货币信贷的增加引起财富以及伴随人口的增长。

初看起来,这一命题已十分清楚,无需论证。当人们进一步加以考察,就出现了一些似乎无法回答的强烈的反对意见;但是当对这一主题深入研究时,那些反对意见消失了,而最初观感被最后的结论证实。

因此,在一个时期期终一个国家的财富总量决定于下述各种情况。

1. 这个时期内运用的劳动能力。
2. 人们有效地运用劳动能力的情况,即从这些劳动获得的效果大小。
3. 生产物品的耐久性。

33 4. 生产劳动和非生产劳动的比例的大小。

根据这一财富形成的分析,劳动和劳动效率是唯一的生产性因素,硬币的增长在这里算不了什么。

我先说过,仔细的考察解决了这个异议并将硬币也当作财富形成的原

---

30. 作者在这里说了我认为他以前已经否定过的一种说法,即物价的提高可能是随着财富的增加而来的。

[316] 31. 为什么我们要把过去四十年的时期而不是任何其他时期,定为据以估计这种过剩数额的标准呢?

能有一种其本身的价值永久不变的货币,是不是值得欢迎

因。困难在于进行一种区别。

能够增加财富的不是被引进共同体的货币量，不是被认为的**绝对**增加量。它取决于这个数量引进的方式及其经过的人手。

事实上，通过上述途径才能增加共同体的实际财富，如果货币以某种形式被引进后，给上述途径以一种前所未有的更积极的发展，作为货币的性能，这样方式被引进的货币变成财富增长的来源。

在一个没有金矿和银矿的国家，贵重金属只有通过工业和商业结果的进口而增长。进口的人们属于生产阶级，他们各在其业务范围内首先用之于增加生产。发行体现货币的纸币的人们属于同一个阶级。这些纸币初时只用之于生产目的。只有那些作为生产资本而使用于农业、工业或商业企业并从中获取利润的人才会去借贷纸币，同样地是增加国民财富的总量。

没有这种新的货币引进，就会缺少一种产生这一新财富的手段。靠固定收益生活的非生产阶级毫不节约地将其花费掉。这些非生产阶级有可能增加财富，但他们一般地不这样做；生产阶级利用新的资本完成了这种增加，他们原来准备即使没有这些也做到这一点，但他们未能这样做。

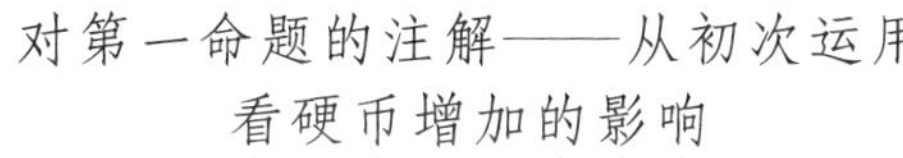

对第一命题的注解——从初次运用
看硬币增加的影响

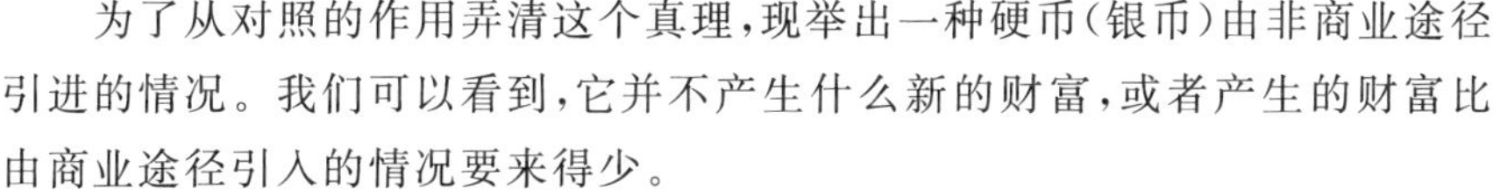

为了从对照的作用弄清这个真理，现举出一种硬币（银币）由非商业途径引进的情况。我们可以看到，它并不产生什么新的财富，或者产生的财富比由商业途径引入的情况要来得少。

假定货币从支付金矿、银矿主的年金的基础上来的；年金是这些矿厂产物的一部分。——在这种情况下，它在流通的第一步将主要用在购买消费品

呢？[①]

32．本章以我认为是一块绊脚石的理论开始，——我不能同 [317]
意一国货币的任何增加会产生财富和人口。

33．岂不是所有这些问题都归结为最后一点吗？

① 这里删去“我想答案是不容怀疑的”。

和非生产品上，这些构成所有靠息金生活的人的支出。

在第二种情况，货币的一部分转入生产阶级之手具有以相同方式增加财富额的影响（即如果这一货币首先由生产阶级引进，并能整个地促进财富的增长）。这一部分货币构成工业阶级从支付租金购买各种物品中获得的商业利润。这一利润，按最一般的计算，是15%。从这15英镑、10英镑的百分数用于立即的消费对象以维持工业阶级以及商店、设备、机器和其他上的固定资本。剩余的5英镑纯利，可以扩大他们的生产资本和增加实际财富……。

一句话，作为工业阶级提供这些价值的利润，从富有的靠息金生活者对来自金矿、银矿收益100英镑中提出来用于消费的15英镑总额，恰恰和工业阶级引进100英镑总额并花于生产用途一样通过同样方式来以同一比例增加国民财富总量……。

因此最后的结果看来，一宗新硬币是否产生新财富，决定于它投入的初次使用，其次决定于硬币引进者和使用者的性质。当它被工业阶级引进并花于生产用途时，它产生一种新的财富，当它被靠息金生活者引进，这些人像他们的阶级内所惯常做的那样，将其收益用于消费品和享乐品那么它就不产生财富。

[318] 34. 我但愿这一章当初能更早地写进去，免得我煞费力气去探索作者的见解。在他对这问题一定已经作了深入的思考以后，要我对于我认为这一章所包含的错误来表达我的如此强烈的感受，那似乎有些狂妄。全部著作始终都支持货币为财富之源这一说法，并且据我看来已被这种说法所糟蹋。不论货币是怎样由社会采用的，货币的增加只有一种方法可以增殖财富，即利用劳动工
[319] 资的开支；在劳动工资找到它们与商品所经历的提高的价格相同的水平以前，制造业者和农场主就会得到很多额外的收益。他们的商品将以提高的价格出售，并能在工资尚未增加的时候多雇用一些工人，因此国家的实际财富将多少有些增加。一个生产者劳

在谈了关于金属货币之后，没有必要再在纸币上停留很久了。纸币具有独特的性质，从来只是首先由商人之手花于商业用途、生产性用途，并总是在初次支出时即增加实际财富的方式。

只有一种情况不用于增长财富，那就是当它在第一轮被国家统治者用于支付各种必要的或不必要的非生产性费用——用于维持军队，支付生产军火
和构成宫廷豪华的一切消费品的费用。 34

对第一命题的注解——在没有美洲金矿和纸币的作用的情况下财富增长的假设观点。

这是相当有趣的探讨对象，即考察什么是财富的增进，而几个曾促进财富增长的近代原因并不存在：例如新世界矿产发现引起的贵金属的增长，银行的建立和特定银行发行纸币信用……。

至于说到物价，它原应处于日益下降的状态，货币在同人口增长和销售
物品增长相比越来越少，小麦交租已经实行，这不是像目前那样有时为了保 35
护地主，而是为了保护佃农。

固定的收益，例如薪金、退休金、年金、货币年息、典金，处于一种连续增长的状况。在长期的生活过程中，终身年金对提供年金的基金来说，可能成为不可容忍的负担。

动者所生产的东西比起他的消费来要较以前为多，但这只会是暂时的现象。如果我相信你没有以同样的见解观察问题，我就要力求进一步证明在我看来是十分明显的一种原理，并因而只是一再提起那些已经呈现在你面前的事实。

35. 难道旧①矿不可能按地面作业的同样比例增加②生产吗？[320]
增加的价格一定会引起增加的产量，除非生产的来源已经枯竭。

如果这样，那么，年金和公债利息都不会像这里所假定的那样已在价值上有了增加。

---

① “旧”字是插入的。

② “增加”是插进去的。

至于实际财富，在为生产资本提供的各种手段没有什么增加的情况下，它的进展并不那么快。但是人们不会怀疑，在商业国家，特别在英国，实际财富的增长并不与政治上安定程度相适应。且不谈古代希腊和古代意大利……，中国的例子足够证明，一个国家，虽然在不太安定的政府统治下，没有增加硬币数量或有效能力的任何手段，仍能达到与我们相等的富裕程度。

另一方面，如果你们假设欧洲因其他原因不具有与根源于美洲的战争相等的战争，如果你们从同新世界贸易获得的利润中扣除支付这些战争和建立殖民地的一切费用，……那似乎大可怀疑，没有美洲商业就会在实际财富量
36 上招致一种相当可观的减少。这些财富目前的构成是稍许不同的，但是我看不出有什么决定性理由去假设它是更小些。

命题十。省银行的纸币可能发行过多。

……一家银行的纸币使持有者具有向银行家要求给以相应分量的金属货币的权利。

因此，问题在于了解那些情况——日常的或非常的、实际的或可能的形成这种纸币兑换金属货币的要求。

可以视为非常情况的有以下几点：

1. 对纸币的普遍不信任。

2. 对某一家银行纸币特有的不信任。

3. 一家竞争的或敌对的银行对有关银行提出的非常要求。

我不知道在这方面还有什么其他的原因，除非还有一种因需要小额票面货币而提出的要求，这种小额票面货币用于日常交易，而票面很大的银行纸
37 币而提出的要求，这种小额票面货币用于日常交易，而票面很大的银行纸

---

[321] 作者本人给我们举了中国的一个事例来说明货币的增加并不是①财富增加的原因②。

36. 这无疑是一个正确的意见。

37. 这里遗漏了一个最大的原因，并且这构成目前正在争论

---

① 代替“货币未曾是”。

② 在“的原因”之上，原来写有“所必需”数字，但并未将“的原因”几字划去。

币在这里不适用。从省银行被禁止发行 5 英镑以下的纸币起，这一情况就存在了；如这一暂停的禁令恢复，这种情况还要重新发生……。

在给予这一许可的 1797 年后，已经有足够的时间表明，当提出兑换金属货币的要求时不是由于对纸币的不信任，而仅仅是由于日常交易需要小额票 38
面货币……。

结论看来，只要有足够的保证基金以应付数目并不大的兑换金属货币的要求，事物的性质没有提出限制纸币发行，只要银行家能从中发现有希望获得利润，他就可以发行下去。

保持与发行的纸币量成比例的保证基金的必要性，首先可以看作节制发 39
行数量的一种控制。但是，我们看到提出要求兑换金属货币的情况是很不常见的。

续篇命题十……。纸币信用是通过常例和习惯肯定的社会舆论的一种倾向，以致来到了这样的时刻，再也没有人想将它兑换成金属货币。抽象地说，每个人都能知道存在的纸币并无可靠基础，但是这一纯理论的考虑与生活中的日常交易并不混杂在一起，因而不存在对这张或那张个别纸币的不信任。人们怎样接受它的，他们就怎样付出它。既然别人信任它，那么他也可以同样地信任它……。

假设它是气泡，如果人们愿意，这些气泡习惯地获得一种足够使其适合于服务的稳定性，直至发生气泡无法抵抗的一种未曾预料的和突然的冲击。持有它们的个人并不按照论说它们坚实的舆论，而是按照他看到或假定的别人如何看待。在密西西比的投机事业中是如此，在南方海域的投机事业中也

的问题，即金价的高涨和汇价的下跌是由纸币过多引起的。 [322]

38. 这没有得到证明，恰恰相反，1797 年几尼曾被窖藏的事实则是确定了的。

39. 这些原理显然是很有缺点的。银行家不能按保证金的比例平安无事地发行纸币。有 100 万保证金的银行家可以平安无事地发行 300 万的纸币，但并不能因此就说，有了 1,000 万的保证金

是如此。我可以设想一张 100 英镑的票据一文不值;但是我不会不准备提供
40 200 英镑,如果我看到别人不仅准备以相同数额而且以较大数额企图从我那里获得这张票据的话。

41 命题十一。可以转让证券不会发生与省银行纸币相同的发行过多的现象。

命题十二。假设人们不加以任何限制,破产是纸币增加的必然结果。

这一命题很重要,而它的论证也是容易和确切的。

随着纸币的增加,银行家们或者保持着相应数量的金属货币作为他们的保证基金,或者他们并不这样做。在第二种情况下,破产的发生是由于保证
42 基金的不足,在第一种情况下,破产的发生则由于保证基金的过多。

续篇命题十二——破产。我所讲的总破产是指所有纸币价值的破坏以及作为银行贸易基础的信用的破坏……。

已知货物的数量,那么物价与流通中的货币数量和它的流通速度成比例:因此,假设销售的货物数量不变,纸币和银行贸易的毁坏将必然引起所有

可以平安无事地发行 3,000 万。

40. 从最近人们对这问题所写的文章来看,作者在这一章里的推测是以错误的意见为根据的。

[323] 41. 所谓流通票据,我断定是指汇票讲的:这些可以被看作是增加纸币发行额的原因,因为通常从银行借款,都是以这种票据作抵押的。因此可以证实,物价的提高是由于这些票据的增加,因为如果不先有这些票据,纸币是绝不会产生的。这两类票据在影响上的区别在我看来并不明显。

这一章是完全可以反对的。

42. 这一章缺点很多。通货显然不能按存款增加的比例无限地增加。没有注意到通货过多在引起黄金出口方面的影响。黄金

物价的跌落。所有物价差不多将下降到接近于目前物价的⅕，而劳动工资也以同样比例减少〔杜蒙评注："我并不完全懂得这个论证，因此我把它删了。"〕土地将从原来的相当于进价二十四年或三十年的息金变成只值目前五、六年的年息。那时的一个几尼相等于目前 5 个几尼的价值。幸运的现金持有者 43
发现他的财富增加了五倍，其他财产所有者则发现他们的财富以同样比例下降了。

利润和利益使发行过多的危害得到补偿

1. 通过商业途径硬币数额增加所形成的第一个好处是实际财富量的相 44
应增加：即通过初次运用新资本于生产性支出……。

如果要在这种增加的好处与祸害之间进行衡量，可能会发生各不相同的意见。同一个人，按照支配他意见形成的是公共的人还是私人，可能发现非常不同的结果……。

土地价格、公共基金和其他经常性收益来源增加的损害与相等资产的平衡

……随着收益来源总额价格的增加，货币资本家阶级在购买某些收益来

的高价完全是由于通货过多。只要银行实行兑现，过多的流通量 [324]
并不会造成总破产。

43. 对纸币的完全不信任，不会带来这里所说的那种影响。商品无疑地会大大减少，但如果纸币的流通在完全丧失信用以前能按平价交换贵重金属，这种减少就将是暂时的而不是永久的。我们很快就会获得黄金的供应以交换商品，使物价差不多恢复原来的水平。

44. 这一原理已经一再被争论过了。

由于流通媒介的增加而使个人所受的损失，不会被公众得到 [325]

源的情况下，感到遭受同一比例的损失。

45　同时，这种损失同时被购进土地或基金的所有者获得的盈利所抵消。

46　银行的利润额与其损失的比较

……………………………………………………

固定收益遭受损失的估计

47　……………………………………………………

与伪币制造者相比较

48　按照英国铸币的法律，有时失之过分，有时失之不足，有时失之过严，有时失之粗略。根据这个法律，同一个擅自将私铸的几块金属货币投入流通的人，或被判轻刑，或被流放，或被判处死刑，视其使用或企图伪造的金属货币的重量、成色或其他物理性能而定。这就是那些以金属形式增加硬币量而从中谋利者的命运；而以纸币形式增加货币总额者却处于完全安全的地位并且在法律保护下体面地享有他所得的利益。

……………………………………………………

的任何利益所补偿。

45. 货币的增加在任何时候所起的作用总是不利于一些人而有利于其他的人，——[①]它既不会加速也不会阻碍实际[②]财富的增长。

46. 如果各银行真正以它们的发行额增加通货的流通量，那也许会有这样的情况，——但在每种通货的健全状态下，任何银行都不能使流通量有所增加，它们只能迫使金属通货逸出国外而代之以纸币。在这种情况下，银行家的利得将是国家的利得，这种利

---

① 这里删去“它把所有的保证一扫而空”。

② “实际”是插入的。

间接税的特殊情况

……英格兰银行，在一定的监督下执行这种征税权利……。但是私人银行家，每人在他们自己的范围内活动，像独立的君主一样，而且他们仅对自己 49
负责去运用这个难以估计的特权，……。普通的个人，普通的商人有着他们银行票券下面唯一经纪人的签名，就不仅能对英王陛下，而且对所有业主，对国民收入总额每年征收一种间接税。

亚当·斯密关于价格的意见

一谈到政治经济学，我们就首先想到亚当·斯密。关于物价上涨和你们归罪于它的损害，这位大师说了些什么呢？关于纸币和它对物价的影响，他说了些什么呢？

……关于纸币，他广泛地谈到了它，但是纸币对物价的影响，他却一字不提。他对此沉默的原因是足够清楚的。在他看来，纸币从来不曾造成也不可能造成流通硬币总额的任何增长。这是怎么回事？这就是它经常替换等量的金属货币。

我们首先看一看事实的真相。

311

得将是从牺牲全世界的利益中得来的，——在第一种情况下所得 [326]
到的利益只是牺牲了发行纸币的那个国家。

47. 这里所作的估计的根据是错误的，——它们假定银行家有权力随意①增加通货，——凡是他们能这样做的时候，通货就是不健全的，并且是不能兑换硬币的。

48. 造币者的技术不会带来国家的利益，但在适当的情况下，纸币的发行倒会带来实际的利益。 [327]

49. 这种看法可以适用于我国纸币目前的状况，但如果我们的银行不受限制兑现条例的保护，在那种情况下就不适用了。

① “随意”是插入的。

事实是，在亚当·斯密依靠的论据，并不显出多大的可靠性。

他首先原则性地提出，在一切时间内，除非销售物品量增加，某一定数量
50 的货币是不会增加的。但是这正是将还需要证实的命题预先加以肯定了，而事实上这与众所周知的和他自己也承认的事实相矛盾。因为除非发生销售物品量的某些减少，物价如何能在硬币量没有相应增长和销售物品量保持原状的情况下发生上涨呢？

按他的假设，流通之轮已经装满了纸币，因此金属货币无法进去，对它已没有地方了。但是他补充道，*金属货币太贵重了，不能闲置起来*（第二册第二章），由此得出结论，金属货币应被输出。

我同意，金属货币太贵重了，不能闲置起来；但是为了什么金属货币留在原处将成为闲置的呢？他的断言有什么根据？他的关于*轮子*的比喻，即装满的轮子拒绝多余的，或者什么也不接受了，这仅是一个简单的比喻。这是假

50. 亚当·斯密的原理是被误解了；他没有说一国的货币①是
[328] 不容增加的，而是说这种增加有赖于贵重金属价值的减低。② 他并未否认美国金矿的发现增加了全国的流通量，而是明白地肯定了这一点。可以怀疑的是，除了课税或由于贵重金属的更加充足以致其实际价值减低以外，是否还有什么情况能普遍地提高物价。当纸币加入流通时黄金之所以会被出口，并不是因为纸币和金币都不能为总的流通量所吸收，而是因为这里的通货价值减低，它在国外却还保留它的价值，遂使它成为有利可图的出口物品。

这是手稿的作者似乎没有了解的一种后果，对于有关货币的一切研究都很重要。

这一章的论证如果应用于我们目前的通货而不应用于亚当·

---

① 这里删去“的数量”数字。

② “减低”是插入的。

设无人再愿保留金属货币，人们不再需要它，不需要它作为纸币的基础，——允诺是一切，履行却没有什么——而纸币所允诺的金子比允诺金子的纸币的价值为少。

这就是辞藻代替逻辑的危险。想象被轮子、流通、水闸、急流的外形所迷惑，而存在于购买者和销售者之间与仅起允诺作用的纸币和作为被允诺物金子之间的真实关系的意义不见了……。

容许流通一定量纸币（允诺支付）的条件是有限的，因为这些纸币发行人的信用是有限的，这里没有其他什么……。

摘　　要

1. 我的意见，硬币〔杜蒙评注："我想，指的是金属货币吧？"〕的增加，产 51
生实际财富的增长，是按照这样增加硬币方式引进的，即通过将其首先作为生产资本运用于生产性劳动或其他等的商人之手引进的。

斯密写书时的通货状况，那是很出色的。亚当·斯密博士无疑是正确的。

51. 因为这一章包含作者一些意见的扼要重述，可能需要特别 [329]
加以注意。

1. 由于一国的全部收益用在生产的或不生产的劳动者身上，那一年的商品价格就不受可能实际上消耗收益而不再生产，或既消耗收益而又再生产的那个部分的影响。很难理解为什么货币的增加除了提高物价以外还会产生其他影响；为什么作者要认为这将是商品增加①生产的原因。劳动收受的报酬不是货币而是货币所值的东西，所以，如果物价提高了，它并不会造成任何增加的生产，因为必须以更多的货币付给劳动者，才能使他们得到同样数量的商品。

① "增加"是插入的。

2. 同时，我的意见是，硬币的这种增加不是产生已知等量实际财富必具条件的原因。如果从海外获得增加的硬币所提供的同等价值被用于生产英国消费者所购买的，和随后用原有硬币基金所购买的其他价值，那么实际财富将发生同样的增长，虽然货币财富没有任何增长。（例如中国。）

3. 因此，金属货币量的增加完全是偶然地带来实际财富的增长——而绝不具有产生这种增长的趋向。

4. 在大范围内，特别在制造业进行活动的好处在于具有一种产生实际财富增长的趋向——而出口工业制品在较大的范围生产和在较广的范围活

---

2. 如果我们用英国的劳动产品从任何其他国家买进一定数[330]量的黄金并用以增加流通的媒介，我们就会依此比例减少我们的实际资本，因而也减少我们未来财富的来源。额外的货币不会产生任何收益，而我们将放弃的资本却会起这样的作用。

3. 因此金属①货币在数量上的增加不但没有好处，而且是一种确实的祸害，因为它使获得它的国家陷于贫困，或至少阻碍这个国家向富裕的方向发展。

4. 固然，用以扩大制造那些有利于出口的商品的资本是深受欢迎的，但货币的增加②不会使我们能够增加我国土地和③劳动的年产量。那种劳动的产品④只可以用另一种尺度去衡量。究竟生产出来的商品还是输出到国外或在国内消费，对于国家的实际财富来说是不会有什么区别的。如果100匹布在国内消费，或者把它们输出到葡萄牙去换取葡萄酒，然后把酒在国内消费掉，其间除

---

① “金属”是插入的。

② “的增加”是插入的。

③ “土地和”是插入的。

④ “的产品”是插入的。

动，具有通过一定量实际资本的使用而增加每年产生的日常价值量的趋向。但是这只是在这样的假设下，即一定量实际或货币资本，当它被用于生产出口储备和出口的价值时，当它被用于生产国内消费储备和国内消费的价值时，它将生产更多的财富。（例如：啤酒厂）

5. 不管对外贸易促进财富的增长超过在没有对外贸易时所发生的财富增长的比例如何，这种增长在任何情况下都不决定于由对外贸易所形成的金银量的增长：一句话，如果同不提供金银的国家或者甚至无金银可给的国家进行贸易，这种增长将是相同的。

了利润的差别以外是不会有什么区别的。[①] 如果它们所交换的货物比较经久耐用，其影响也将是一样。如果我们输入俄国的亚麻 [331]
布，亚麻布的消费者决定在其他某种商品上再生产这一价值，其结果将如国内布匹的消费者决定再生产布匹的价值那种情况差不多[②]一样。我的意思并不是要贬低国外贸易的好处。如果没有好处，我们就不会从事这种贸易，——但并不是因为我们确实从事这种贸易，它就总是有利的。

通过大规模地经营制造业，你无疑地可以增加一个国家的实际财富，并且制造品的出口将鼓励它们的生产和增加它们的数量。这比在这些商品规定供国内消费的情况下会有更大程度的效果。这就是用另一句话来说明，我们从事国外贸易是因为它于我们有利。

5. 这种国外贸易于我们有利，不是因为我们用商品换回了黄金的进口，如果与之进行这种贸易的各国既无黄金也无白银来交换我们所出口的货物，那即使不是更为有利，也将至少是同样有利

① 代替“不会有差别的”。

② “差不多”是插入的。

6. 因此，对外贸易的影响与其说在于促进财富量的自然增长，不如说在于改变质量和增加财富总额构成成分的多样性；而金银的进口，其他商品除外，并不具有增加实际财富的趋向。

7. 我认为金银量的增长有助于促使硬币量的增长，它并不具有增加实际财富量的趋势。

8. 我认为对外贸易的增长促进财富的增长，硬币的增加却起着相反的作用。因为在增加如此制造出来的物品的货币价格时，它减少外国可能或需要购买同样物品的数量。〔杜蒙评注："需要探索。"〕

9. 尽管金属货币量的增加并不会促进实际财富的自然增长，但是代表性的货币或纸币量的增加有助于实际财富的增长。这就是说，用这种增长通过商人之手来完成一样，这种增加在第一轮中被用于生产日常的价值；因为通过这一途径对生产劳动量所完成的增长不可能用其他途径来实现，除非政利的。

[332] 6. 所以说，国外贸易对于构成大部分财富的各种产品只是改变其性质并增加其种类，并且只是通过更有利地使用劳动力的办法增加其数量的自然增长率；[①]金银的进口并不比其他物品更趋向于增加各国的实际财富。

7. 因为[②]贵重金属的增加会助长流通媒介的增加，所以它不会使大部分的实际财富有任何增长。

8. 所谓由流通媒介的增加所引起的物价上涨，将因其阻碍[③]货物的出口而阻碍财富的增长，看来并不明显。这样的一种影响一般是为汇价的低落所抵消的。[④]

① 这一句原来是照法文正文直译的，后来改为上文。

② 代替"既然"。

③ 这里划去"对外"字样。

④ 代替"引起的"。

府进行强制性的干预——不通过进口硬币实现对生产资本的增长，而使这种增长同样地由前已存在的硬币基金去完成。

10. 因此，有两种货币，基本的和从属的，实际的和代表性的，金属的和纸质的，只有纸币当它增加用于生产方式的劳动比例，主要地造成实际财富增长的增加。

11. 通过这一途径完成的实际财富的增长，虽然比在没有政府强制性干预下它按其他方式可能增长大些，但比有了这种政府干预能完成的增长既不大些，甚至也不是同样大小——而通过这一途径完成的增长具有特别的损害，而这些损害在借政府强制干预造成的同样增长中是可以避免发生的。

12. 在不向国民收入征收间接税的情况下，通过引进纸币的新增加量而完成的增长是不能实现的，同政府为了同一方式花于生产用途而征课的直接税比较，这种间接税是极巨大和沉重的。

---

9. 如果金属货币的增加不会增加国家的财富，为什么纸币的增加会产生这种影响呢？纸币的增加能以什么方法影响商品 [333] 的生产呢？为什么它比同一数量的金属货币更会增加生产性的劳动，如果这种金属货币能通过同样的渠道同样容易地获得的话？

10. 难于理解纸币怎么会增加生产性的劳动。

11. 如果增加纸币的影响同政府的强制干涉一样，那一定是因为一部分的收益将因而用于维持生产性的劳动，而这在没有那种干涉或这种纸币的增加时〔，〕是不会这样使用的。但有什么证据可以证明纸币的增加将促成资本的积累呢？什么事情会使一类人想要积累，而另一类人不想积累呢？这一定纯粹是推测，——也可能是这样，但同样可能的是，也许不是这样。

12. 增加纸币所起的作用，将如对社会的一部分课税而有利 [334] 于社会的另一部分那样。

13. 将货币的增加看作财富的增长几乎已成为普遍的趋向，这是由于普通语言的不确切所致（它原始地被当作原因）。由于这个用语不确切，货币（财富）一词毫无区别地用于表达铸造的货币和实际财富，——货币以及人们能够用之交换货币的一切。这就是说，一方面指一切属于货币的东西；另一方面又指一切不属于货币的东西。〔杜蒙评注：“在法文里，模棱两可的与其说是货币一词不如说是财富一词——相当英文的货币和实际财富（money and real wealth）。”〕

一般命题的总结

52 1. 物价上涨和财富增长是同一原因的两个伴随的结果。

53 2. 这一原因是信贷的扩展，表现在纸币的流通和银行商业活动之中。一切如此贷给的款项首先用于增加生产性资本并由此造成每年财富量的增长。

3. 虽然财富总额可能从唯一的“经济”原则接受一种巨大增长，而不需
54 货币量和货币效能的任何增长，不发生任何物价的上涨和甚至出现某些
下降——同时，由于这些支持这种增长将更为巨大。

4. 正像纸币和银行其他活动的本质在于形成一种债务总量，如果人们
55 突然提出履行它，物质上是无力立即偿付的。由此得出结论，这种纸币的存

---

13. 把增加货币看作增加财富的倾向，起因于用语的缺点，以致把财富和货币这两个词混淆起来了。

52. 物价的提高和财富的增加并无必然的联系。机器可以在物价下跌的同时增加社会的实际财富。金矿的增加生产会提高物
[335] 价，但会减少以商品购买额外的黄金数量作为货币的那个社会的
财富。

53. 不能同意。

54. 不能同意。

55. 如果我们只有贵重金属在流通，那我们就会遭受这样的

在伴随着国家灾难中最大灾难的连续的危险。归结为一句话，这种纸币形成的过分富裕是用破产的连续危险的代价获得的。

5. 正像发行纸币的银行家冒着丢失本金的风险去获得不超过利息的利
润〔杜蒙评注：“我懂了吗？原文模糊不清”〕，假设只存在能够产生这一利息 56
的纸币，但是由于获利的愿望会超过小心谨慎，而考虑又受到一系列事故的干扰，公共利益似乎要求省银行一切活动处于与英格兰银行相同的监督之下，即政府给予的承认。因为银行家冒险的不仅仅是他的财产，而是整个共同体的财产，因为只要一次破产就已经削弱了信用，而若干次个别破产就能导致一次总破产，导致一种极大的超越所有破产的灾难。

6. 这种监督似乎更少地遭受反对，因为一家银行事实上是一家工厂，在
那里人们铸造货币，作为铸币者从中获利，和作为债务人从垫支资本获利。57
但是，与上面谈到的风险无关，这种货币量的引进作用于增涨物价比较产生相应的销售货物量更为迅速。

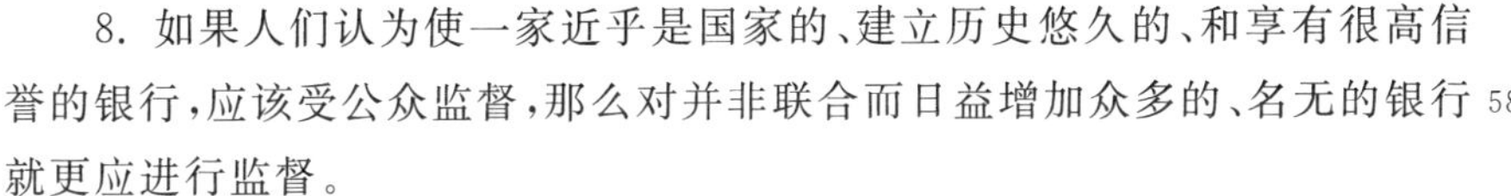

8. 如果人们认为使一家近乎是国家的、建立历史悠久的、和享有很高信
誉的银行，应该受公众监督，那么对并非联合而日益增加众多的、名无的银行 58
就更应进行监督。

危险，——虽然肯定达不到这样大的程度。

56. 兑换硬币的责任将足以防止过分滥发纸币。政府也许应该采取某些预防的措施以防止冒险家参加银行业务。

57. 这不是一个正确的比较，因为发行纸币的权力是有限制 [336]
的。

58. 英格兰银行在实行限制兑现的条例以前是不受控制的，因为他们在所有其他的银行中享有强制通货流通的独占权力，他们就应该受到没有必要责成其他银行接受的那种控制，——因为其他银行受到不得不以英格兰银行的纸币兑换它们自己的纸币的

10. 对于国家信用的这些危险原因早已被公众所熟知，应该补充一个危
59 险性小得多的原因，那就是表现于小额面值纸币与日益增长的大额面值纸币
相较的不足，特别由于5英镑和更大些面值的纸币不能用于(购买)劳动阶级
的生活必需品。

11. 小额面值纸币只适应于小额支付，这些小额支出的总量要超过大额
60 支付，因而小额面值纸币的不足可能造成同样对纸币普遍不信任的结果，产
生了对铸币的相应要求。但是，这种现金要求只是在进行小额交易时才感到
需要，它几乎不可能同基于对大额面值纸币不信任而提出的要求区分开来，
而不信任的各种表现是与信用的相应危机相伴随的。

16. 硬币的数量和效能的增长所引起的实际财富的超额增长对物价的
61 影响，对货币价值产生的影响是这样的：在四十年期间货币只值过去的一半，
而四十年之后，可能将只是目前价值的一半。

17. 因此，在这期间，所有固定收益缩减为它们价值的一半，而在今后相同期间，它们可能缩减为一半的一半，即它们的价值只是实际流通开始时的1/4。

18. 这样，存在一种为了另外一些阶级的利益对社会某些阶级连续地征
62 收的累进税，在个人生活过程中这些税的总额几倍于为共同利益向共同体征
收的一切税赋。

控制。

[337] 59.因为纸币持有人可以随意拿票面大的纸币换成票面小的纸币，在票面5镑以上和5镑以下的纸币之间就不存在任何比例失调的危险。

60.可以用前一意见予以答复。

61.完全取决于贵重金属的增加。

62.不能同意。

命题总结(续)

1. 连续表现并事实上经常表现的纸币兑换金属货币的非常要求是纸币的根本弱点。麻烦迄今在于实践上有它的限制,但没有货币信用全面破坏之外的其他限制。

2. 当不信任已表现时,补救办法在于实行联合,使纸币在共同承诺下进行流通,每一个联合参与者在其他所有参与者保证同样承诺保证上作出自己的承诺。

3. 英格兰银行的纸币在它创立后第二次受到首都资本家庞大集团的支持——由于这一原因,在通过国会法案强求履行支付其价值的诺言,而诺言 63
是它具有价值的依据纸币的内在价值被破坏,纸币有的纯粹是一种人为的价值,虽然效能并不少些。……

命题总结(续)

1. 在每家新的省银行建立的地方,它可能对那些迄今具有闲置他们货币的习惯的人们开设储蓄所,增加货币的有效能力和货币量,适应交易的发展,也就是说适应银行通过其贷款者之手维持流通的货币。

2. 在这种情况下,新银行在完成真实财富量的增加时,事实上也增加了 64
与上述好处密切相联的损失,即物价的上涨。

3. 创建在已经存在着同类银行的地方的一家银行不形成流通中货币量 65
的任何增长;除非通过特殊联系,这家银行才能够从那些不将其货币存放旧

---

63. 银行纸币的价值并不取决于任何团体组织给予它们的信 [338]
任,而是取决于对银行殷实可靠的信心。如果纸币发行的数量过多,任何个人的组织都不能阻止银行纸币与其标准相比之下的贬值。

64. 如果发生这种影响,银行没有好处。

65. 与以前提出的原理不符。

66. 这是不正确的,因为如果把全世界的货币取消一半,每一 [339]

有银行而让其闲置的人们那里获得货币的储存。

金属货币的增加

〔杜蒙评注:"我不知道将这章放在何处。"〕

66 用于铸币的金银数量是那些使用金属的各类工厂或出口的需要的余额……。

铸币厂的金锭是由英格兰银行供应而很少由个人供应。英格兰银行是始终开放的收购金锭的市场,收购价格比铸币厂的价格稍低。个人认为这样轻微的损失是合算的,因为当时立即向他支付金锭的价值,而当他将金锭送交铸币厂时,必须等待一个不确定的时期,直至金币铸成,而且所有这一切还需经过事务所的各种手续。

67 银行获得的好处不仅是它从出售者那里获得小额利润,而且还在于发行与它支付相等的纸币,并为了这笔纸币银行还获得价值相等的保证基金,不像贴现汇票那样需要等待,而是在他取得时立即获得的……。

论货币信用不造成金属货币的出口

人们认为纸币过多的恶劣效果之一是造成金属硬币的大量的和经常的出口……。我认为这一意见在三个方面是错误的。

1. 在人们讨论的时期内并没有发生硬币的任何出口,至少没有发生任

国家的一部分金银器皿就会铸成货币。

67. 如果银行把他们作为金块买进的黄金铸成货币,他们就是损失者,这与卖出黄金的人成为利得者的道理是一样的。他们买进的价格没有充分地低到可以抵偿在造币厂滞留时期他们所受

[340] 的利息损失。固然,他们是用纸币购买的,但只要他们为此目的而发行了纸币,他们就不能获得他们可能以同样数额用于贴现时所获得的利息。他们不能同时维持这两个数额的流通。

68. 目前,金属货币作为纸币流通的保证金是不重要的。各

何大量的出口……。

2. 叙述的原因(纸币的增加)绝不具有产生所述效果的趋向(金属货币的出口)。

事实上,它甚至具有相反的趋向。一笔保证基金是流通纸币的一个伴随
现象。这笔保证基金大部分由金银组成。纸币发生的每次增加产生的不是 68
金属货币需要的减少而是它的增加;这部分硬币需要不是为了投入流通,而
是为了留作储备,并构成银行家的保证基金。

3. 这种出口与人们普遍承认的物价上涨事实不能并存。如果每次增加纸币
产生金属货币的相应或等量的减少,那么物价就会维持在原来的水平上。在这 69
样的假设下,除非出现了销售物品总量的减少,物价上涨将是没有理由产生的。

如果金属货币的这种出口是纸币增加的结果,那么就我们观察说,这一
臆造的祸害宁可说是一种好处,也就是说,它将具有抑制物价上涨和抗拒纸 70
币恶果的趋向。

但是在这种指责中,一切都是臆想的产物;事实是没有根据的,所有推论都不攻自破。

补偿(发行过多的危害)的其他利益

另一部分利润取决于基金(即政府的年金)价格的上涨并包括举办公债条件的改善。

地方银行只要手里有英格兰银行的纸币,就认为自己是充分安全的。而英格兰银行在实施限制兑换条例的时期则不想保有金属货币,——反而总想把它脱手。毋庸置疑,纸币的流通迫使硬币输出国外。

69. 物价的高涨可能是由于黄金作为商品的价值有所减低,
或者由于课税的关系:难道这些不是理由充足的原因吗? [341]

70. 没有疑问,这是一种好事,不是坏事。

71. 货币的增加会提高商品的价格,但不会提高公债或年金

71 这些年金的价格将具有一种趋向，即它的下降同一定时期内投入的销售量相适应，而它的上涨同可能用于购买的货币量相适应。

这个利益是伴随相应的损害而出现的，即货物价格上涨因为购买这些货物的货币被政府年金的出售而征集。利益和损害首先互相破坏而出现的。〔杜蒙评注："这节很长，我无法理解，甚至抓不住它的原先含义——部分是由于非常含糊，部分是由于字迹不清，部分是由于需要边注。"〕

的价格，因为它不会影响到利率，并且利率是以贬值的纸币偿付的。但它对政府来说既没有好处也没有害处；因为虽然他们由于物价高涨必须筹措更多的货币，他们支付的实际利息却比以前为少，即使名义上还是同样的数额。将来是否有利，必须取决于用以支付债息的货币所增加或减少的价值。

关于金价报告和证词的评注

（1810 年）

“金价报告评注”的说明

以下所印关于“金价报告和证词”的评注是李嘉图在1810年10月或不久以后写的。[345]

“金价委员会的报告”在1810年8月12日[①]以官方的对开本发表，但李嘉图的页码参考符号指八开本而言，这是约翰逊和里奇威书店在9月间出版的。[②] 这部手稿是在李嘉图的文稿里，曾在《1809—1823年关于通货问题的次要论文》第45—59页发表，这书由霍兰德编辑，巴尔的摩尔的约翰斯·霍布金斯出版社在1932年出版。

原稿包括三个部分：

(A) 关于报告的评注，篇幅为3个八开页(这些评注从手稿的最后一页开始，标明为(C))；

(B) 关于戈尔斯密德、宾斯和默尔等证词的简略评注，占两个四开页；

(C) 关于“证词记录”的有系统的评注，占25个八开页。

(A)和(C)肯定是在同一时期写的，(B)则可能是在稍稍早一些的时候写的。

---

① 见本书第10页第4个注释。

② 1810年9月23日《泰晤士报》载有广告；新版见该报1810年12月13日广告。李嘉图的两本书属于前一版本。关于评注的日期，也可参阅本书第339页所提到的关于兰德尔·杰克森在1810年9月20日的发言，以及他在同一地方所提到的贴现表，后者是在10月15日的《晨报》上初次发表的。

这三部分手稿中,(A)和(B)只是些摘记,(C)则构成有系统的评论。

关于"证词记录"的评注(即上面标明为(C)者),手稿中所写的参考号码与李嘉图亲手用铅笔写在他据以评注的《金价报告》八开本上,这就是现在保存在盖特科姆图书馆的一本。①

[346] 虽然评注(C)开头的评论谈到"证词记录"第102页,看来不像是有几张评论以前几页的稿纸已经遗失,因为在李嘉图据以撰写文章的那本《金价报告》的那几页上没有对照的号码。②

李嘉图在评注(C)里,只在他对每一证词的开头的评论上写有参考页数;以后的评论,即使指随后各页,也只有一个连续的号码,与他在那本《报告》上用铅笔标明的号码相符。

这里对于评注(C)所采取的排印计划,也同《李嘉图著作和通信集》第Ⅱ卷《对马尔萨斯的评注》和本卷《对边沁的评注》的方式一样。来自"证词记录"的有关摘要以较小号字印在一页的上半部分(照李嘉图在盖特科姆那本《报告》的书边上所标明的号码编号),其相应的评论以较大号字印于同页的下半部分。李嘉图写在盖特科姆那本《报告》上的很多感叹符号,也印在他原来所写的地方。

对于评注(A)的部分,已经把《金价报告》有关各段的引文放在评注的前面。

① 属于李嘉图的同一版本的另一本《金价报告》,现存伦敦大学的戈尔德史密斯图书馆,但上面没有参照的号码。

② 另一方面,再后面有几张手稿可能已经遗失,因为在第102页以后的几页上写有一些号码而对那几页却没有相应的评论;见本书第341页注释和第352页注释。

(A)

[关于金价委员会报告的评注]

[第 9 页。]该《报告》指出，已有大量黄金从南美运进英国。[347]
第 9 页。

该委员会似乎急于要证明，黄金已有大量出口，也有大量进口，但这一事实对于他们试图证明的原理无关紧要。

[第 21 页。]《报告》引用了欧洲大陆一个商人的证词："对英国不利的汇价涨落于 15%—20%，那种损失究竟有多少可归之于敌人在德国北部所采取的措施的影响，以及由此发生的关系中断，还有多少可归之于你认为是贬值的部分原因的英格兰银行纸币的停止兑现呢？——我以为全部贬值的发生最初是由于敌人所采取的措施；而其一直未能恢复，则由于英国纸币不予兑现的情况。"

21. 很难相信这里所认定的原因足以产生像从 15%—20%的不利汇价：其大部分原因一定首先是由于英格兰银行纸币发行过多和不能兑现的情况。

[第 55—56 页。]《报告》揭露了在纸币制度下，"对于给商人垫付资本和增加通货以补充流通媒介总额之间不加区别"的错误："首先，当贴现票据给以纸币实行垫付时，它无疑就是放在收到纸币的商人手里的那么多的资本，那么多的购买力；如果这些手是可靠的，那么，它们至今所起的作用及其在这方面的第一步是对公众有益的和带有生产性的。但一等到这样垫付出去的那 [348]
部分流通媒介在收到这种垫付的人手里发生其作为资本的初步作用时，一等

到他以纸币换成作为资本的其他某种物品时，它们就作为那么多的流通媒介落进流通渠道，构成通货总额的一个增加数。”

55. 这种垫付即使在最初也不是有用的，如果通货的数额已经达到它的自然限度。它只在对另一商人有同等程度的害处时才会对一个商人有用。它使一个人有力量购买货物，但由于物价增涨，它就使别人丧失其以同等规模进行贸易的能力。

[第57—58页。]《报告》写道：停止兑现所已发生的影响，就是把供应全国以恰好合乎公众需要和必要的流通媒介数量的重要职权托付给英格兰银行董事，完全听凭他们随意行施。根据委员会的判断，这是不应过高地希望英格兰银行的董事能够履行的一种责任。即使对我国的实际贸易具有最详尽的知识，连同关于货币和流通的一切原理的精深学问，也不会使任何一个人或一批人能够调节并经常调节好一国的流通媒介与贸易需要之间的适当比例。当通货完全包括贵重金属或可以随意换成贵重金属的纸币时，由于确立了世界不同国家间的汇价，自然的商业过程就能在每一具体国家按照金银矿山提供世界总市场的贵重金属的供应量，调节流通媒介与其实际需要的比例。这样由商业的自然活动调整和维持的比例，是不可能靠人的智慧或技能来调整的。如果放弃通货和流通的自然体系，代之以纸币的任意发行，那么，要想能够设计出任何规定来正确地运用这样的选择，那是徒劳的，虽然可以指出一些应该当心的地方以阻止和控制像发行过多对于汇价和黄金价格的影响所表明的那种后果。

[349] 58. 正如委员会在报告的若干部分所断言的那样，在一个存在着不能兑现的纸币的国家里，那种能够方便地加以维持的通货比例是可以靠人的智慧和技能来调整的。这种比例一定要黄金不涨到法定价格以上或跌到法定价格以下时才恰好合乎它的适当的限度。

[第 65 页。]《报告》提到 1793 年的危机："在这次危机中，议会采取了一种从其效果来说很类似扩大银行垫付额和发行额的补救办法；银行授权以国库券贷放给所有申请借款并能提出良好保证的商人；这一办法所散布的信用以及它通过出售国库券而提供的获得银行纸币的补充手段，很快就使伦敦和地方摆脱了困境。"

65. 如果英格兰银行在那个时期的贴现更为放松，他们对于一般信用也许已经产生后来由于发行国库券而产生的那种影响。看起来似乎银行会买进国库券但不会贴现商人的票据，——或者毋宁说，他们得不到议会的保证就不会垫付款项给商人。如果银行买进证券，这时公众信用还是要靠流通媒介的增加才能最后得到解救。[①] 如果是公众而不是银行买进了证券，这国家就有一部分从流通中收回的流通媒介又凭政府为需要解救的各方面[②]获得保证的信用重新发放出来。

也许那种信任终究是在采取这一自夸的方案的时刻正在得到恢复。

① 这一句是插入的。

② 代替"为被怀疑的各方面"。

(B)

[关于证词记录第一部分的简略评注]

[350] 阿隆·戈尔斯密德。① 这位先生关于黄金的价格以及完成卖买的做法这两点的证词,都很清楚明确。他说,在过去15个月,他买进和卖出的黄金比几年的平均数额来得多。

黄金主要是从西印度群岛进口的,特别是从牙买加。西班牙和葡萄牙的硬币有其作为硬币的非固有的价值,但法国的金币却没有。

承认这种事实,岂不就可以证明,对黄金有很大需求,不是由于我们从法国进口了谷物,因为如果是那样的情况,法国的金币就会特别吃香:在所有的金币中那将是最好的支付金额呢?但戈尔斯密德先生相信,黄金出口②是用以偿还从法国和弗兰德斯进口的谷物:——最大数量的黄金是运到荷兰去的。他不以为过去12个月黄金的出口数量大大超过了进口的数量。他不觉得银行纸币的增加或减少与金价的涨落有任何关系,但他承认他没有注意到这件事。如果一个人能随意出口英国的黄金,他一定能比出口外国的黄金多得16%。

---

① 所指各节均见《金价报告》,"证词记录",八开本,第4—18页。

② 这里删去"主要"一词。

宾斯先生——[①]往往以不到 23 先令的代价买进轻质的几尼。

默尔先生——[②]已拒绝购买轻质的几尼，因为他认为付出高 [351]
于铸币的价格以换取这些几尼是违法的；他相信几尼从流通中消失的原因[是][③]黄金的高价以及因高价而出口黄金的诱力。他并不认为银行纸币的增加对黄金价格有任何影响，——但承认他从来没有对这问题加以观察，也没有广泛地考虑过这个问题。他从来没有想到要研究银行纸币的大量发行会对黄金价格发生什么影响。他承认，如果没有禁止熔化几尼的法律限制，他会把纸币的价值看作小于硬币的价值，这大概每盎司有 10 先令的差别。

① 《金价报告》，“证词记录”，第 23 页。

② 同上，第 26 和 37—38 页。

③ 原稿中遗漏。

(C)

[关于证词记录的评注]

证 词 记 录

录自向议会任命的研究黄金高价原因并估量流通媒介及大不列颠和外国的汇价状态的特别委员会作证的证词。

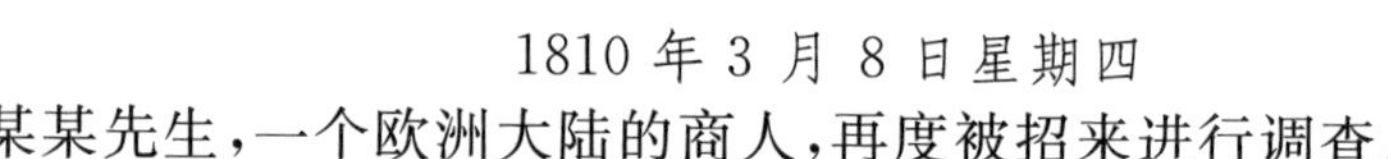

1810 年 3 月 8 日星期四

某某先生，一个欧洲大陆的商人，再度被招来进行调查。

[第 102—103 页。]假定国际贸易的差额对我国是顺差，你想银行纸币和地方银行纸币现有的发行额将怎样发生其降低汇率的作用呢？——发行额
1 愈大，汇价就愈下跌；假使现在我国缺少流通媒介，汇价就会高一些。同这直接影响无关的情况是，减少流通媒介也会产生减低各种物品价格的影响，因而增加它们出口的便利和规模。

由于银行纸币的流通量增加，商品的价格提高，出口商品比在另一种情
2 况下为少，那样对汇价的影响是否不利于我们呢？——是的，只要我国和其他

---

[352] 第 102 页

1. 如果减少流通媒介会提高汇价，那么，既然知道从物价减低得来的利益会恰好为汇价上升的损失所抵消，它又怎么能促使商品出口呢？

2. 由于银行纸币的增加而发生的商品价格的上涨，对于外国
[353] 人来说，岂不只是名义上的吗？因为货物价格的任何上涨，会如刚

国家有贸易竞争，就会于我们不利。

即使承认纸币流通量的增加或减少会使商品的价格上涨或下跌，又会使出口加多或缩减，并因而间接地影响汇价，可否请你更具体地说明纸币过多对于汇价的直接影响呢？——流通媒介的增加使人们能对外国人作更大的垫款，因而有更多的票据投入国外市场；这一定会发生压低汇价的影响。反 3
之，如果这里存在着货币的缺乏，人家就会希望清偿所欠我国的债务，并加速这种偿付；现在很容易垫付给他们的款项，那时就有必要加以削减，而需要买进对我国开出的汇票的外国人，就不得不因为它缺少而比它充足时付以较高的价格。由于同样的原因，进口也会削减；把更多的货物运往国外以筹集货币的欲望则将加强。不管个人感到多么不便，我认为我国流通媒介如有重大的缩减（我用流通媒介这个词，并不是想区别硬币和纸币），就会立刻发生影响使汇价高出平价很多，以致外国人能把黄金运来我国以清偿他们的债务，如果这一原则能执行到这样一种极端的话。

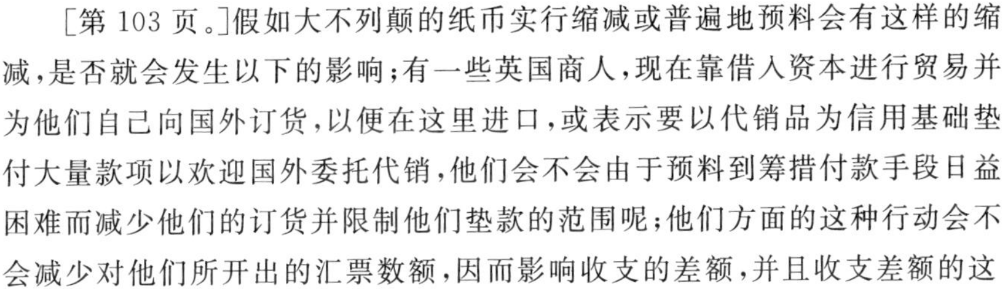
［第 103 页。］假如大不列颠的纸币实行缩减或普遍地预料会有这样的缩减，是否就会发生以下的影响；有一些英国商人，现在靠借入资本进行贸易并为他们自己向国外订货，以便在这里进口，或表示要以代销品为信用基础垫 4
付大量款项以欢迎国外委托代销，他们会不会由于预料到筹措付款手段日益困难而减少他们的订货并限制他们垫款的范围呢；他们方面的这种行动会不会减少对他们所开出的汇票数额，因而影响收支的差额，并且收支差额的这

才所说，被从相同原因发生的汇价低落所抵消。

3. 这里所说的影响只会发生于通货没有贬值的时候。把贬值的通货价值提高到平价时，对国际贸易的影响将纯粹是名义上的。如果由于银行纸币续有削减以致通货价值提高到平价以上，那就会发生这答案的后半部分所说的那种影响。

4. 进口不会减少。那些以借入资本从事贸易的人会停止向 [354]
国外招徕代销的委托，但由于流通媒介的价值会提高起来，那些靠他们自己的资本从事贸易的人就会能够进口更大数量的商品：一种改变是否将促使英国的汇价得到改善呢？——我完全同意在上面的问题中提出的那些命题的影响，正如我在前面的答案中力图说明的那样。

［第 104 页。］在所假设的情况下［流通媒介几乎全是纸币］，你所说的那
5 种由于纸币增加而可能在英国发生的物价普遍上涨，是否会妨碍英国物品的出口呢，如果那时的汇价仍旧同原来一样，即假定是在平价的那一点上？——是的，当然；但据我看来，这是事实上绝不会发生的一种假定。

［第 105 页。］那么，如果汇价只受收支差额的影响，目前同北欧汇兑的收
6 支，按照你所据以判断的资料，是否应该对英国有利呢？——如果那是影响汇价的唯一原因，我认为在过去的一段时期内汇价应曾对英国有利。

［第 106 页。］如果我国的硬币不能随意进口①，你是否认为减少它的通货数额会使各种商品的价格下跌，因而发生汇价的上涨，其比例仿佛像我们

方面的增加恰好会相等于另一方面的减少。通货的价值不但会在国内提高，而且也会在国外提高：汇价的改善会使同一数额的英国货币能买到一个较大数量的外国商品。

[355] 5. 这里的答案似乎承认我在上面所说的原则，但与前一答案有矛盾。

6. 汇价可能是并且现在也许是实际上于我们有利的，虽然名义上是于我们不利的。

7. 通货减少的影响将恰好相同于同一数额硬币的出口所造成的影响。即使有任何差别，那也一定小得很难加以估计。出口的数额将分配给一切国家，不能持久地保存在进口的国家之内。

[356] 8. 如果流通媒介不是持久地过多，这里所提到的原因就不会

① 在李嘉图的那本《报告》上，“进口”被他改成“出口”。

一部分硬币的出口使通货减少后所发生的那样呢？——我认为它只会有一 7
半的影响。

[第 107 页。]你曾经说过，自从限制银行兑现以来，汇价已经大大地于我
们有利，因而对英国的国际收支差额是以大量的黄金进口到我国来偿付的；
你也曾经说过，据你看来，收支的差额现在也是于我们有利的；请你对委员会
说明，你既认为每一时期的收支差额均于我们有利，那么，这两个时期在汇价
上的差别究竟归之于什么原因呢？——在停兑的时期，我国的贸易情况是于
它很有利的：为欧洲大陆所需要的手头存货很多；这里赞成实行授权银行停
止兑现办法的舆论是这样，以致有一段时期国内的硬币和纸币之间没有发生
交换：所以在贸易差额继续对我国有利的期间，外国人就只能运送黄金以清 8
偿他们的债务。如果那时允许黄金重新出口，这种出口的很小一部分就足以
使汇价接近平价；甚或舆论就会使它定在平价那一点上，如果可以确定，这样
的作用在需要时会发生的话。由于情况并不是这样，还出现过一些特殊的原

产生归之于它的那种影响。[1] 汇价可以完全为现在有权发行纸币的人所控制。只要对银行加以信任，限制兑现的办法也许可以继续，而汇价还是不会远离平价。

第 112 页[2]

1. 如果在汇价已有改善的时期，虽然银行纸币的数额已经增
加，商业和支付的数额却没有同时增加，那就不一定会有这样的影 [357]
响。增加的流通媒介，只要能保持相同的价值，就将为增加的商业和收益所需要，因此这时候就可能发生纸币的增加[3]而不致使纸

---

① 代替“产生任何影响”。

② 这页边上的感叹号是李嘉图的。

③ 最初写的是“增加的商业和收益需要增加的流通媒介，如果那时它能保持相同的价值的话，所以它将经受得住纸币流通的增加”，然后又改成上文。但李嘉图忘了把“需要”和“增加”划去。

因(如前已说明)压低汇价,而硬币又不得在国内流通,也不得对外国发生它的作用,所以我认为,这是在贸易顺差时期汇率于我们不利的原因。事实上,所谓汇兑平价所据以确定的基础已经不再存在。

1810年3月9日星期五

英格兰银行总裁约翰·威特莫尔先生和英格兰银行副总裁约翰·皮尔斯先生一同被请了进来并进行询问。

[第112页。]让我假定有一种情况,政府并没有向银行要求特别的贷款,而商人却提出特别要求想增加贴现的便利,在这种情况下,为了维持公众的信用,银行是否认为它必须准许增加贴现,虽然人们由于黄金的高价和汇价的不利情况而正在向该行挤兑金币?——我希望给我时间来考虑这一问题。

!!!

假如银行现在将以硬币兑换纸币,并如刚才所说的那样遭受金币的渐次枯竭;假如他们还是同从前一样以放款方式提供完全相同的数额;会不会

[358] 币贬低价值,也不致使对外汇价贬低价值。皮尔斯先生并没有证明"汇价曾受通货过多的影响"这一原理是错误的,[①]即使事实是照他所说的那样。

第114页

2. 银行的总裁居然还需要时间来考虑这一问题,那是不足为奇的,——其时贴现所增加的比例已肯定(据可靠方面的报道)不少于[②]

① 这里原插入"所以",后又划去。

② 在原稿上留下空白。根据银行呈送金价委员会的要求不予公布的"(接下页)

按照这种枯竭所引起的几尼储量减少的比例，他们的纸币也发生减少呢，因为每一个人来要求几尼，就会付还同等数量的纸币，而这种纸币也就会被取消？——我希望能有时间来考虑那个问题。 !!!

是否有理由可以怀疑，目前汇价的不利状态可能部分地是由于在汇价变成不利的时候缺少在银行停止兑现以前通常所实行的那种对纸币的限制呢？——我认为，我们纸币的数额根本就与汇价的状况无关，但我不知道这 !!!
是否就是银行方面的意见。

这一问题是否曾在董事会上正式提出讨论和作出决定？——银行董事认为，这对于我们的业务没有很大的影响，所以只把它当作普通谈话的资料；从来没有把它单独和分别地提出来讨论过，虽然经常与其他的情况一并加以注意。

皮尔斯先生。——对汉堡汇兑的不断变动的价格与不同时期银行纸币 1
的不断发生变动的数额相比，似乎可以证明银行纸币的流通量对汇价是没有发生影响的。

［第 114 页。］从停止兑现到现在，究竟商业票据的贴现有没有重大的扩展？——我希望有时间考虑那个问题。 2

第 120 页

1. 兰德尔·杰克森先生在他在银行的演讲中说，许多有地位的证人都对委员会提出他们的看法，认为黄金的高价与汇价的下跌没有任何关系。① 他屡次很尊敬地提到的戈尔斯密德先生，在这 [359]
一答案中就与他的意见有分歧。事实上，我在任何证词中也找不

（接上页）贴现比例表”，比例是 241 比 688。但这曾在 1810 年 10 月 15 日的《晨报》上发表过；见英文版《李嘉图著作和通信集》第四卷的附录。

① 见《兰德尔·杰克森先生在英格兰银行 1810 年 9 月 20 日举行的全体董事会上关于金价委员会报告的演讲》，伦敦勃特沃思书店出版，第 23—24 页，参考本书第 138 页。

1810 年 3 月 12 日星期一

亚伯拉罕·戈尔斯密德先生请了进来并进行询问。

......

1 [第 120 页。]目前低落的汇率是否会造成对黄金的需求和引起金价上涨？——目前黄金的高价就是由于低落的汇率。

......

[第 121 页。]你认为像我国这种完全限于纸币的流通媒介会对国外汇兑
2 的汇价发生影响吗？——我不认为我自己有能力对那问题发表意见。

......

1810 年 3 月 13 日星期二

英格兰银行总裁约翰·威特莫尔先生和副总裁约翰·皮尔斯先生一同被请进来询问。

......

[第124页。]假如任何一个国家的通货只有硬币，这种硬币的价值会不

到这样的意见。

2. 戈尔斯密德先生承认他没有能力对争论的主要问题提供意见。所以不论辛克莱爵士[①]或杰克森先生都不能这样自信地依靠他的话来得出结论，而那些结论他们是根据委员会所询问的“实际大权威的[②]意见[③]”构成的。

第 124 页

1. 看了这一答案，能否责备委员会没有默认威特莫尔先生的

---

① 《对金价委员会报告的评论》，约翰·辛克莱爵士著，伦敦卡德尔和戴维斯书店出版，1810 年。

② 辛克莱的原话是“被了解实际详情的人提出的根据所认可”。

③ “意见”写在“证词”之上，但未将“证词”划去。

会受其数量充斥或减少的影响，正如铜、黄铜、布匹或任何其他商品一样呢？——我已经说过我谢绝答复关于发表意见的问题；我很愿意答复任何关 1
于事实的问题；对于这一问题和前一问题中所说的各点，我还没有形成充分成熟的意见可以贡献给委员会。

[第 125 页。]在以前的一次询问中你说，“假如以银行纸币计算的黄金市价超过法定价格 5%，因而银行发生几尼枯竭的现象，同时银行由于减少其未了的需求量而提高纸币价值 5%”，照你在前次回答中所叙述的那样，结果是不是会使黄金的市场价格和法定价格达到平衡，因而使人们不再需求几尼呢？

威特莫尔先生。——我相信我以前的回答没有说到银行提高纸币价格
的问题，因为事实上如果银行要提高纸币的价值，并按这种增加的价值估计 2
而将它们用于贴现，它就会招来对高利贷的处罚。所以我以为这个说法是假设一种不会发生的事例。

当你们考虑在外流通的纸币数额，并限制你们对商人的贴现范围时，你们是否注意到黄金的市场价格和法定价格存在着差别，如果有这种差别的

意见呢？如果他曾以答复这一问题的唯一可能的方式从肯定的方
面予以答复，他就会不得不承认银行的发行量是可以使其提高或 [360]
减低黄金的价格的。

2. 他混淆了价格和价值。不管一英镑的价值涨到多么高，银行怎么会招来对高利贷的处罚呢？如果由于增加一几尼中所含的黄金量，使我们 100 镑现行通货的价值提高到可以购买它们现在所能购买的商品一倍的地步，然后银行又以五厘利息把这 100 镑贷放出去，所增加的纸币价值又怎么会使他们受高利贷的处罚呢？

130①

① 在李嘉图的那本《金价报告》里，对格雷富尔提出的其他问题上写有 2、3、4 等号码（第一、第四、第五各问题在上面重印的问题之后），但在原稿上没有相应的评注。它们可能是写在一张现已遗失的纸上的。

话？——我们确实注意到那一点，因为对于那些为我们所知道或有真实根据
! 可以认为出口黄金的人，我们在任何时候都是不给贴现的。

1810年3月14日星期三

约翰·路易斯·格雷富尔先生受到询问。

[第130页。]你的意见是否是说，如果在我国不存在强制的纸币流通，汇价就不可能跌到平价以下很多，金价也不可能涨到标准价格以上很多
1 呢？——我认为如果我国的黄金数量不足以支付对外的差额，那还是不可能

[361] 1. 格雷富尔先生似乎认为可能有这样的情况，即国际收支差额可能很大并对一个国家长期地不利，以致如果那个国家只有一种金属通货，它所有的黄金和硬币都可能流失殆尽。他没有想到对流通媒介的需要是这样迫切，以致我们在很大一部分货币离开我们以后就会停止输入商品，如果能够假定①外国会②这样地看不到它们的利益，居然拒绝接受任何其他的东西以出售那些商品的话。那些作这种论证的人经常不得不假定国际收支的差额是偶然地和无法控制地对我们不利的；他们在因果的分析上应当稍稍前进一步，他们就会发现国际收支的差额绝不会③在任何长时期内
[362] 对任何一个具体的国家不利，除非是由于那个国家通货的相对过多。——它以货币购买货物是因为货币太多了：——如果减少货币的数量，它就会完全停止购买，除非它能用货物买进。

---

① “能够假定”是插入的。

② “会”写在“是”的上面但没有把“是”字划去，

③ 代替“是绝不”。

阻止汇价跌到平价以下很多的。

……………………

威廉·钱伯斯先生被请了进来加以询问

……………………

[第 136—137 页。]关于虽然不是强制流通但是过多的通货，你有什么意 1
见？——我并不以为这是可能的事。

你对于强制流通的纸币作何解释？——这就是违反我的意志而不得不以超过其价值的代价接受的纸币；只要人们愿意接受，那就不是强制的，这在纸币没有贬值时他们自然会这样做。

……………………

136

1. 这似乎是这些注重实际的人的一切错误的根源。按照他们的想法，如果谁也没有违反其意志而被迫接受纸币，纸币就不会过多。他们必定认为，一定数量的通货能为一定数量的商业和支付所使用，如此而已，——他们没有想到，由于通货贬值，同样的商业将使用额外的通货数量。美国金矿的发现难道没有贬低货币的价值，而其结果不就是增加通货的使用吗？由于不断贬低它的价值，任何货币的数量都是同样商业的状况所能吸收的；究竟政府是否强制纸币流通，或者究竟它是否由一个公司只在公众需要时才在贴现有信用的票据的情况下发行出去，都无关紧要，发行过多的影响将是一样的。

假定不能兑换硬币的纸币流通量是 2,000 万，并且我对银行有足够的信用可以用一张票据在银行贴现到 1,000 镑——希望把我的营业扩充到这一数额。再假定所有其他的行业也有同等的便利，并且由于这些不同票据的贴现，通货增加了 100 万。现在这额

1810 年 3 月 16 日星期五

英格兰银行总裁约翰·威特莫尔先生和副总裁约翰·皮尔斯先生一同被请进来加以询问。

[第 152—153 页。]假定有这样一种情况，政府没有对银行要求特别的贷款，但商人却提出特别的要求想增加贴现的便利，在这种情况下，为了维持公众的信用，银行是否认为它必须同意增加贴现，虽然由于黄金的高价和汇价的不利状况人们正在向该行挤兑金币？——因为没有机会同银行方面商量这
1 个问题，我现在把我的答复当作我个人的意见；据我看来，银行不会增加他们

---

[363] 外 100 万通货的所有者借了这笔款子，并不是要让它闲置起来，而是为了要扩充他们的各种行业。酿酒者带了他那部分通货前往谷物市场；棉纱厂商、制糖业者等等也带了他们那部分前往各自的市场；全国的谷物、糖和棉花的数量却完全同从前一样。这额外的 100 万的影响岂不会把所有商品的价格按通货增加的比例提 1/21 或 1/20？银行的这些借款人将能达到他们扩充营业的目的，但由于使原来流通的 2,000 万的效力减少，那些原来拥有这个数额的人就会在他们的营业上受到相应的损失。因为谷物、糖或棉花的数量并没有增加，而只是那些商品涨了价，就并不会有增加的营业，而只是营业的不同分配。如果对于贴现产生了新的要求而又有 100 万加入流通，那一定会再度发生相同的影响。从①这种反复的增加，货币的贬值不可能有什么限度。哈曼先生以为银行除了对实际的交易②以外从来不贴现其他票据的看法，并不能限制数量，③——同一货币数额连续执行很多次的支付，——但对这些支

---

① 此地划去“过多”一词。

② 见本书第 355 页。

③ 这里删去“因为如果所有这样的票据都贴现，我们也许会有现在实际流通的纸币量的 4 倍”。

的贴现，而在另一方面，我想有了 1796 年和 1797 年的经验，银行也不会很顺利地大大减少贴现。

1810 年 3 月 23 日星期五

英格兰银行总裁约翰·威特莫尔先生和副总裁约翰·皮尔斯先生　　一同被请来加以询问。

[第 176 页。]如果把[所有伦敦银行家支付的款项合并在一起]每天的平

付中的每一次都可以为实际的交易而开出一张票据，如果银行对它们概予贴现，我们可能就会有 4 倍或 10 倍于现在实际流通的纸币数额。[364]

第 135 页[①]

钱伯斯先生像在他以前提供证词的人一样，把不利的汇价归之于对我们不利的收支差额，——他承认强制的纸币流通会压低汇价，但认为英格兰银行并不能强制纸币的流通；他以为对英格兰银行纸币来说黄金并不是比靛青或厚黑呢更好的标准!!!

第 152 页

一些有识之士[②]曾认为，当 1797 年银行发生挤兑时，董事们如果增加而不是减少他们的贴现，也许就能维持公众的信用并阻止他们对几尼的需求。我以为 1797 年对银行的挤兑是由政治上[365]的惊慌以及人民方面要想窖藏几尼的欲望引起的。我自己就亲眼

---

① 这一评注是对钱伯斯在第 135—137 页证词的总评，在原稿上列在第 136 页评注之后。

② 参阅“上院机密委员会报告。1797 年 2 月 26 日枢密院发布的命令；关于银行，”亨利·桑顿的证词，第 42—43 页，以及瓦尔特·博伊德的证词，第 65—66 页；重印于《议院文件汇编》，1810 年，第Ⅲ卷。参考《金价报告》，8 开本，第 65 页。

均数额算作只有 500 万，是否因此可以说，一年中间单是在伦敦各银行的账柜上用英格兰银行流通中的纸币所支付的数额约有 1,500,000,000 英镑？——照我看来，它会达到那个数额。

估量到各地方银行所必需的英格兰银行的纸币数量以及需要这种纸币的其他不同用途和用处，是否因此就可以说，英格兰银行的纸币总流通量中只有某种有限的部分可用于实现这 15 亿的支付呢？——只有流通量的一部分可用于这样的目的。

1810 年 3 月 30 日星期五

英格兰银行总裁约翰·威特莫尔先生和副总裁约翰·皮尔斯先生一同被请来进行询问。

看到有很多人确实为此目的而以银行纸币兑换几尼，——因此银行当时可能避免不了他们所不得不采用的停兑办法。但出于对银行资力是否殷实的担心或出于政治惊慌而发生的对硬币[①]的需求，是与因金价高涨和汇价下跌而引起的需求大不相同的，必须区别对待。在后一种情况，如果金币没有减轻，它只能由纸币发行过多而发生，并且只能以收回过多部分的方法加以阻止。[②] 1797 年对汉堡的汇价是 38，金价为 3 镑 17 先令 6 便士。在 1810 年汇价是 29，金价为 4 镑 13 先令。第 176 页

如果英格兰银行流通的纸币用于 15 亿以上的支付，而由于大
[366] 部分纸币要用作地方银行的储备，只能有一部分用于这一目的，那么是否就可以说，银行纸币对实际支付的比例是非常[③]小呢？[④] 如

① 代替“但对银行的挤兑”。

② 代替“为纸币数额的减少[代替‘限制’]所阻止”。

③ 这写在“很”字上，但未将该字划去。

④ 这里删去“如果那时每一项真实支付都以汇票付给”。

[第 184—185 页。]对各国汇价的于我们不利的行情，甚至在现行限制兑现的条例之下，是否也会在某种程度上使其继续和延长成为必要的呢，只要那种必要可能取决于银行库存的硬币对其纸币流通数额的比例？

威特莫尔先生。——据我看来，国外黄金的高价并不使银行有必要继续
实行限制兑现的办法；但我已经说过，在限制兑现以前汇价的低落状态并没 1
有起什么作用，使我们的几尼枯竭到任何重大的程度。

皮尔斯先生。——就供应公众对流通媒介的需要来说，它无疑是这样
的，因为如果取消限制兑现的条例，而那时国外汇兑还是像现在这样于我们
不利，银行就不可能继续保持那种供应；只要还有银行纸币在流通，把几尼换
成黄金可以得到的 10%至 15%至 20%的利润，是一种非常大的诱力，再也不
会让任何几尼留在银行。因此银行就会不可避免地被迫感到有必要收回它 2

果每天真实的支付超过 500 万，——如果我们假定有一种不大可能的情况[①]，这种款项是用 60 天期的汇票支付的，那么，尽管银行硬说为实际交易而贴现票据绝不会造成纸币的[②]发行，它难道不会在这 60 天之内被要求贴现票据达到 3 亿的巨大数额吗？[③]

184[④]

1. 在限制兑现以前，汇价从来没有在任何长时期内对我国不利。如果这样一种汇价的状态曾经持久地存在，[⑤]而其时银行是在兑付硬币，银行的每一几尼也许早就被吸干了。

2. 皮尔斯先生在其关于银行有必要减少票据等等的垫款的回答，无疑是正确的，但他以为取消限制兑现的条例就会造成类似

① “有一种……情况”是插入的。

② 这里可能由于疏略遗漏了“过多”一词。

③ 早先的文本没有从“尽管银行”到“纸币的发行”等字样，但在这一节的末尾加上：“如果他们认为像他们所宣称的那样，他们在为真实的交易贴现票据方面绝不会发生错误。”

④ 原稿上误写为“181”。

⑤ “曾经持久地存在”代替“是可能的”；并在下一行以“也许早就”代替“也许会”。

的纸币，换句话说，就是感到有必要减少其对票据等等的垫款，因为这些垫款会造成当初通过限制兑现条例以图克服的那种窘境。

[第 186 页。]假如议会要决定的方案是在一个遥远的时期让银行开兑，你是否认为万一汇价还同现在一样或差不多一样，对于银行的发行量应该采取某种限制以便为开兑作好准备呢？……

皮尔斯先生。——在打算于任何明确的时期取消限制兑现的条例时，银
3 行就会有必要参照对外国的汇兑行情限制它的发行数额；但如果那时汇价还是继续于我们不利(这是发生于国际收支差额的事件，不是银行所能控制或影响的)，我就不知道银行有能力实行的任何限制会在开兑的时候有效地防止那时为了把硬币出口到欧洲大陆的利润而要求兑付硬币的危险。

[第 187—188 页。]你是否认为流通媒介数额的大量减少不会在任何程度上增加其与各种商品相比较的相对价值，而它的大量增加也不会提高商品
4 与这些流通媒介相交换的价格呢？——这是一个有很多不同意见的问题，我觉得我自己没有能力作明确的答复。

本月 21 日对你询问时你说，地方银行的纸币只有在发行时并不代表从真实交易发生的票据，并且不是在不远的确定时间到期的，才会过多；然而，在 23 日对你询问时你说，这种纸币一定总是照平价流通，否则它就会回到发行者的方面；那么地方银行的纸币在它能这样交换的时期是否会有任何持久的过剩呢？——我在 3 月 21 日的回答中曾谈到那些可能产生地方银行纸币发行量过多的原因：我在 23 日的回答中，我本来的意思是想说一说据我看来从这过多部分的存在必然会产生的后果。完全可能的是，如果数量很大，地

1797 年那样的艰难处境，那是错误的。

[368] 3. 限制银行的发行量当然会提高①外汇的汇价。

4. 对这问题作肯定的答复，不是不言而喻的吗？

188

5. 皮尔斯先生必须放弃他那指责地方银行造成通货过多的

① 代替“降低”。

方银行由于没有按照英格兰银行的原则控制它们的发行额，也许会把过多的纸币抛出来；但照我看来，这过多的部分在达到重大的程度以前就会凭它自己的作用得到纠正，因为这种纸币的持有人一旦发现由于发行过多纸币的价值减低或可能减到平价以下，就立刻会把它送还发行的银行：这样，虽然平衡 5
可能暂时略受扰乱，却不可能发生重大而持久的过多发行，因为按照自然的趋势，银行纸币的流通额总是一定会在公众的需要中找到它的水平的。

……………………

[第 188—189 页。]但如果他[外国人]收到 100 镑的银行纸币，并有必要到市场上去买进黄金，这个外国人会不会按它们之间的价格差别，把他的货物估高 20%；并且他是否会对他往来的商行在发票上把货价相应地升高 6
20%呢？[威特莫尔先生]——我想不出有哪一种行业会参照金价开出发票。

如果真有这样的情况，那么，在汇兑价格高涨时我们会有怎样一种远景 7
呢？——从来没有参照金价考虑过这一问题，所以，究竟一个商人在这样一种情况下会怎样行动，我还提不出什么意见。

……………………

1810 年 4 月 2 日星期一

威廉·科宁汉姆先生被请来进行询问。

……………………

[第 190 页。]从你 1804 年对爱尔兰外汇委员会作证的证词中看出，你认为爱尔兰那时的纸币是贬值的，这种贬值就是英格兰与爱尔兰之间外汇逆转

说法，因为他在这里承认这是一种会自动纠正的弊害。

189 [369]

6. 外国人必须在我国出卖货物以换取的货币的价值，一定会在他的计算之中，这难道不是不言而喻的吗？

7. 这是否就是直认不讳他还没有考虑过政治经济学中特别需要银行董事充分了解的一个最重要的问题呢？

状态的原因；你是否认为那种纸币现在还是贬值的，如果是这样，你以为两国
8 之间汇价在什么情况下才会得到改善呢？——我想它还是贬值的，但与
1804 年的贬值比较起来程度是很低的：我倒以为，既然贬值的原因现在远比所指的那个时期为小，现在对于纸币就比那个时候有较大的信任；因此人民接受纸币也比较随便，他们当然认为它有较大的价值。

1810 年 4 月 4 日星期三

弗朗西斯·巴林爵士被请来加以询问。

---

1 [第 195 页。]国际贸易限制的取消会不会减低黄金的价格？——取消国际贸易的限制会引起商品的出口，便利黄金的进口。

[第 196 页。]你是否了解，发行票面 5 镑以下的纸币已使纸币发行的全部数额增加很多；你是否相信，在比较现有纸币流通数额与你所指的时期[1797年以前]存在的数额时，应该不把小额纸币的数额计算在内？——小额

---

[370] 8. 他并不认为纸币同从前一样贬值，因为同英格兰银行的纸币比较起来，它现在已经差不多达于平价，这在那时却不是如此。在我看来，显然爱尔兰银行纸币的价值还没有提高到英格兰银行纸币当时所具有的价值，但是英格兰银行纸币的价值已往跌落到爱尔兰银行纸币的价值，所以它们二者现在都是贬值的。

195

1. 贸易限制的取消无疑地会便利黄金的进口，如果情况有利
[371] 于这种活动；但黄金的出口或进口必然受制于黄金在这两个国家的相对价值，或者说它也受制于两国之间的实际汇率。

2. 这问题没有得到适当的答复。当然，不发行同等数量的硬币是收回不了小额的纸币的，因为它们为小额支付所需要，因而是

的纸币也一样是纸币，它们增加到原来流通的纸币总额中去；它们都是以交 2
换公私证券的形式发行出去的：在比较观察时不但不应忽视，而且我怕它们还会增加意外的困难，因为它们没有同额硬币的发行就不能收回，所以总是站在战斗的前列。

［第 198—199 页。］你是否认为，如果英格兰银行根据以公众的职业看来可能需要的那种真实商业交易为基础的良好票据的贴现要求，控制他们的发行，他们就会有效地防止我国的通货（他们自己的和地方银行的）有任何过剩的可能呢？——长期的经验已经肯定，在欧洲大陆的任何地方，凡是在政府的权力和影响之下流通的纸币，都已经失败。英格兰银行的纸币在一个多世纪来都很稳定，目前还以未经减少的信心活跃着。委托给银行的权力是巨大的；他们的纸币是我国最好的利益所依靠的基础；它是用以产生共全部商业、金融、农业改进等等的种子。只要银行有以硬币兑换共纸币的责任，这种权力就可以继续处于安全的状态，因为那种情况会完全消除任何超出合理和安全的限度以增加通货的倾向（如果有这种倾向的话），并在那种情况下事物
（外汇和其他）将找到它们的适当水平……有些人以为银行应根据公众的要 3

351

必不可少的；但问题是在比较现有纸币与 1797 年的数额以判断是否发行过多时，该不该将小额纸币的数额考虑在内。[①] 如果所代替
的小额纸币没有超过收回的几尼数量，显然它们是不应该计入的。［372］

3. 巴林爵士坚决反对银行董事所表示的这样的意见：只要他们贴现的票据都是为了真诚的交易，他们就不可能产生通货的过剩。

217

特里顿先生的证词一般地说是很谨慎的——他似乎没有充分注意通货问题以及伦敦和地方银行对通货所产生的影响。

---

① 这里删去“由于几尼已被收回，小额纸币仅代替了”。

求控制他们的发行额，我觉得这种意见是极端危险的，因为我从经验知道，只有资财的缺乏才能限制投机的要求；我想，如果取消限制兑现的办法，银行就不会想要扩大他们的纸币发行量，达到现有数额的3/4以上……

1810年4月9日星期一

[第213—218页。]巴克莱银行股东约翰·亨顿·特里顿先生被请来进行询问。

[第218页。]英格兰银行董事和杂货商杰列米·哈尔曼先生被请来进行询问。

---

2 [第219页。]你是否认为银行纸币的减少会立刻或在较远的将来有助于外汇的改善？——不会有任何改善。

在限制兑现以前，照银行的惯例，当遇到对几尼的重大需求时，它是否会在某种程度上减少纸币的发行？——有时是这样，特别是在某一个时期，但照

第218、219页

哈尔曼先生[①]以为银行纸币的减少，既不会立刻也不会在较

[373] 远的将来有助于外汇的改善。

在他对于后来一个问题的答复中，他承认英格兰银行纸币数量的增加有助于提高商品的价格。

由此可以推论，减少银行纸币的数量就会减低商品的价格；——但如果物价减低很多而汇价不受影响，这种价格的实际低落必然会鼓励外国购买者。但这样一些购买[②]，按照那些赞成把

---

① 这一评注是指李嘉图那本《金价报告》上标明“2”的答复。虽然对哈尔曼证词的第一条答复（“虽然经常注意汇价的状态，我们贴现的数额却不是参照那种情况加以控制的”）标有“1”的号码，在李嘉图的手稿上却没有相应的评论。

② 前两行代替“外国人将被诱购买我们更多的商品，——这”，但这些字没有划去。

我对于这一问题的见解，这急剧地加速了随后发生的祸患。 3

[第 219—220 页。]假如议会制定法案，责成英格兰银行在一个遥远的时期，比如说一年、两年或三年，重新兑付金币，你是否认为银行应采取限制发行额的措施，作为准备应付那种事态的手段，如果汇价和金价还同现在一样？——我认为他们必须这样做，如果汇价还是同现在一样，但我看这是不 4
大可能的。

[第 220 页。]你是否理解，凡是在银行开有账户的人都倾向于申请贴现，其数额从整个看来超过银行所应给予的数额？——很多人是这样，我们是分别地对待他们的。

你是否以为，即使贷款是根据良好票据的担保贷给殷实商人的，所申请的总额如果充分予以满足的话，可能会使银行发行的数量产生某种过剩？——我想，如果我们只对殷实的商人专为真实的交易而开出的票据贴现，我们就不会犯重大的错误。

汇价所受的每一影响都归之于国际贸易差额的人的原理，将很快使差额于我们有利，或至少会减少现有差额的不利程度，因而会间接地提高汇价。值得遗憾的是，委员会没有迫使哈尔曼先生对这些可能已经显得很矛盾的意见①作一些说明。

3. 但在这里所指的时期，汇价是大有利于我们的，所以现时的情况与那时的情况是完全不相类似的。 [374]

4. 哈尔曼先生以为，汇价还是同现在一样的情况是不大可能的。我认为，如果保持现在这样的纸币发行量，汇价是不大可能有重大的改善的。除非我国和其他国家通货的相对状况有所变动，任何事情都不能使汇价得到改善。

① 代替“这些不一致的意见”。

假如你打算以四厘而不是五厘的利息提供贷款，而市场上的利率则为五
5 厘，是否就会有发行过多的危险呢？——也许如此。

那么岂不是由此可以推断，如果现在货币要值到五厘多一些，并且一般
都不容易照那个利率借得款项，你根据你所说的原理按五厘贷款，你会陷于
6 货币的某种程度的过多吗？——我想不会，因为我们很快就会发现这种过多。

---

5 和 6　对 5 和 6 两个问题的回答岂不是矛盾的吗？

7. 这种意见是基于这样的想法，即货币的利息是按货币的多寡而涨落的。如果银行董事能够相信这是一个错误的原理，我们可能就有指望看到他们采取一种截然不同的制度。一个人为了使
[375] 用一定数额的货币而同意支付的利息，实际就是他希望从资本的使用上得到的利润的一部分，而这种资本就是那个数额的货币将使他能够获得的。在他愿意支付的利息方面，他完全看那些利润可能①有多少来定。他的利润必然完全与我国用以流通商品②的货币的多少无关。如果当初美国不曾发现金银矿，③而我们则依靠那一大片地区的发现得到我们目前所享受的同样的商业，金银的价值就不会贬值，任何国家所拥有的货币就不会超过现有④的1/3，但它的较大价值会使它同样有效地适应每一国家商业和支付
[376] 的需要。利润也会完全同现在一样，虽然它们会用不同数额的英镑表示出来。那时一年有 500 镑收入的人会同现在有 1,500 镑的人同样富裕。一个有5,000镑钱的人如以五厘息贷放出去，就会⑤同在

---

① “可能”是插入的。

② “用以流通商品”是插入的。

③ 代替“如果美国的金银矿从来没有被发现”。

④ 代替“它现在所有”。

⑤ 这里划去“不嫉妒”几字。

你究竟拿什么来当作测验通货过多的标准呢？——市场上货币的更加充斥。 7

[第 221 页。]假如这种汇价还会长期继续下去并于我们极为不利，你是否会认为这种情况在某种程度上是由于纸币过多，或者你还是认为国际贸易

现今情况下以 15,000 镑按同样利率贷放出去的人得到同样丰富的收入。如果黄金变得像铅一样丰富，在货币的利率上也不会发生持久的变动；货币所遭受的贬值使得同一名义的数额按其贬值的精确程度减低它的效力。因此，如果纸币的充斥像哈曼先生所承认的那样提高商品的价格，或者换句话说，贬低货币的价值，仅仅那种情况岂不就会成为增加对纸币需求的原因吗？这种供应难道不会再使它贬值并再增加其需求吗？并且这不会无限制地继续下去吗？由于较大数量的贬值货币不会比以前较小数量的未贬值货币更为有效，谁会感到它过多呢？谁会发现他所拥有的具体数额是过多的数额，竭力想要把它退还银行以偿付贴现过的票据呢？在停止兑现的时期，银行有了目前过多的发行额，就像大大贬低货币价值的新金矿的发现那样产生相同的影响。以金矿来说，由于各国 [377]
的通货将同样贬值，它的影响只能见之于货币所交换的各种商品的涨价，而[①]表示各国通货的相对价值的汇价则将仍然保持在平价的水平；——但在不能随持有人的意志换成硬币的银行纸币增加发行额的情况下，商品价格的上涨仅限于发行纸币的国家，因此货币的贬值是局部的而不是普遍的；这可以从对各国汇价产生的影响上看出来，因为汇价差不多按货币贬值的相同比例而偏离平价。

---

① 这里划去“只”字。

8 的差额在那长时期内一直是逆差呢？——在我能够以为汇价将受我们纸币的任何变更的影响以前，我必须把我的意见作重大的修改。

在欧洲的任何部分，汇价是以含有一定数量金银的硬币计算的，或者是
9 以按一定贴水换取这种金银硬币或一定数额金银的纸币或银行货币计算的，
你可曾知道哪种汇价下跌12%或15%吗？——根据我的回忆，我确实不能
回答那个问题。

……………………………………

1810年5月22日星期二

[第228—页]托马斯·理查森先生再度被请来加以询问。

……………………………………

8. 在实施限制兑现条例的时期，凡是无条件地宣称“在他能够以为汇价将受我们纸币的任何变更的影响以前，他必须把他的意见作重大的修改[”]的人，是多么不适宜当银行董事啊。

9. 这是测验他们的原理是否正确的真正标准。我料他们不敢提出肯定的答复。

229

[378] 理查森先生的证词充满着关于伦敦及各地方货币交易详细情况的报道。他十分令人满意地证明，近年来在节省银行纸币的使用方面有很大的改进，这使同一数额的纸币能有效地适应扩大商业的需要：曾对他询问，他是否认为1,000万的银行纸币会像10年前的1,500万那样使同一数量的营业照旧进行。他的答复是，“也许10年以前不一定是那么多”。但必须承认，在纸币的使用方面已经有了很大的节约。①

① 在原稿(B)的最后一张上，李嘉图写有下面的一段，这似乎是指《金价报告》附录第XIX号会计报告的：“为什么在1805、1806、1807、1808、1809年和1810年的金币，造币厂会用外国的黄金铸造，而从金商的证词中看到，当时所谓英国黄金是能以更低的价格买进的？”

对特罗特的《通货和汇兑原理》的评注

(1810 年)

“对特罗特的评注”的说明

特罗特攻击《金价报告》的小册子是以《通货和汇兑的原理，应用于下院委任以研究黄金高价等等的特别委员会的报告》为题，匿名地出现，由伦敦的“温彻斯特父子书店印刷并发行”，计 79 页，在内封上的日期是“1810 年 12 月 1 日”。① 作者考茨·特罗特是托马斯·考茨股份银行的股东。 [380]

李嘉图的评论大概是在 1810 年 12 月或不久以后写的。

在李嘉图文稿中的评注原稿，共计八开纸 17 页。② 每一评注以对特罗特小册子的参考页码开始；当有着关于同一页的两个或更多的评注时，标出连续的号数。这暗示（如同他对《金价报告》的评注和对边沁的评注那样）李嘉图在他所用的那本小册子上写有相应的号码；但没有找到那样的一本小册子。③

在下面所印的正文内，以特罗特小册子上有关各节的引文或摘要加于李嘉图的评注之前。

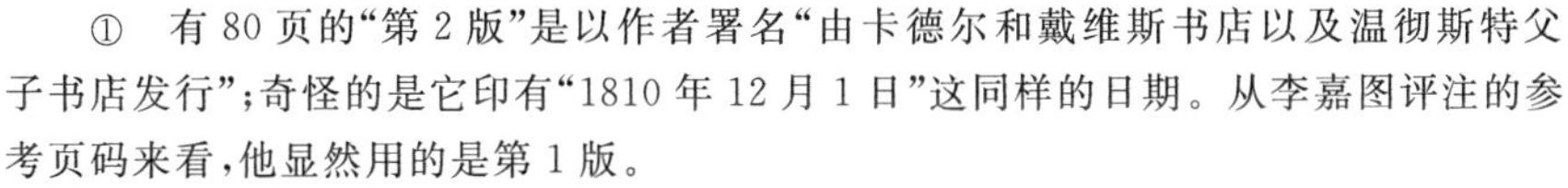

① 有 80 页的“第 2 版”是以作者署名“由卡德尔和戴维斯书店以及温彻斯特父子书店发行”；奇怪的是它印有“1810 年 12 月 1 日”这同样的日期。从李嘉图评注的参考页码来看，他显然用的是第 1 版。

② 这些评注曾发表于霍兰德编的《关于通货问题的次要论文》，第 91—99 页，由巴尔的摩尔的约翰斯·霍布金斯出版社于 1932 年出版。

③ 有一本第 1 版的特罗特的小册子，也是属于李嘉图的，现存伦敦大学戈尔德史密斯图书馆，但没有标明这些号码；在内封上李嘉图写明“特罗特著”。

[381] [第 7 页。]在简单地论述货币起源的过程中，特罗特说，英国金匠的票据与贵重金属具有同等价值，只要发行票据的那些人"能履行"他们的契约。

第 7 页。并且必须履行。

[第 12 页。]在前面几页，特罗特分析了货币的作用。

12　到这页为止，每一句话我都同意。

[第 13 页。]"在社会的任何一定状态，货币的数量总有一个限度，并且这是一个不可超越的限度"："由个人的口袋或房屋里的黄金、白银和纸面合约构成的这一数额总体，将在这种社会的每一状态下形成全国通货的总额并成为其限度。"

13　在货币未经贬值，商品的名义价格未经提高时是如此。如果 10,000 万数额的支付款项只要有 1,000 万就足够流通，就不会使用更大的数额，除非货币贬值。这种支付由于货币贬值可能在名义上增加到 20,000 万；在这种情况下，就需要有 2,000 万的贬值纸币作流通之用。

[第 14 页。]所以，对通货有防止其充斥的绝对保证，因为任何时候"都对处于饱和状态的通货产生一种遏制作用；超过公众各自估计的需要的极小剩余，总是流回到造成这种剩余的英格兰银行或地方银行"。

14　一种通货绝不会饱和到不能再接受更多通货的地步。在发现美洲以前，现在需要 300 万货币的同一部分的商业，是以 100 [382] 万货币进行的（信任、信用和银行业务所采用的经济办法被认为是一样）。现在的 300 万通货并没有比那时的 100 万更为饱和。也许可以同样合理地论证说，200 万会流回到生产货币的金银矿去，正如英格兰银行的纸币在现行制度下会流回到发行的银行那里去一样。

[第 15 页。]当一个地方银行增加其纸币的发行时，“该行……在以人们知道、了解和信任其股东的圈子为限的区域内，充满着他们所发行的纸币，这到以前金属币的流通所这到的程度……；这里不再需要但仍具有普遍吸引力的性质的黄金，向其他地区寻找出路，最后跑到其他的国家。在这以后，就这到了足量；银行不管下怎样的功夫或施展多大的技能，都不能迫使邻区接受更多的纸币，正如以前不能迫使其接受硬币一样……；如果他们企图这样做，它们就会不断地回到他们那边来，请求换取普遍而非局部所要求的价值，即请求换取金币或英格兰银行的纸币”。①

[第 17 页。]因此不必担心英格兰银行限制兑现的办法，因为“即使这个表面上不受约束的机构的货币流通量也是有限的：它的经理人员不能诱使其范围内的人民在口袋内装有或在抽屉里藏有多于个人为其自己打算而预料会需要的纸币”。

17　如果纸币还保持着它们的价值，这将是正确的，但它们在过多时价值就会下跌，就需要有较大数额的纸币以从事同额的贸易和商业。

[第 19 页。]尤其是作为银行用以散播其纸币的方式之一的票据贴现，绝 [383] 不会导致过多的发行，因为“经过这样贴现并转入银行手里的全部票据，显然

---

①　李嘉图在其对特罗特第 19、57、59 页和第 71 页的一些评论中都谈到这一段。

将于两个月内到期，那时就会送出去要求偿付，因此银行在其贴现时发行多少纸币，该机构就会在票据得到清偿时收进多少纸币，从而把它们从流通中收回”。

19　这些论点是否正确完全取决于纸币仍保有其价值的事实，——它们把争论的问题看作理所当然的。毫无疑问，如果纸币在其过多时并未引起贬值，所发生的影响就会同这里说明的一样。（见第15页）

［第21页。］纸币无限地比金币可取，因为“金币受国外影响的支配，往往容易使人感到很不方便地减少数量，有时还由于外汇对我们不利而几乎绝迹（如我们今天看到的那样）”。

21　1. 除非为纸币所排斥，否则是不可能的。

［第20—21页。］遇有非常多的纸币投入流通，例如每季度支付公债利息时，立刻产生的影响就是减少对英格兰银行提出发行纸币以贴现票据的要求：“由于在这种时候商人的库存有了过多的银行纸币，纸币持有人都力求在生产方面使用贴现票据时所得的过剩部分；……所以，恰好按照公众手上过剩的纸币数量多寡，银行将立刻丧失其通常的散播纸币的力量。”

〔21〕2. 如果应用于短暂的时期，这是对的。在纸币发行过多的时刻和它们的贬值之间，市场上一定会有类似货币供过于求的情况，但一旦发生贬值，就不会再有货币的过多。

［第23—24页。］特罗特引用了《金价报告》中所承认的话，“有一部分［自实行限制兑现条例以来发行的小额纸币］必须被认为是用以填补停止兑现时
[384] 缺少的硬币的位置的”；对于这一点他反对说，“这种承认显然是不够的。在探讨小额纸币所填补的是什么空缺时，我们要注意的不是金币在停兑时期的缺乏程度，而是在13年的熔化和出口的巨大浪费之后，在这时刻空缺的实际数额。”

24　1　这是说明问题的完全正确的方式，本应为第 50 页的讨论所遵从。

[第 24 页。]“现在，不但这一新类别的纸币有一部分是不足的，而且它的全部也不足以补充过去 13 年来硬币的减少。”

[24]　2　难道不可以在银行获得任何所需数量的小额纸币以换取大额纸币吗？

[第 25 页。]特罗特关于这一点的结论是，“英格兰银行过剩纸币（如果有的话）的全部数额，可以在价值超过 5 镑的那一类纸币中找到”。

25　1　完全正确。

[第 25 页。]特罗特然后估计，“在 1797 年以前，包括金币和英格兰纸币在内的伦敦的混合流通额，不可能少于 16,500,000”。

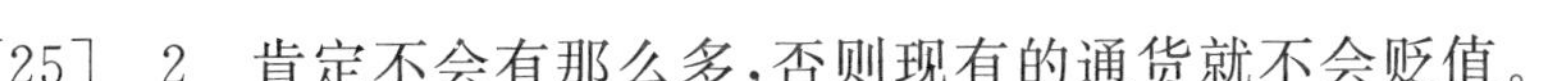

[25]　2　肯定不会有那么多，否则现有的通货就不会贬值。

[第 25—26 页。]“除了现在还剩下的一小部分金币外，现有的流通额为 2,000 万，约计增加了 1/4。

但在同一时期，难道社会的状况没有改变吗？在银行的流通范围内难道人口没有增加吗？难道没有较大数目的商业交易来调整，或较大数额的公共收入来缴纳国库吗？我认为，这些项目的每一项差不多就是一种十足的需求，可以引起所争论的额外数量。”

26　1　贸易的数额是否也同货币一样增加了 1/4 呢？如果 [385]
没有，货币的增加就是过多的。

　　2　课税并不需要货币的任何增加，即或有之，也小到不值得加以计算。

[第 26 页。]另一种情况牵涉到增加对纸币的使用:“700 多个地方银行过去保有它们为谨慎起见觉得应备作库存的一笔金币,现在则以英格兰银行的纸币作为那部分的储备,从而把持久的大批纸币发行额吸引到它们过去从未到过的区域。”

[26] 3 不;它们在伦敦有国库证券的储备,只有很少的英格兰银行纸币。除了对伦敦开发的汇票外,没有任何诱力使人要把地方银行的纸币换取任何东西。参阅《金价报告》斯特凯先生的证词。①

[第 27—28 页。]特罗特又回过来谈到限制兑现以后的时期财富增加的情况:“在所研究的时期,不仅有更多的大商人、更多的银行家、更多的代理商、更多的经营各种资产的商人;而且个人的交易在数额上和实际上也都有增加。”

“在大多数情况下,他有更多的租金要付,有更多的税要缴,并要有更多的钱以购买大多数的消费品;但在另一方面,他的收入也有同样的增加。在社会的较高阶层,除了那些不幸而只有固定收入的人以外,到处都是增加的地租收入,增加的商业利润;而在较低的阶层,每一种工作也都有了增加的工资。”

27 1 大都是因为货币贬值的关系。

2 同上。

28 1 是通货贬值造成的。如果货币贬值 50%,劳动工资就会增加,也就可以用同样的论证。所争论的问题是经常被看作理所当然的。

[386] [第 28 页。]“我想我已经指出在我们的本性和习惯上存在着限制的原则,这个原则通过把每一个人口袋里的或拥有的货币数量限制在他认为每天

① 《金价报告》,“证词记录”,8 开本,第 210—213 页。

交换所必需的数额之内，因而也限制国内的流通总额。”

[28] 2 这个原则限制货币价值对货物价值的比例，但并不限制它的绝对数量。

[第 29 页。]特罗特反对金价委员会这样的说法，即防止纸币过多的唯一适当的规定就是使所有的纸币都能兑换硬币，他指出这实际上是不可能的：“如果在硬币最充足的时期，公众由于某种原因向英格兰银行和每一地方银行要求给予在它们纸币上曾经宣布的根据随时兑现的通常条件可以保有的那个数额，则英格兰银行和地方银行一定都无法履行它们在文字上所承担的义务。”

29 1 委员会是了解这一点的。无论在什么时候，只要纸币的价值低于金币，遏制纸币过多的方法就是允许以纸币兑换金币。除非银行丧失对公众的一切信用，绝不会有什么诱力使他们要求把所有流通的纸币都换成金币。

这不是现在的情况，并且这是人的智虑无法完全防止的一种危险。

[第 29—30 页。]“在实行限制兑现的条例以前，纸币兑换的实际程度”在平时是过多的，在民间发生惊慌的时期则是不够的。“实际上，随着时局比较安定，人们对银行怀有较多的信任，总会有较大比例的纸币。”

30 1 这不是反对纸币发行过多这种事实的论点。

[第 30 页。]如果纸币“不能换成金币，它是否就因而没有价值呢？难道没有任何具有内在价值的东西，可以让那些担心纸币的稳妥性的人在暂时缺 [387]
乏金币这一物品时用它换取的吗？是的，可以换成人们想要得到的或金币所能购买的每一种东西”。

[30] 2 这一切都是可以承认的，但还应当说，它不能像在

较好的制度下那样换取很多人们想要得到的或金币所能购买的东西。我们并不是说纸币毫无用处，而只是说它不像它可能或应该有的用处那么大。

[第 31—32 页。]“既然我们下一步要做的事情不是窖藏金币或以拥有金币为乐，而是再把它送出去以购买我们现在所忽视的某种东西，那么，为什么我们要这样坚持兑付金币呢？……虽然在理论的讨论中，我们乐于享有一种假定的权力，要求以贵重金属偿还我们的债款，但这种权力显然是丝毫也不可能行使的。”

31　责备我们要想得到金币，这是不公道的；我们认为如果我们能够得到，我们就不会想要，也不会去拿来。我们只希望有得到它的权利，作为防止我们财产贬值的有效保证。

32　1　我们对于金币并不比对纸币有更多的小孩般的感情。只要纸币不贬值，就不会听到怨言。

[第 32 页。]“如果我们通货的纸币部分只靠它能兑换金币而保持它的价值，它的价值在过去 20 年间就一定已经逐渐下降；在这时期内，它所包含的贵重金属的比例已经不断低落。在过去 10 年间，它照这一准则本来应该跌了一半以上；并且依它现有的兑换能力来判断，一张一镑的银行纸币不应该值到 5 个先令；但我们看到我们的纸币还保持着它们原有的信用，能按它们原有的价值支配每一种物品，能在它们所遇到的每一笔交易上交换到我们硬币的本身。”

[32]　2　我们所抱怨的并不是纸币和金币共同遭受的跌价，
[388] 而是超过黄金所受损失的那种跌价。①

① 这一评论一定是指引文的第一部分，虽然李嘉图似乎忽略了特罗特对“兑换”所附加的特殊意义。特罗特实际上是说：如果纸币只按其黄金保证金的比例而保持其以商品计算的价值，它以商品（以及黄金）计算的价值一定已经下跌。李嘉图（接下页）

3　说纸币能按它们原来的价值支配每一种物品，这是不正确的。我们所抱怨的就是它们没有能这样做。

[第 32—33 页。]“实际的情况似乎是，纸币的一切过多的部分都受我们已经说过的那些原因的拘束；为了方便和不致贬值，纸币只要在很小程度上能兑换金币就够了。”

33　1　这是我们的论点。

[第 33 页。]特罗特归纳了在此以前所得到的结论：
“我国的纸币没有发生过剩；”
“对于英格兰银行和地方银行发行的纸币存在着充分的牵制和控制；”
“我国的通货并未因为使用纸币而有任何程度的贬值。”

〔33〕　2　所有这些结论都是没有证据的。

[第 34 页。]固然，英国的通货已经丧失了它价值的某一部分。这是因为，第一，黄金本身与各种商品相比已经在整个欧洲丧失了部分的价值：让我们责备应该责备的东西，不要把应该部分地归之于黄金本身的毛病，也说成是纸币的。

34　但让我们公正地说明，究竟有多少是由于这一原因，有多少是由于另一原因。

[第 35 页。]第二，因为人口增加：“在像我们现在这样由于政治和自然情况而孤立的一个国家，人口的每次增加必然引起人们对一切土地和工业产品产生增加的需求。为了提高土地的生产，较劣的土壤和比较不利的地点也必 [389]
须拿来耕种；因此这种产品也就必须按增加的费用去获得和出售。为了创造工业产品，工人必须按较高的工资率给予报酬，因为在社会的各种状态下，尤

(接上页)的解释似乎是：如果纸币只通过它的可以兑换的性质而保持其以黄金计算的价值，它依商品计算起来就一定已经下跌。

其是在英国这样一个进步的社会，人们必须取得略高于生活所必需的报酬了，那种维持生活的费用主要将取决于食品的贵贱。”

35　人口的每次增加必然由资本的增加所产生，并趋向于减低商品的价格，因而也减低劳动工资，而不是提高它们。

[第36页。]第三，由于捐税的负担。

36　捐税无疑是有某种影响的，但不会说明黄金价格上涨的原因。

[第37页。]特罗特否认价格的上涨是由于商人能够很容易地从英格兰银行获得纸币，从而提高每一物品的价格："资本的增加（只占它所存在的一个小小程度）绝不会提高商品的价格，而只会产生恰恰相反的影响。”

37　资本的增加绝不会提高商品的价格，但不随着资本的增加而来的货币的增加，才总是起这样的作用。难道会不先有资本的增加就有人口的增加吗？但在第35页他告诉我们说，人口的增加将引起商品价格和劳动工资的提高。

[第38页。]买进而又卖出的商人的竞争不可能提高物价，因为每一商人能够提供的买价只限于“在再出卖时他预料能够得到的价格。事实上，这种增加的资本不仅远非物价高昂的起因，而且是使它们降低的主要手段之一；
[390] 至于资本家的竞争，像制造业者的竞争一样，会限制他们各自的利润……巨大的资本是任何国家在其进入与其他国家的销货竞争时所有的主要利益；它可用以筑路，它可用以建造机器，它可促进运河的开浚……”

38　货币的增加既会诱使商人付出较高的价格以购买货物，这同一原因也会在他再卖出时使他能得到一个比较高的价格。资本家的竞争会使物价降低，但货币并不是资本。资本的增加会带来所有列举的利益；但增加的货币如果保持在流通之中，是不会带来任何利益的。

[第 39 页。]第二部分的开头概述了至今所达到的结果：

“既经指出我们通货的数额是由一条使发行过多成为不可能的无法逾越的界限所确定的；既经指出纸币部分的换成贵重金属部分总是有限的既经指出为了生活的共同目的有必要实行一种非常少量的兑换的办法(除了发生惊慌的时期，那时最好还是不实行兑换为妙)；并且还提请每一个人凭经验来理解，在确实是小额的但常有的交换上，金币和银币现在是混合的，纸币和这些贵重金属以相同的价值流通，这样就为纸币确立了一种标准；因此可以说，我们的通货现在并没有由于使用纸币而贬值。”

39　1　这没有得到说明。

　　2　不是常有的交换。

[第 39—40 页。]“但我想要占有一个几尼并将其熔化；我知道它只要消除法定的印记，简单地说，只要等到它变成金块，它就会提高价值；昨天还只能换成一镑的纸币和一先令的那部分黄金，现在就能换取同样的纸币和 4 先令 6 便士。”

“这显然是从两个原因之一产生的；它所以产生，一定在于它近来成为其一部分的通货已经跌到它通常的价值以下，或者在于现在已经变成金块形式的黄金已经涨到它的通常价值以上。”

现在已经可以看出，不是由于这些原因中的前一原因；所以毫无疑问，“金块已经涨到它的平常价格以上，达到差额的极限”。 [391]

40　1　无论属于哪一种情况，银行纸币的持有人都有同样的原因可以发出怨言。为什么他不会从金块价值的上涨得到利益，正像他因其跌价而受损失一样呢？如果金块的价值下跌，货币的价值也会按同样的比例低落，只要造币厂对任何人都是开放的。为什么货币的所有者不会由于金块的涨价而得到利益呢？作者在第 35 页不是说，商品价格上涨的原因是黄金价值一般地趋向下跌吗？但现在他又告诉我们金块已经涨价了。这些意见是直接相矛盾的。

[第 40 页。]“黄金是不变的标准这一说法是一个已经推翻了的信念。”

[40] 2 谁曾说过黄金是衡量价值的不变标准呢？根本就没有什么不变的标准。但黄金对于以黄金铸成的那种货币来说是不变的，这是由于它在任何时候都可以不用花钱就换成这种货币，也可以从货币再换成金块。如果一盎司金块从 15 盎司白银的价值涨到 30 盎司白银的价值，一盎司的金币也同样可以做到。

[第 41 页。]黄金事实上是有变动的：“自从发现了美洲，世界那一部分的金矿对欧洲倾销黄金以后，它在我国的价值已跌到 1/3。”

41 1 美洲的金矿使黄金的数额增加了 4 倍，但只要法定价格没有变动，只要它是以金币计算的，那些金矿的发现就不会使它的价格下跌。

[392] [第 41 页。]黄金“也受到某种地方性的变动：在美洲，因为黄金刚从金矿开采出来，它必然会比在欧洲低廉，这是由于它到达那里所经过的长途运载，一定要支付各种运输和风险的费用”。

[41] 2 它在美洲比在欧洲低廉，但以金币计算就不会低廉。它以劳动计算是比较低廉的，——它以大多数货物计算是比较低廉的，否则就不会从那里出口。

[第 42 页。]但整个说来，黄金是“最接近于完美的标准……我们至今很少因为局部和暂时的变动而感到不便，我们现在也不会从我们所证明的事实感到不便，如果我们不以不适当的干预制造不便的话”。

42 1 不幸我们已经以不适当的干预而制造了不便。有了第一次的干预,第二次的干预就成为必要的了。

[第 42 页。]"不必去探究国外汇兑的复杂内容,每一个研究这问题的人必定会明白,当一个国家像一个私人一样,所购买的东西在价值上多于它作为交换而出卖的东西时,那个国家一定会暂时负那笔差额的债务。"

[42] 2 一般地说,一个国家是绝不会这样做的,——如果它这样做,在债务国准备付款以前,汇价不会受到影响,而到了那个时候,汇价的变动也不会超过金价委员会所说的限度。

[第 44 页。]但英国所能得到垫款的范围是有限度的;所以必须要有什么东西汇划过去,并且英国因政治障碍不可能出口商品,而黄金却容易运送和隐藏,所以"首先感觉不利汇价的刺激的,正是委员会似乎以为不易感受影响的黄金"。

"那么,对黄金的这种需求究竟产生什么后果呢?就是对其他物品的需求所引起的一连串表现:它变得越来越缺乏——它的价格也就越来越高涨。"[393]

44 这是谬论。如果前面的主张可以得到承认,黄金的**价值**也许会上涨,但它的**价格**只要以金币或确切地代表着这种铸币的银行纸币计算,还是不会上涨的,——特别是如果社会的一个阶级毫无顾忌地规避法律,照他们认为最方便的办法出口或熔化金币。

[第 45 页。]英格兰银行储存的黄金的"少量基金",是无法"偿付我们每天发生的国际收支差额的"。

45 这一节是无可争辩的。

[第 46 页。]关于允许进口硬币而发给的执照,特罗特问道:"如果政府采取这样的方式,它能在英国像得到鞋子、衣服或粮食那样得到贵重金属吗?"

46　1　是的，如果这种贸易是有利的话。

[第 46 页。]“无论什么时候，只要某一国家的进口贸易和国外支出超过它的出口，它的汇价就会对它不利，黄金就会昂贵；如果情况相反，即当我们的出口贸易超过进口和国外支出时，我们的汇价就一定会于我们有利，黄金就会低廉。那么，像这样总是受不易控制的情况影响的东西又怎么能看作是正确的衡量标准呢？”

[46]　2　对的，但在委员会说明的范围以内。

3　不是在第 15 页上已经承认，纸币的发行额会迫使黄金出口吗？那么，减少它们的数额不就会阻止出口，并且如果进行得相当彻底，不就会引起进口吗？

[第 47 页。]关于国际贸易对英国为顺差的很多年内，为什么金价没有下
[394] 跌这个问题，特罗特回答说：“当国际贸易差额对欧洲大陆不利时，它总是有权选择最合于我们市场需要的任何东西以清偿它的债款，因而不会在商业上有这一种物品比任何其他物品过多的情况；等到我们的需要量得到满足，多余的部分就会立刻流回到它更受欢迎的地方去，然后人们又会挑选其他更适合于我们市场的物品。”

47　1　这是一种正确的原理，但它为什么不使黄金从大陆回到我们这边来呢？就是因为纸币过多。这里不会发生过多的同样理由，也会使这里在健全的制度下不发生过少的现象。

[第 47 页。]“但有人会说，这一理论不适用于现在的时刻。大陆的市场被承认是充盈了；所以，那里的黄金既然不贵，就不会有通常的高价吸引力以刺激从英国的出口；但流动的趋势还是强有力地朝向那一面的。”

[47]　2　这是在任何情况下都难于承认的，但只要有任何商品进口，这就是完全不可能的。如果进口商品是为了交换黄金，就

必然会得出国外黄金较贵的结论。

[第 48 页。]“在这个时候并在这个国家，黄金是昂贵的。”

48　它与贬值的通货相比是贵一些，但与所有其他的东西相比都是比较低廉的。

[第 49 页。]在 1797 年到 1810 年的时期，外汇汇价于我们不利，这时金价就上涨了。

49　无论如何也不能否认，由于汇价低落，黄金在现有的法律限制之下，有比等量的硬币更有价值的趋势，而在汇价高的时候刚有相反的趋势；但这种影响是很有限的。

[第 50 页。]特罗特以银行纸币的流通量与金价相比较，发现了在此二者 [395]
之间并无关联的确实证明。在 1797 年、1798 年和 1799 年，当流通量增加了 550 万的时候，“黄金的价格没有变动”。而且，在 1800 年到 1802 年，流通量增加了 23%，而黄金的价值只涨了 4%、5%和 6%。在 1803 到 1807 年，当“发行量又增加到 150 万时，黄金却变得较为低廉”。

50　1　其中有多少是小额的纸币呢？已经在第 24 页承认过，它们是不应该计算在内的。除了在 1797 年以外，通货是远在其为汇价和造币所指出的自然水平以下。

2　自 1800 年至 1807 年逐年增加的发行量的影响是经过一个时期以后而不是立刻为金块的出口所抵消的。

[第 51 页。]因此有些人认为“通货按金价上涨的整个幅度而贬值这一意见”，导致“最明显的谬误”。

51　1　我看不出这种见解有什么谬误。

[第51—52页。]根据这样一种意见，似乎可以推断说，大不列颠在1800年的通货贬值达6%，“而在1805年，由于纸币的比例较大，并有更多的公债，且战争扩大，同样的通货虽然在所有这些方面都不大安全，却恢复了它丧失的一切价值”。

52　1　不是同样的通货，而是由于硬币出口而减少了的通货。

[第52页。]“如果这种意见是正确的，那么也可以由此推断，如果戈尔斯密德先生在执行任何迫切的任务时，也许会提高金价超过通常价格2%、3%，他就会由于这种轻率的行动从我们通货的价值中勾销掉100万：但实际
[396] 的情况是，在所有这些事例中，涨价或跌价的只是少数几盎司黄金；我们的通货还同原来一样。”

[52]　2　“会从我们通货的价值中勾销掉100万的，”不是戈尔斯密德先生所付给的价格，正如咖啡的高价并不会增加那种商品的价值一样，除非在这两种事例中所付给的价格是这种商品的公平而稳定的市场价格。如果是这样，那么，实际购买的究竟是一盎司还是1,000盎司，就无关紧要。能够证实贬值的，不是购买，而是价格。

[第53页。]特罗特于是答复那些认为银行纸币的持有人根据所订契约的文字规定有权在任何时候得到同等重量黄金的人说：“即使不牵涉到把任何契约的双方放在订立契约时没有意料到的境地这种不公正的情况……单是契约的条款也是反对这种推理的。并不存在任何约定要偿付1镑的黄金的英格兰银行或地方银行纸币：这些纸币所包含的合约只是偿付我国一定部分的硬币；这种现在丧失了并且一直已经丧失了出口性能的硬币，目前的价值还是同它从造币厂出来的时候一样；当初也绝没有打算给所有者以黄金的这种不断波动的和现今异乎寻常的利益，而黄金是通过法律与硬币很明显地区别开来的。”

53 1 这是关系人中的银行方面把他们自己放在那样的境地的，并且可以依靠减少他们纸币的数额来摆脱这种后果。

2 不论有意无意，直到近期为止，其影响就是这样。

[第 54 页。]一个几尼，当其熔化成一个小金锭时，就能按 1 镑 4 先令 6 便士的价格出售："如果让这金锭再接受法律所给予硬币的不变性质，并有意要它永远保持下去；如果让它再为塔形的印戳所保证，不受它的出口性能使它遭受的、目前使它深受的那些影响，……那么，那个金锭、那个几尼就会有这纸币和这先令的价值。"

54 这是在想象争论之点。在这事例中，硬币由于有了塔形的印戳而贬低，政府的任何努力都不能或不应把它保持在那种状态。这是恶劣的政策，同时也是违反平衡的每一原则的。银行纸币能够被保持在它们贬低的状态，因而就遭受硬币所免受的一种贬值。 [397]

[第 55 页。]金价委员会曾经指出，在金价与汇价之间有丝毫不差的互相一致的地方。"自然的推论"是"它们互为因果"；但委员会却作出了不同的结论，并指明"我们国内通货的某种情况是两种现象的原因。"

55 委员会在什么地方说它们不是互为因果呢？汇价受银行发行量的影响，反过来又成为黄金高价的原因。

[第 56 页。]"只要汇价于我们不利，不管时期多长，黄金的高昂市价也就一定会继续下去。当我们有逆差需要偿付时，我们总是愿意首先以运费最低的物品去偿付；那种物品因而就会昂贵。"

56 以纸币支付的高价并不能使我们得到那种物品；它只是名义的而不是实际的高价。

[第 57 页。]“可以出口的黄金……已经得到一种新的力量——以最低的费率清偿对外的债务——因而获得一种新的价值；……我们黄金中的金币部分，既已不得出口，当然就不再具有这种附带的性质，它现在还是同从前一样，继续保持它的法定价格。”

57 流通的金币也有同样的力量，许多人常常毫无顾忌地把它用于这种目的。作者本人在第 15 页已经这样告诉我们。所以金币不可能跌到金块的价值以下很多。

[398] [第 57—58 页。]金价委员会说过，“各种价格和黄金市价的普遍上涨，连同外汇汇价的下跌，都是由于流通媒介数量的过多，而这种流通媒介又是不能出口到其他国家或换成可以出口的硬币的”。特罗特对于这一点的答复是：“可是，只要存在着我所说明的限度，就不可能有过多的现象。当我们的流通媒介全部都是贵重金属时，它就绝不是可以出口的，——所以这方面并没有发生改变；在其现有的状态，它正同过去一样，可以换成其他的硬币和每一种有价值的东西。只有一类商品已经改变它们的相对价格，这就是那些由于性质关系特别便于运输的东西；测验通货贬值的可靠标准，当然不仅是把我们的通货同这些商品作比较。”

58 这是争论之点。我不同意这种说法。

[第 59 页。]“光是知道黄金只要受 8% 的损失就可以偿付我们欠大陆的债务，而没有相当于那笔债务的黄金可以出口，这对我们有什么用处呢？”

59 但为什么我们没有黄金呢？作者自己在第 15 页作了答复。各银行的发行额迫使它离开了我国。

[第 60—61 页。]金价委员会虽然承认国际贸易存在逆差，却“肯定是无缘无故地”说，“他们感到难于拒绝的推论是，我们汇价最近的大跌，至少有一部分一定不是由于贸易的状况，而是由于我们国内通货相对价值的改变。”

60　作者忘记了，委员会认为有利的或不利的贸易差额是受银行发行额的控制的。

[第 63 页。]在 1799 年到 1804 年之间，当爱尔兰处于惊慌状态的时期，“爱尔兰的个人和家庭付出越来越多的钱以购买对英国的汇票；对我国的汇价变得愈来愈高，都柏林的金价上涨到需要相应的贴水。这不是因为一位爱尔兰先生在惊慌之余以为爱尔兰银行发行了太多的纸币，以致他想换成英格兰的纸币；而是因为他想使他的全部或某一部分财产免遭当时在帝国的那一 [399]
部分所特有的危险”。

63　不是由于他以为如此，而是因为他斤斤计较他的利益，感到他所拥有的 20 几尼中包含的价值高于 21 镑纸币的价值。

[第 64 页。]这种惊慌已经逐渐消退，“到了现在，我们在爱尔兰看到我们应该预期可在我国看到的现象，即在对欧洲大陆的关系上，汇兑已经恢复到平价，而且爱尔兰的纸币流通额同该死的 1804 年一样，数额很大，漫无限制”。

64　1　事实是，我们已经贬低我们的通货达到爱尔兰通货那样的程度，而不是把爱尔兰的通货提高到我们的程度。两个黑的东西相加，不会变成白的。

[第 64 页。]“苏格兰股份银行的情况乍看起来似乎是十分有利于委员会的论点的；它们的错误当然部分地是发行过多的错误。”

[64]　2　这样说，发行过多是可能的。我希望作者本来能说明据他看来银行纸币发行过多的影响是什么，**如果这种情况是可能的话**。那些影响会同我们现在看到的有什么两样吗？

[第 66 页。]1793 年是特别艰苦的一年。“真正的祸害是什么呢？它并不是当时在我国存在的通货的缺乏；……所缺乏的是相互的信任，只要恢复

信任就能消除祸害。”

66　通货的缺乏加剧了由缺乏信任引起的祸害。商业国库券的发行诱使银行对这种证券垫付货币，这是他们对其他证券不会做的事情。

[第70页。]在他的“结论”中，特罗特又回过头来谈到金价委员会的报告：“他们建议在两年之内，英格兰银行应该恢复金币的兑付，不管和平是否
[400] 能恢复。如果那时实现和平，命令就将是多余的、因为没有改动的法律已经规定要在那时兑付硬币。”

70　1　当和平到来时，我们将不需要有继续实行限制条例的鼓吹者。

[第70页。]“如果不能恢复和平，银行……一定会增加我们的进口以加重我们国际的逆差：他们必须筹办不易获得的供应，为了这些供应，他们将不得不以对自己最不利的方法准备现款的支付；因为他们必须到外国把整个贸易世界正在国内寻求以运往国外的商品购买进来，运回本国。”

[70]　2　不会有这种必要。收缩他们的纸币就会使别人输入黄金。

[第70页。]岂不可以明显地看出，在所指的汇价状态下，无论一次或一百次供应都是不会够用的吗？

[70]　3　但汇价是受银行发行额的控制的。

[第70—71页。]“我们不是已经看到，在过去的15年内，我们的硬币至少有800万或1,000万被熔化并运出国外了吗？”

71　1　是的；但原因在于发行过多。如果压缩纸币，诱力就会停止。(见第15页)

[第 71 页。]《金价报告》所建议的规定，如果推行到可能性的极端，……就会产生最不方便的影响：——银行有可能经常铸币并经常进口以供应一种大于它所能补充的耗费，因而它可能不得不宣布它无力以这样大的代价维持它的纸币，并可能觉得有必要（我举一个极端的例子）把它的纸币全部从流通中收回。那时的结果将如何呢？

[71]　2　结果将有无限制的黄金进口；这并不是合适的办法。反对我们的人责备我们仇视纸币的流通，这是不公正的，我们所抱怨的只是它的滥发。

[第 71—72 页。]“公众或者必须满足于一种较差的通货，并为他们的方 [401]
便而在空缺的范围内接受私人银行的纸币；或者必须进口 2,000 万的贵重金属以执行银行纸币现在执行得很好的任务。”

72　1　这里岂不就是承认了在这部著作中往往加以否定的委员会的原理吗？这就是说，纸币的减少或者毋宁说它们的消灭，会引起贵重金属的进口，因而也会促成有利的汇价。

[第 72 页。]“在前一事例中，我们的汇价将仍旧完全同现在一样；在后一个几乎不可想象的事例中……我们为了使用这一很费钱的手段，一年要牺牲 100 万的利息，还要牺牲 200、300 万于不利的汇价以获得这个手段，才能把我们的通货提高到黄金的战时价格。但以这样的牺牲得来的价格，到了和平与自由交往恢复以后立刻又会丧失。”

[72]　2　“把我们的通货提高到黄金的战时价格”究竟是什么意思呢？黄金的价格在这种假设的情况下会高于每盎司 3 镑 17 先令 10½便士吗？如果会，又有谁会把进口的 2,000 万的任何部分送到造币厂去铸成货币呢？必须记住，这银行是假定已经不再存在了。

3　这种办法是缺乏远虑的并且带有毁灭性的，因为同样的好处也许只要用很小的牺牲就可得到。

[第 73 页。]限制兑现的条例确实已经使英格兰银行不必以硬币兑换它的纸币,但关于社会的其余部分,它还让法律完全起到以前所起的作用:每一个人所处的地位完全像 1797 年以前一样,并且还同以前一样有责任以单由法律所承认的硬币去清偿他的债务。

73 如果每一债权人坚持要根据法律所给予的权利以硬币偿
[402] 付,能预料会产生不致引起可怕惊慌的后果吗?要是他们坚持这种权利,就会立刻出现银行纸币公认的巨大折扣。

[第 75 页。]这种限制条例已使社会"不必再付只是为了铸币而购买黄金以及只是为了熔化而铸造金币的难以忍受的费用"。

75 在 1797 年惊慌停止以来的任何时候,只要能减少纸币的数额,我们本来就可能保证不会产生所有这些后果的。

[第 76 页。]限制兑现条例是"立法机关的一项法案,为公众的利益考虑,并为履行政府的责任之一而通过的——目的在于防止或减少我们硬币输出的公害"。

76 但如果那些为公众的利益考虑的理由已证明不再存在,难道这办法本身不也应该停止存在吗?

[第 76—77 页。]通货的效率状态"值得我们特别注意;但我们在注意的时候不应带有我们每天看到某些人所表现的偏见或惊慌,那些人在其他方面很有才智,却把我们的债务、我们的税收、我们商业上的困难都归罪于这种(在他们看来)莫名其妙的机器的某种不规则活动"。

77 他们正确地区别开什么应当归之于这个原因,什么应当归之于其他原因。在那些受到谴责的人看来,那架机器绝不是莫名其妙的,——我觉得这倒是把责备的矛头搞错了对象。

[第 78 页。]公众在其于金币和纸币二者之间作出选择时应该不受拘束。"我们现在所以没有这种选择,是我们完全不能控制的政治情况的结果。"

78 1 完全是我们所能控制的。

[第 78 页。]"不能预料,现在束缚着欧洲大陆并关闭其港口不让我们通商的那个国家,将永远能够运用同样有害的权势。一旦那种权势消亡,我们 [403]
近来在国外的支出也随之不再成为必要时,我们将重新看到贵重金属符合它们的法定价格。"

[78] 2 我很怀疑,在现有纸币数额继续流通的时期,黄金会跌到它的法定价格。我可以肯定地说,如果金银的价值在欧洲没有降低到我们纸币贬值的程度,黄金是不会跌到它的法定价格的(除非我们的商业有很大增长)。这会引起其他国家的通货按我国通货增加的比例而增加。

评特罗尔对特罗特的评论

（1811 年）

“评特罗尔对特罗特的评论”的说明

特罗尔像李嘉图一样，对特罗特的小册子写了一篇评论。这 [406] 篇原稿达 40 页的评论，标题是《对考茨·特罗特先生（匿名）题为〈通货和汇兑原理〉小册子的评论》，所记日期为“1811 年 2 月”。李嘉图就是为了答复这篇文章才写了在这里印出的评论。

两篇原稿都在特罗尔的文稿里面。特罗尔的手稿未经发表，现由博纳博士保存。李嘉图的手稿曾发表于《1811—1823 年大卫·李嘉图致哈奇斯·特罗尔和其他人的信札集》的附录 A(2)。这是博纳和霍兰德合编的，1899 年在牛津出版。[①] 原稿由霍兰德教授保存。

---

① 在那本书里，放在李嘉图于 1809 年写的另一篇文章之前，那篇文章印在本书第 42 页及以下几页；参看本书第 7 页。

[407] 特罗特先生说，要清偿一笔对外的债务，也许出口一种较贵的物品比出口一种较廉的物品更为有利，也就是说出口较贵的黄金比出口在这里较国外低廉的各种商品更为有利，①这究竟是什么意思呢？这显然是不可能的；它包含一种矛盾，不需要任何论据就可以证明它的谬误。如果他的意思是说所有其他商品的出口都需要很多费用，所以还是出口黄金比较有利，那就不能说黄金在这里比在国外更贵，因为它是在任何情况下可供出口的最低廉的商品。当我们说黄金在这里比在国外更贵而其他商品则不是如此时，我们必须把运到国外市场所必需的费用包括在内，否则它们就不是正确的比较对象。如果特罗特先生的意思是说，在偿付我们的债务时，除黄金以外任何东西都不会为对方所接受，不管它的相对价格怎样，——那么黄金与其他东西之间的一切比较就有了一个结果，——我们已经约定要偿付黄金，并且只有黄金才会解除我们的债务。但我现在要谈的不是特罗特的意见，而是特罗尔先生的意见。

他说，如果能够承认一个外国商人会赔本进口黄金，那就由此可以推断，〔"〕商人是在以两种商品作物物交换，**而对其中之一的**

① 见《通货和汇兑原理》，1810年，第44—47页。

商品双方都是有损失的(我想这一种就是黄金)〔;〕他说,他们的利润因此必须得之于另一种物品。卖主必须在这物品(例如小麦)的价格上加进他在收受货价时从所得的黄金遭受的损失;买主后来又必须在这物品(小麦)的价格上除加进利润以外,还要加进他在 [408]
支付货价的黄金方面所受的损失〔"〕。① 首先,这不是对特罗特先生的一个正确的答复。他所假设的是已经订约的债务,只能以货币清偿。他的论证并不涉及在大陆的小麦出口商与英国的黄金或货币出口商之间可能订立的任何新约,而在这种新约里,这些物品的价值是必须加以考虑的。他举的例子是这样,一个进口小麦到英国的商人曾订定支付某一数额的货币,即一定重量的黄金,而现在他的债权人不会接受任何其他东西的时候已经来到了。

第二,如果我们承认这一论点应用得很适当,我们却不知道交易是为谁进行的;是为外国商人进行的呢,还是为英国商人进行的呢?我们事实上势必要认为这是为了双方,他们双方对于黄金的价值都有利害关系,因为他们都要提高小麦的价格以补偿黄金上的损失,——他们之中的一方要这样做,因为金价贱,另一方要这样做,因为金价贵。如果有人说,小麦的输入英国只是为了英国的商人,那么就出卖小麦时的外国商人来说,交易已经算是完成了。他在法国付出一笔法国通货以买进小麦,并将其卖出以换取用汇票或用实际运交的同等价值的黄金支付的一定数额的法国通货,——所以他除了关心货价的收受和带来的利润外,没有其他关

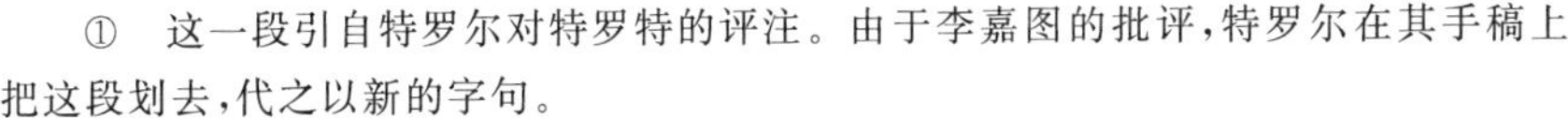

① 这一段引自特罗尔对特罗特的评注。由于李嘉图的批评,特罗尔在其手稿上把这段划去,代之以新的字句。

[409] 心的事情。也可能他只是一个代理商,除了关心酬谢他的佣金外,并不关心其他的事情。假如说这种交易是为了英国的商人,可能有什么样的诱力会使他进口小麦,如果他约定用以支付麦价的黄金在英国要比在法国贵些,也就是说,如果他卖出去的时候不能比买进时得到更多的钱呢?

如果他能这样做,这岂不是可以证明黄金在英国比在法国低廉,也就是可以用小麦这种商品在英国比在法国买到更多的黄金吗?就那些商品来说,我们还有什么更充分的证据可以证明金价在法国比在英国较高吗?单是说一个不字,是否就是一个令人满意的答复呢?在英国较贵的是小麦,为什么会贵一些?当然,是为了黄金。我认为这不过就是以另一方式说明黄金在英国较廉而在法国较贵。既然货币和小麦完全表示同样的东西,那我们将怎样区别从出卖货币或从购买小麦得来的利润呢?

因此在黄金出口这个假设的例子里,尽管它在出口以交换小麦的国家是比较昂贵,小麦在进口的国家比较价廉的事实也必然包含在内。那又怎么能以提高小麦价格作为补救黄金出口损失的办法呢?有人这样主张,因为小麦在这里比在国外低廉,——我要进口更多小麦以增加其数量,同时还要提高它的价格。如果这整个交易是为了外国商人,也许可以运用这同一论据。

评范西塔特关于货币、金价和汇兑的各项意见

（1811年）

“评范西塔特”的说明

李嘉图对范西塔特关于金价报告各项意见的评论似乎是在1811年4月26日至5月3日之间写成的。李嘉图文稿中的原稿有七张四开的大页。它曾收入霍兰德所编《关于通货问题的次要论文》,第111—117页,由巴尔的摩尔的约翰斯·霍布金斯出版社出版。 [413]

《金价报告》虽然发表于1810年8月,但到下一年才在下院进行讨论。1811年4月5日,根据霍纳的提议一致同意于4月29日举行对报告的辩论,但后来这场辩论延期到5月6日。

在这中间的几个星期,报告的拥护者和反对者双方都作出并散发了他们的决议[①];4月22日,体现了报告的结论的霍纳16条决议印出,[②]4月26日范西塔特的17条反决议以《关于货币、金价和汇价的各项意见》为题印了出来。[③] 5月3日印出了霍纳对范西

---

① 两套的决议均见《议会文件汇编》,1810—1811年,第X卷。

② 这些决议,像报告一样,是由霍纳、赫斯基森和桑顿拟订的:“我知道,前10条或12条是赫斯基森先生拟订的,以后各条由霍纳先生拟订,只有说‘这是银行的责任’等等那一条是桑顿先生写的。”(1811年4月25日奥克兰德勋爵给格林维尔勋爵的信,见史料手稿委员会,《关于福特斯鸠在特罗普莫尔的手稿的报告,1927年》第X卷,第131页。)

③ 范西塔特是使银行纸币与黄金均等的有名的第3条决议的“教父而不是其父”这话是坎宁在1826年2月13日关于银行特许状的辩论的演词中所揭露的;但当追问时,他拒绝说出这决议之“父”的名字(《议会议事录》第XIV卷,第331页)。按照《全国传记辞典》“范西塔特”条,反决议是“根据波斯瓦尔的请求而拟草的”。

塔特各项意见的修正案和这些意见的修订本。[①]

[414] 对霍纳的决议的辩论于5月6日开始,5月9日以其全部决议的失败告终。对范西塔特各项意见的辩论于5月13日开始,5月15日在否决了霍纳的修正案以后以其意见的通过而结束。

李嘉图的评论谈到范西塔特的意见在1811年4月26日第一次发表的文本。[②] 这确定了李嘉图写他的评论的最早日期,并暗示5月3日为其最晚的日期,因为那时范西塔特的意见的修订本印出来了。[③]

范西塔特的前10条意见(李嘉图的评论只以此为限),按照原文在这里以较小字体括入方括弧印在相应的评论之前。

① 第三次的修订本与第二次的修订本只有很少的不同,是在1811年5月14—15日印出的。

② 在第2版中,除了统计数字上的若干改动外,第6和第7两个决议互换了位置;李嘉图的评论是依第1版的次序论述。

③ 也参考本书第398页注释①和②。

[范西塔特的反决议标明的日期为 1811 年 4 月 26 日。][①] [415]

[Ⅰ.确立并管理我国法定货币的权利,向来就是王室的特权,属于历代君王,他们随时看情况是否适宜而运用这种特权,改变这种法定货币,或变动其价值,并强制或抑制其流通。这或者由国王宣布,或者经过僧侣上院议员、贵族上院议员和下院议员的同意以议会的法案施行:这种法定货币是依法不能修截,熔化或出口的。

Ⅱ.英格兰银行的总裁和公司的期票是以我国法定硬币偿付一定数额货币的合约;在过去一百多年,在 1797 年 2 月 25 日由国王根据枢密院的建议并经议会认可而发布命令以制止其这样做以前,该总裁和公司始终是随时准备以我国的硬币兑付这种期票的。

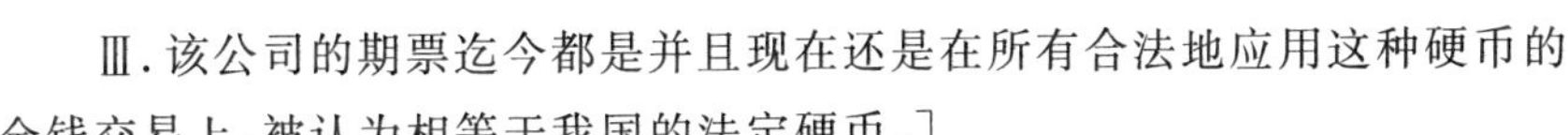

Ⅲ.该公司的期票迄今都是并且现在还是在所有合法地应用这种硬币的金钱交易上,被认为相等于我国的法定硬币。]

3. 不能正确地把英格兰银行的期票说成"现在还被认为相等于我国的法定硬币",因为现今这种硬币要以 6%和 7%的贴水才能买到,而同时它的所以没有公开地涨到 15%或 18%(这是它超过纸币的实际和内在价值),只是由于法律的恐怖使一切有品格的人不愿从事这样一种不名誉和不合法的贸易。在这项法律能够执 [416]
行的期间,通货可能贬值 50%,而硬币和纸币还可能保持其作为

---

① 范西塔特的前 10 条意见,这里是从 1811 年 4 月 26 日的文本重印的,见 1811—1811 年《议会文件汇编》第 X 卷。

通货的同等价值。

[IV. 在不同的时期，在该限制条例实施以前和以后，大不列颠与其他一些国家之间的汇价是不利于大不列颠的：在这些时期内，黄金和白银的价格，尤其是能够合法地出口的黄金的价格，往往涨到法定价格以上；造币厂的造币或者完全停止，或者在数量上大为减少：当开支浩大的海陆军海外活动在进行时，当公众感到危险和发生惊慌时，或当大量谷物从国外输入时，就通常发生过这种情况。]

4. 在实行限制兑现的条例以前，任何时期的汇价对大不列颠的不利程度都没有超过 5%或 7%，或超过运输黄金的费用。在硬币没有减轻的时期，金条的价格也并没有涨到过法定价格以上，除掉在 1783 年和 1784 年，那时它超过法定价格大约有 1½便士。

[V. 这种不利的汇价和金价的上涨，在较大或较小的程度上发生于国王威廉第三和女王安妮所进行的战争时期；也发生在七年战争的部分时期和对美国的战争时期；在 1795 年至 1796 年战争和谷物歉收时期，那时困难增加到这样的程度，以致在 1797 年 2 月 25 日国王根据枢密院的建议发布了命令，制止英格兰银行实行兑现，这项命令经议会认可，并以议会的种种法案维持至今；此后在亚眠和约以前的两年中所发生的荒歉又使汇价更为不利，金价也变得更高。]

5. 虽然在国王威廉和女王安妮进行战争的时期，汇价曾经不[417]利，金价曾涨到法定价格以上，但这种遭遇只是①暂时的并且程度不大，所有这些现象都可以从硬币减轻的公认的状态得到满意的解释。在硬币改革以后，金价立刻跌到法定价格以下，汇价立刻提高到平价以上，这一事实可以充分证明上述的情况是主要原因。

① “这种遭遇只是”写在“它们是这样”之上，但后者没有划去。

在七年战争时期，当时作为衡量价值的主要尺度的金币已经减轻，这就可以说明为什么金价有时曾高到 4 镑 1 先令 6 便士。汇价虽然同 1760 年的 31 席林 10 格罗申一样低，却没有低于实际的平价。这时金银在市场上的相对价值是 14 比 1。金币在英国是法定的货币，1 镑金币的价值可能小于汉堡 31 席林 10 格罗申的银币。当金银的相对价值合于法定的相对价值即 1 比 15.07 时，英国和汉堡之间汇兑的实际平价应该是 35 席林 1 格罗申，因此当相对价值为 1 比 14 时，实际的平价应该是 32 席林 7 格罗申。现在如果我们把英国硬币在 1760 年的轻质状态考虑在内，当汇价在 31 席林 10 格罗申时，它实际上可能是对英国有利的。

在对美国的战争中，金条的价格没有一个时期超过法定的价格，除去 1783 年曾高到每盎司 3 镑 18 先令，超过法定价格 1½ 便士。这时汇价低于平价的数额绝不超过 3.5%，对汉堡的最低汇价为 31 席林 5 格罗申，而其时金银的相对价值为 1 比 14，因而实际的平价为 32 席林 7 格罗申。在 1795 年和 1796 年，金条和外国铸币的价格都没有超过 3 镑 17 先令 6 便士，汇价也没有在任何时候低于 32 席林 4 格罗申，当时金银的相对价值为 1 比 14，所以实际的平价为 32 席林 7 格罗申。在 1797 年，当英格兰银行被制止兑现时，汇价对英国极为有利，金价低于法定价格达 4½便士。

 [418]

1799 年初，汇价为 37 席林 7 格罗申，这在名义上和实际上都是于英国有利的。在那年接近年终的时候，白银的价格曾上涨 10%，于是汉堡的通货也对英国通货依同一比例相对地上涨，所以虽然汇价在名义上对英国有 10% 的不利，实际上是合于平价的。从这时期起，汇价和金价都受了银行发行额过多的影响。那几次发行经过充分的间断时期以后，一再为硬币的出口所纠正。

[VI. 到 1796 年 1 月 1 日为止的 75 年时期中，并在上述制止兑现的条例实现以前，除若干短短的间隔时期以外，根据议会所得到的报表，标准金条的价格有 34 年零 5 个月是合于或低于法定价格的；有 39 年零 7 个月高于所说的法定价格；外国金币的价格也曾有 31 年零 2 个月合于或低于每盎司 3 镑 18 先令，有 42 年零 10 个月高于所说的价格。在这 75 年的同一时期内，标准白银的价格似乎只有 3 年零 2 个月合于或低于法定价格。]

6. 在 1796 年 1 月 1 日以前的 22 年时期内，也就是说从 1774 年重铸新币以后，金条的价格从来没有超过法定的价格。只有在 1783 年接近年终和 1784 年年初的时候，它曾涨到每盎司 3 镑 18 先令。从 1717 年宣布金币为法定货币的时候起到 1774 年，它一般都是在每盎司 3 镑 18 先令左右，只是偶尔涨到每盎司 4 镑，甚至涨到 4 镑 1 先令。这种价格可以正确地归之于铸币的轻质状

[419] 态。值得注意的是，硬币所含黄金的价格在这些时期很少超过金条的价格，这在我看来就足以令人满意地证明黄金的价格是由通货的状态所造成，而不是由于真正不利的汇价，因而也不是由于国外对黄金的需求。从重铸新币以来，硬币所含黄金的价格往往超过金条的价格 2 或 3 先令。如果两种贵重金属之一不是经常在法定价格以上，那将是一个很可注意的情况。在我国，白银大体上处于这样一种情况。

[VII. 汇价的不利状态和金价的高涨，在以上所谈到的任何事例中似乎都不是从英格兰银行的停止兑现或其发行银行纸币有任何过剩而产生的；由于所有这些事例除了最后一个以外都发生在停止兑现以前，并且因为从已经得到的资料来看，在银行纸币的发行额大大减少的时期，往往是金价最高和汇价最为不利，它们以后又恢复到常度，虽然那些发行额已经有所增加。]

7. 这一决议所提出的主张，并没有得到证明。如果它以皮尔斯先生的说法为依据，那就必须加以放弃，因为那位先生所举的事实和他的推理都是不正确的。①

[VIII. 在对美国的战争后半期及结束以后不久，即在 1781 年、1782 年和 1783 年期间，对汉堡的汇价从 34 席林 1 格罗申跌到 31 席林 5 格罗申，差不多跌了 8%；外国黄金的价格每盎司从 3 镑 17 先令 6 便士涨到 4 镑 2 先令 3 便士，美元的价格从每盎司 5 先令 4½ 便上涨到 5 先令 11¼ 便士，而银行纸币的流通额则在 1782 年 3 月至 1782 年 12 月之间从 9,160,000 镑减到 5,995,000镑，即减了 1/3 以上，并保持这种低减的额数（除了偶然的变动以外）直到 1784 年 12 月为止：在 1787 年 2 月 25 日以前，当时银行纸币的数额已增加到 8,688,000 镑，对汉堡的汇价却涨到 34 席林 6 格罗申，金价则跌至 [420]
一盎司 3 镑 17 先令 6 便士，美元也跌至 5 先令 1½ 便士。]

8. 外国金币往往为特殊市场所需要，其价格常常要比金条贵 2 或 3 先令一盎司。我们看出，在 1781 这一年，金条的价格并未超过 3 镑 17 先令 6 便士，而铸币所含的黄金却一度市价达 4 镑零 6 便士。在 1782 年，金条没有超过 3 镑 17 先令 9 便士，铸币所含的黄金则一度市价达 4 镑 2 先令。在 1783 年，金条为 3 镑 18 先令，外国的黄金则在一个月之内的市价曾高至 4 镑 2 先令 3 便士，低至② 3 镑 17 先令 9 便士。1781 年的汇价从 34 席林 1 格罗申变动到 31 席林 11 格罗申，差不多跌了 7%，但同一时期银价则涨了 7%，即从汇价为 34 席林 1 格罗申时 5 先令 5½ 便士的价格涨到汇价为 31 席林 11 格罗申时 5 先令 10 便士的价格。在 1782 年，

① 参阅皮尔斯的证词，见本书第 357 页。

② “低至”写在“从……变动到”之上，但未将后者划去。

汇价跌到31席林8格罗申，而银价则涨至5先令11½便士。在1783年汇价跌到31席林5格罗申和31席林6格罗申，银价则涨到5先令8½便士。在这些年份里，实际的汇价都没有对英国不利到3.5%以上。应当指出，当黄金的价格为4镑2先令3便士时，美元的价格并不是5先令11¼便士。按照这个决议的措辞，我们不免要认为，汇价下跌8%是由黄金和美元价格的高涨所造成的。当美元是在5先令11¼便士时，金条是在3镑17先令9便士，外国金币内的黄金则为4镑零1便士，汇价为31席林10格罗申——其时金银的相对价值为1比13.1——所以实际的汇兑平价是31席林，因而那时31席林10格罗申的汇价是有利于英国的。

我没有看到1781、1782年和1783年[①]关于银行纸币流通数
[421] 额的报表。1782年3月9,160,000镑的流通额究竟只是一个暂时的数额，还是已经成了一个持久的数额呢？究竟在1782年1月和1783年1月[②]是怎样一种情况呢？一两个月的增加不会产生

---

① 1783年的数字已在1811年2月发表（见下注）；1781年和1782年的数字在李嘉图写评论时还没有发表，是到1811年5月3日才奉命发表的（见《议会文件汇编》，1810—1811年，第X卷，第147号）。

② 李嘉图在边上加注：

"它是 6,354

7月 6,392

1784年1月 6,074

7月 6,504。"

这些数字根据1811年2月22日奉命发表的报表（见《议会文件》，1810—1811年，第X卷，第22号）。

持久的、甚至暂时的影响。——我希望能看到一直到 1790 年[①]为止的银行纸币流通数额。——范西塔特先生希望他的读者认为,在银行纸币于 1787 年增加到 8,688,000 镑以前,黄金的价格并没有跌到 3 镑 17 先令 6 便士,美元没有跌到 5 先令 1½便士,汇价没有涨到 34 席林 6 格罗申;但看来在 1784 年 1 月,金条和外国的黄金并没有超过每盎司 3 镑 18 先令,从 1784 年 5 月到 1785 年 8 月,这两种金价都没有超过 3 镑 17 先令 10½便士,并且从那个时期到 1792 年,它们从来没有超过 3 镑 17 先令 6 便士。在 1784 年,美元值 5 先令 1 便士,1785 年低到 5 先令,而汇价则在 1784 年为 34 席林 10 格罗申,在 1785 年为 35 席林 6 格罗申。

[IX. 银行纸币的数额在 1787 年 2 月是 8,688,000 镑,在 1791 年 2 月是 11,699,000 镑;在这同一时期,有 10,704,000 镑铸成了金币;对汉堡的汇价约计涨了 3%。]

9. 在这些决议所指的各个时期里,汇价的变动是否超出了《金价报告》定为正确原理的那种限度呢?这就是它们应该据以正确地接受检验的标准。谁曾否认,汇价在一个时候可能对汉堡有 1%或 2%甚至更多的利益,而在另一时候也可能对伦敦有 1%或 2%的利益呢?谁又否认过,在商业顺利发展的时期,可能不需要有 300 万或 400 万流通媒介的增加呢?这也可能是由世界市场上 [422]
贵重金属价值一般的减低所造成的。从 1787 年到 1791 年 5 年间用外国黄金铸造的货币并未超过 4,000,000 镑,那些用轻质几尼铸造的并不能看作是对通货的增加。范西塔特先生说总额是在

① 代替"1787 年"。

10,704,000,000镑[①]之数。

[X. 在 1795 年 2 月 25 日到 1797 年 2 月 25 日之间，银行纸币的数额从 13,539,000镑减至 8,640,000 镑，在那时期，对汉堡的汇价从 36 席林跌到 35 席林，即跌了 3%左右。上述的数额在 1798 年 2 月 1 日增加到11,855,000 镑，其中不包括 1 镑和 2 镑的 1,542,000 镑纸币，在这时期，汇价涨到 38 席林 2 格罗申，约计涨了 9%。]

10. 在 1795 年 1 月，银行纸币的流通额从 1,000 万镑增至 1,200万镑〔,〕在 3 月它曾高这 1,400 万镑，但不久就减到 1,000 万镑左右，它在全年继续保持在 1,000 万至 1,100 万镑之间，只有两个星期曾超过此数。直到 1796 年 7 月以后，纸币的数额才减至 950 万镑以下〔,〕那一年的其余时间它变动于 950 万至 900 万镑左右之间。1795 年的汇价从 2 月份的 36 席林跌到 7 月份的 32 席林 10 格罗申。在 1796 年底，汇价又上升到 34 席林 7 格罗申，当时的银价是 5 先令 4 便士和 5 先令 6 便士，金价是 3 镑 17 先令 6 便士，汇价则一直在平价以上。

1795 年 1 月纸币的平均数是 1,100 万镑〔,〕，在 2 月约计 1,000万镑，3 月为 1,170 万镑，4 月为 1,110 万镑，5 月为 1,020 万镑，6 月为 980 万镑，7 月为 1025 万镑，8 月为 1060 万镑，9 月为 1,050 万镑，10 月为 1,040 万镑，11 月为 1,075 万镑，12 月为

[423] 1,190万镑，1796 年 1 月为 1,030 万镑，2 月为 1,035 万镑，3 月为 980 万镑，4 月为 1,050 万镑，5 月为 1,010 万镑，6 月为 940 万镑，7 月为 940 万镑，并继续维持在 900 万镑左右，直到 1797 年 2 月

① 代替“1,000 万”，这是一个有缺点的更正。

为止，在这一年里汇价上升到 38 席林 2 格罗申。必须指出，这一年标准银的价格曾跌至 5 先令½便士，所以实际的汇兑平价也许不会少于 36 席林或 37 席林。

由此可见，纸币数额是在 1796 年 4 月至 1797 年 2 月之间才从 1,050 万镑减至 864 万镑，汇价则从 1796 年 1 月的 32 席林 7 格罗申上升到 4 月的 36 席林 8 格罗申和 9 月的 38 席林，[①]这也许是流通额的减少对汇价发生影响的最早时期。

① 最后两个汇率是指 1797 年的。

附　　录

《金价报告》中的“某某先生”

李嘉图在其《关于金价报告的评注》(见本书第 347 页及以下各页)中广 [427] 泛地评论了这个匿名的大陆商人对金价委员会的证词,在其《答博赞克特》的文章里几次提到过他(见本书第 163、168、185 页),并在其《关于边沁的评注》中提到过一次(见本书第 288 页)。

这个证人的作证,共计 4 天(1810 年 3 月 2、5、7、8 日),在记录里只称“某某先生,一个大陆商人”;他在报告中被称为“一位十分著名的大陆商人”,① 也称为“前已提到过,认为是对我国与欧洲大陆间的贸易极为熟悉的商人”。②

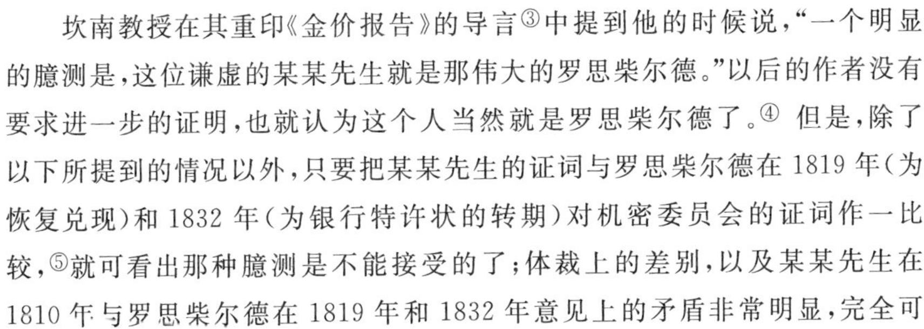

坎南教授在其重印《金价报告》的导言③中提到他的时候说,“一个明显的臆测是,这位谦虚的某某先生就是那伟大的罗思柴尔德。”以后的作者没有要求进一步的证明,也就认为这个人当然就是罗思柴尔德了。④ 但是,除了以下所提到的情况以外,只要把某某先生的证词与罗思柴尔德在 1819 年(为恢复兑现)和 1832 年(为银行特许状的转期)对机密委员会的证词作一比较,⑤就可看出那种臆测是不能接受的了;体裁上的差别,以及某某先生在 1810 年与罗思柴尔德在 1819 年和 1832 年意见上的矛盾非常明显,完全可

---

① 《报告》,8 开本,第 19 页。

② 同上,第 26 页。

③ 《1797—1821 年的英镑纸币》,第 xlii 页,伦敦,1919 年。

④ 见布雷迪《赫斯基森和自由革新》,牛津,1928 年(“有少数商人,包括罗思柴尔德在内的证词”,第 25 页),及萨瑟兰在《经济史评论》上的文章,1932 年 4 月(“某某先生,如曾经推测的那样,有一切可能就是罗思柴尔德”,第 378 页)。

⑤ 为了这一比较,我要感谢海克教授的帮助。

以排斥把他们看作同一个人的假设。

[428] 此外,在某某先生的证词中,甚至没有什么话会稍稍连累到他自己,那就很难想象有人会感到由于承认其为发言人而受到很大危害,以致要采用这种匿名发表的非常手段。匿名的唯一可能的理由一定是要隐瞒当时证人是在伦敦这一事实。但罗思柴尔德在伦敦已经住了多年,他的住处没有什么秘密可言。因此不可能有匿名的理由。①

在证词中大体支持委员会结论的人,除了巴林爵士以外,这匿名的商人就是唯一的证人,所以在当时的一些小册子里,金价反对论者往往单独把他提出来作为攻击的对象;但这人究竟是谁,这些作者也没有人能提供任何线

[429] 索。② 在下院举行金价的辩论时,批评《金价报告》的人也没有讲出更多的情况。贸易委员会副主席乔治·罗斯提到他时,说他“虽然是个非常可敬的人,但〔他〕对大陆比对英国更为关心”。③《金价报告》的主要反对者尼古拉·范西塔特在提到他时说“他是我们只知其住在国外而不知其他情况的一位先生

① 还有一个错误的指认,是在多年以后当银行特许状的问题在1832年进行研究时从出版的一本匿名小册子的标题上提出来的:《某某先生,前此为一大陆商人,在研究银行特许状是否宜于转期问题的机密委员会之前可能作出的证词》,伦敦,佩勒姆·理查森书店出版,1832年。在英国博物馆里作者自己的一本书(8229·aaaa.21/4)上有一附注,证明他是约翰·卡泽诺夫(1788—1879年),是政治经济学会的委员,曾对经济问题写过几本小册子,他是一个日内瓦商人的儿子,移居伦敦。虽然作者以相同于1810年匿名证人所用的名称称呼他自己,他们却不可能是同一个人,因为他们在这问题上持有截然不相同的见解;无论如何卡泽诺夫没有隐匿他在伦敦的理由,并且他在22岁的年龄也不可能成为“一个十分著名的商人”。

② 约翰·辛克莱爵士在其《对金价委员会报告的评论》(1810年)的第6页上写道:“他们也报道了一个匿名证人的证词,这是违反议会的惯例的,除非能有并实际指出这种隐匿的特殊理由;他们似乎特别重视这个无名人氏的学说。但这个不知其名的人可能是外国人或经常旅居国外的人,他可能并不急切希望提出有利于我国繁荣的意见,像一个英国商人必然愿意做的那样。”1810年11月的《评论季刊》(第524页)关于这一问题曾说:“尽管辛克莱爵士所知道的情况与此相反,‘这个不知名的人可能是外国人’;但委员会并没有认为应该把他的证词印成不通的英文或者夹杂他本国的方言,以防止读者受他意见的毒害。”

③ 1811年5月6日,《议会议事录》,XIX.836。

(因为他没有暴露姓名),所以他无法当场作出判断”。①

这样,他住在国外以及他对大陆比对英国更为关心这一点,就成为当时揭露的全部资料。除了保留这一点以外,我们现在再利用他自己在委员会的证词来进一步寻找线索。

金价委员会对提名道姓询问其意见的其他大陆商人②最先提出的问题之一是,“你是否熟悉我国与大陆之间的汇价问题”?③ 而对于当时专门进行某一国家贸易的商人则立刻就询以那个具体国家的通货问题。④

可是,向这匿名的大陆商人询问的第一个问题是颇饶意味的:“你是否熟悉我国与汉堡之间的汇价问题?”⑤虽然他回答说“我熟悉,还熟悉其他外国”,他关于外国的列举事实的证词却大都涉及汉堡,否则就是涉及其他北欧国家。事实上,当他被问到“你能否说明,现在从伦敦运送黄金到阿姆斯特丹或汉堡或大陆方面任何其他主要贸易中心的费用和风险大概要占百分之几”时,他的答复只是,“从伦敦到汉堡,除了保险费用以外,大概要占 1.5%至 [430]
2%”。⑥

因此如果我们假定某某先生是汉堡的居民,他所以要保持匿名并隐匿他身在伦敦的理由就很明显。因为汉堡在 1806 年年底起曾由法国占领,根据当时柏林和米兰的法令,到英国旅行是一种严重的违法行为。⑦

按照记载,在法国占领期间只有 7 个英国商号能够在汉堡继续营业,因为它们的股东有汉堡的公民资格。这些商号的名称是:帕里什公司、柯克帕特里克公司、汉弗莱·卡维克公司、斯密和巴克利公司、皮科克公司、乔治·

---

① 1811 年 5 月 7 日,《议会议事录》,XIX. 931。

② 按这一名称的通常含义,这些人是指对大陆进行贸易的伦敦商人。

③ 见格雷富尔的证词,“证词记录”,第 61 页,及查默斯的证词,第 135 页。

④ 见“对西印度进行贸易的商人”休安的证词,第 55 页,及“对美国进行贸易的商人”威廉斯的证词,第 140 页。

⑤ “证词记录”,第 77 页。

⑥ “证词记录”,第 83—84 页。他的其他许多回答对于他的根源同样很有意义,例如(第 78 页):“以汉堡的黄金,照我们所谓平价来说,每一突克特等于荷币 96 个斯泰弗。”

⑦ 因为某某先生告诉委员会,“当法国人占领德国北部以后,〔他们〕通过了严厉的刑事法令,禁止与英国往来”。(第 88 页)

沃克公司、托马斯·塔特洛克公司。①

某某先生的证词中有些暗示,与《金价报告》附录里一张会计报表的一项记载联系起来加以研究,可以看出上述商号中他可能与之有关的那个商号。

某某先生在其证词中一再提到"国外的补助金"②和"为政府支付的国外开支",③他认为这些也是曾经影响汇价的"特殊原因",以致在英国对外贸易顺差的时候,会使汇价跌到平价以下。

《金价报告》附录 LXX 载有 1804 年到 1809 年为国外支出而对国库开发汇票的一张报表。在这报表里最大的单项开支是 1806 年对驻汉堡公使爱德
[431] 华·桑顿为"公用事业"而支出的一笔超过 70 万镑的费用;与此有关,还对汉堡的两家商号、即桑顿和鲍尔公司及帕里什公司各支 5,000 多镑,作为"桑顿先生等为洽商开发汇票事项而支付的利息和佣金"。④

更可能的是,一个汉堡商人如果亲自参与这些交易,他就会熟悉英国政府在国外的开支和他们对盟国的补助;既然桑顿和鲍尔在法国占领后已经停止业务活动,我们就可以集中注意于帕里什公司。⑤

这家商号是汉堡的最大商行之一,为约翰·帕里什所创立,他在 1756 年从苏格兰到那里去的时候还是一个孩子。他在 1796 年退休,把业务交给几个儿子去接管,当汉堡为法国人占领时逃出该市,1807 年定居于巴斯,直到 1829 年逝世时始终没有再往别处。1809 年,他的儿子中有三个即约翰、理查德和查尔斯负责经营商号。这时似乎理查德管理该商号的日常商业活动,查尔斯从事突破大陆封锁的危险交易,而以黑耳郭兰和好斯敦的一些小港为基地,其大哥约翰则从事更危险的任务,把英国的补助金运送给当时正在与拿

① 这一名单录自 1807 年 8 月的一个文件,见希采格拉斯《1611—1835 年汉堡的试销商业公司及英国教会》,汉堡,1904 年出版,第 62 页。

② "证词记录",第 97 页。

③ 同上,第 105 页;参阅对这些"特殊原因"的其他暗示,第 107、109 页。

④ "会计附录",第 99 页;还有 1807 年小得多的类似的支出项目的记载,见 101 页。在这两个事例中,日期无疑是兑付票据的日期,这些票据可能是(如 1807 年的票据,那就肯定是在前一年开出的)。

⑤ 以下两节的资料得之爱伦堡的一篇专论《汉堡的帕里什商号》,耶拿,1905 年(《大财产调查录》,第Ⅱ卷)。

破仑作战的奥国。

小约翰·帕里什在他给奥皇的一份报告中描述他的冒险事业如下。1809年初，当时他在伦敦，有人替英政府问他是否能设法把英国的一期补助金送达奥国的政府。“那时这似乎差不多是不可能的，因为所有对大陆的交通都已为法国用尽方法加以切断，即或收到一封简单的信也会有生命危险。” [432]
他决定为此将他的财产和生命作孤注一掷，“因为那时没有其他人能够达到预期的目的”。在5月间他从伦敦到汉堡去安排从他自己的资财中垫付这笔款项，因为不可能把它从英国运送过去；到6月间，他经过柏林到奥国总部去付了这笔款项。①

这并不是一笔孤立的交易，因为在1810年秋季，英国派往大陆的一个机密代表约翰逊曾写信给副外交大臣，说小约翰·帕里什“曾在不同时候对英国政府作出重要贡献……近年来政府在大陆上的大多数支出都是通过他的商号的”，并补充说，帕里什“还屡次为坎宁和哈孟德二先生所咨询”。② 后来帕里什带了约翰逊1810年11月29日的信件前往伦敦，信上把他向副外交大臣作了介绍，说他“是在很多重要的时刻曾对我国政府有过重大劳绩的人”。③

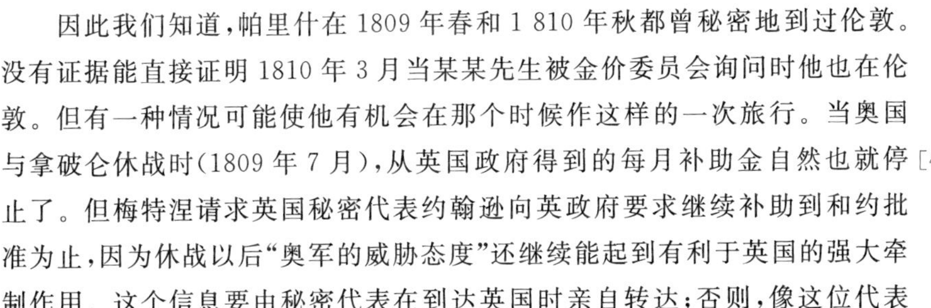

因此我们知道，帕里什在1809年春和1 810年秋都曾秘密地到过伦敦。没有证据能直接证明1810年3月当某某先生被金价委员会询问时他也在伦敦。但有一种情况可能使他有机会在那个时候作这样的一次旅行。当奥国与拿破仑休战时(1809年7月)，从英国政府得到的每月补助金自然也就停 [433]
止了。但梅特涅请求英国秘密代表约翰逊向英政府要求继续补助到和约批准为止，因为休战以后“奥军的威胁态度”还继续能起到有利于英国的强大牵制作用。这个信息要由秘密代表在到达英国时亲自转达；否则，像这位代表

① 录自小帕里什写给奥皇弗兰西斯的一封信(德文)，由爱伦堡发表，见前引著作，第117—118页。上面没有日期，但显然是在所描写的事件几年以后写的，可能是在1816年。

② 约翰逊1810年11月25日从哥腾堡写给史密斯的信。(国家史料局，F.O. 7/92，巴克兰引用于《梅特涅与英国政府，1809—1813年》，伦敦，1932年，第131—132页。)乔治·哈孟德是坎宁下面长期的外交部领导人，直至1809年为止。

③ F.O.7/93，未发表。

所报告的那样,梅特涅“特别提出要求,万一有什么意料不到的事件使我不能立刻回到英国,在出现绝对安全的传递方法以前我不应以书面作上述的转达”。事实上约翰逊就只到汉堡为止,他在 1810 年 1 月 7 日从那里写了给外交部的报告送往伦敦,直至 2 月 16 日才送到。① 这一文件的转达很可能就是委托帕里什商号办理的,因为这是通常的交通渠道②;与这次磋商(似乎并没有达到梅特涅的目的)相关的是,小约翰·帕里什本人可能正在金价委员会开始询问的时候到过伦敦。

再回过头来谈一谈某某先生的证词,我们发现有一两处细节正符合爱伦堡所指出的小约翰·帕里什生平的一些事实。某某先生在他的证词中,作为第一手的材料描述了 1797 年停止兑现以后英国的舆论和一般商业的状况,并提到 1799 年③所存在的商业困境;而在 1799 年小约翰·帕里什曾到英国
[434] 作了长期的访问。④ 某某先生也提到 1809 年夏季奥国的通货事件⑤,我们知道那时帕里什正负有使命去那个国家。

除了他对金价委员会的证词以外(如果确认他是那个匿名的证人),小约翰·帕里什对这一问题的唯一贡献似乎就是他写的关于奥国银行和通货制度的一篇文章,这是他在 1816 年 8 月送给弗里德里希·冯·根茨的。⑥ 就在那年,当他 42 岁时,他退出了商界,拥有巨资,在波希米亚买进了森夫登贝格一带的地产,并由奥皇授以男爵,以酬劳他的功勋。他死于 1858 年。

这里关于某某先生究系何人所提出的假设,我曾请托汉堡档案馆的爱德华·罗森鲍姆博士找寻有关资料,结果也证实了这种假设。在该馆保存的卡尔·西韦金(帕里什的同时代人)的文稿里有一本未经发表的《英镑从 1797

---

① 关于约翰逊的使命的记述,见巴克兰《梅特涅与英国政府》,第 37—39 页。

② 巴克兰,前引书,第 128、131 页。

③ “证词记录”,第 101、107、97 页。

④ 爱伦堡,前引书,第 92 页。

⑤ 关于纸币数量对其价格的影响:“我们在前一夏季曾见到这种影响的一个有力事例,其时由于奥国政府的特殊努力……”(“证词记录”,第 86 页。)

⑥ 根茨:《通信集》,1913 年,第Ⅲ卷,第 336 页。根茨在 1816 年 10 月曾将帕里什描写为“无疑地在我们这个时期第一流的商业领袖”。(根茨和韦森贝格:《通信集》,福尼埃编,1907 年,为巴克兰所引用,第 132 页;另参阅爱伦堡,第 117 页附注。)

年 2 月 25 日到巴黎二次和平的历史》。在评论了对金价委员会的证词以后，西韦金写道，“特别值得注意的是一个大陆商人的证词，这人据说就是汉堡的约翰·帕里什先生，现在是波希米亚森夫登贝格一带地产的业主。”[①]西韦金是能够了解情况的，因为他在 1817 年写那本历史时，曾同帕里什有过接触，并从帕里什那里得到一本《金价报告》和一套《爱丁堡评论》。[②]

① 自由和汉撒同盟的汉堡档案馆；从西韦金的文稿中所得到的一本《英镑从 1797 年 2 月 25 日到巴黎二次和平的历史》，第 28 页。“特别值得注意的是居住在大陆的一个商人的证词，这商人好像就是如所周知的约翰·帕里什，也就是现在波希米亚地方森夫登贝格一带地产的业主”。

② “从约翰·帕里什那里我得到了金价委员会的《报告》和一套《爱丁堡评论》。”西韦金写给他兄弟的信，1817 年 3 月 21 日，见《卡尔·西韦金，1787—1847 年，一个汉堡外交家在浪漫主义时代的生活写照》，海因里希·西韦金著，汉堡，1923 年，第二部，第 211 页；参阅第 226 页以后，及第三部分第 395 页。

图书在版编目(CIP)数据

李嘉图著作和通信集.第3卷,论货币问题/(英)斯拉法主编;寿勉成译.—北京:商务印书馆,2017
(汉译世界学术名著丛书:120年纪念版:珍藏本)
ISBN 978-7-100-14169-7

Ⅰ.①李… Ⅱ.①斯… ②寿… Ⅲ.①李嘉图(Ricardo,D. 1772-1823)—文集 ②李嘉图(Ricardo,D. 1772-1823)—书信集 ③古典资产阶级政治经济学 Ⅳ.①F091.33

中国版本图书馆CIP数据核字(2017)第137896号

汉译世界学术名著丛书
(120年纪念版·珍藏本)
李嘉图著作和通信集
第三卷
论货币问题
〔英〕彼罗·斯拉法 主编
寿勉成 译

商 务 印 书 馆 出 版
(北京王府井大街36号 邮政编码100710)
商 务 印 书 馆 发 行
南京爱德印刷有限公司印刷
ISBN 978-7-100-14169-7

2017年12月第1版 开本710×1000 1/16
2017年12月第1次印刷 印张26¼
定价:125.00元